北大清华学经济

刘 伟 魏 杰/主编

THE
ECONOMICS
TEXTBOOKS
OF
PEKING
UNIVERSITY
AND
TSINGHUA
UNIVERSITY

资本市场运作教程

AN INTRODUCTION TO CAPITAL MARKET

第三版

何小峰 黄嵩 刘秦/编著

中国发展出版社
DEVELOPMENT

图书在版编目（CIP）数据

资本市场运作教程/何小锋，黄嵩，刘秦编著. —3 版. 北京：中国发展出版社，2006. 6（2016. 11 重印）
（北大清华学经济丛书/刘伟，魏杰主编）
ISBN 978-7-80087-646-2

Ⅰ. 资… Ⅱ. ①何… ②黄… ③刘… Ⅲ. 资本市场 - 研究 - 教材 Ⅳ. F830. 9

中国版本图书馆 CIP 数据核字（2006）第 065108 号

书　　　名：资本市场运作教程（第三版）
著作责任者：何小锋等
出 版 发 行：中国发展出版社
（北京市西城区百万庄大街 16 号 8 层　100037）
标 准 书 号：ISBN 978-7-80087-646-2
经　销　者：各地新华书店
印　刷　者：三河市东方印刷有限公司
开　　　本：670mm × 990mm　1/16
印　　　张：18. 5
字　　　数：300 千字
版　　　次：2011 年 3 月第 3 版
印　　　次：2016 年 11 月第 9 次印刷
印　　　数：40001—45000 册
定　　　价：33. 00 元

联 系 电 话：（010）68990630　68990692
购 书 热 线：（010）68990682　68990686
网　　　址：http：//www. develpress. com. cn
电 子 邮 件：bianjibu16@ vip. sohu. com

前　言

我们现在所处的时代，是一个迅速发展变化的时代。从世界经济看，经济全球化正在加速蔓延，新的世界格局正在形成；从国内经济看，我国经历了20多年的改革与发展，经济体制和经济生活也发生了巨大变化；从经济科学本身的发展看，经济学的新思想、新理论和新的分支，不断丰富人们对现实生活的认识和理解。但是，所有这些发展和变化，还难以及时地反映在我们的教材中，我们的教学工作也不能完全适应这种发展和变化。不论是大学，还是社会，都希望经济学教材能够贴近现实，并反映经济发展的未来。可以说，时代呼唤着更新、更好的经济学教材。为了满足教学工作和广大读者的需要，我们编写了这套丛书。由于作者是以北京大学和清华大学第一线授课的教师为主，所以，这套丛书包含了在“北大清华学经济”的立意。

我们在编写这套丛书时，注意把握好以下几点：一是要反映经济学的新发展。不仅在结构上安排了环境经济学、网络经济学、知识经济学等新的分支，而且在内容上要反映经济学发展最新成果。二是内容表述既要完整、系统和科学，又要深入浅出，通俗易懂，尽可能用通俗的语言，表达深邃的理论。三是处理好编和著的关系。这套丛书不仅吸收了国内外经济研究和教学的最新成就，也就是“编”，而且结合了作者的教研实践和教研成果，结合了作者对现实经济生活的理解，这也就是“著”。没有广泛取材的“编”，就难以拓宽读者的视野，把握本领域的脉络；没有在教研基础上的“著”，教材就会失去灵魂，就会脱离实际。四是注意“冷”和“热”的结合。我们要求，尽可能在讨论“冷”的基础理论问题时，折射出现实生活的逻辑和哲理；在讨论“热”的现实问题时，给人以理论上的满足感。

在“北大清华学经济”这套丛书即将出版之际，我们感谢诸多作者给予的积极合作，以及中国发展出版社的大力支持和配合。

刘伟 魏杰

目 录

第1章
导　　论

本章概要

本章对资本市场的定义、分类和参与者进行了介绍。资本市场的定义和分类存在许多不同的认识，我们对主要的观点进行了介绍；资本市场的参与者，我们主要介绍了筹资者、投资者和中介机构。

学习目标

辨析资本市场的概念，了解资本市场的不同分类，认识资本市场各类参与者在资本市场中所扮演的角色和所起的作用。

人们在对各种经济，特别是对比较发达的经济进行考察中发现，为满足人类需要的商品和劳务的生产，既依靠劳动，也依靠资本。如果资本的存在是为了用于生产，那就必须有人去占有它；而在所有权的职能由个人或其他私有实体掌握的经济中，资本市场的首要作用是确立资本占有的条件。

——《新帕尔格雷夫经济学大辞典》

第1节　资本市场的定义与分类

§1　资本市场的定义

资本理论一直是经济学中最有争议的一个领域。正如著名经济学家布利斯（Bliss）所说“经济学如能在资本的理论方面取得一致意见，那么，其他所有问题就将迎刃而解了”。

资本理论的争议性也表现在对资本市场的认识上。可能是由于对资本的理解存在严重分歧，也可能是由于资本工具的复杂性，或者可能是由于资本市场的强操作性和多变性，所以导致人们对资本市场的认识很不一致。这突出地表现在对资本市场定义和界定的不同，人们几乎可以在任何角度使用资本市场，并且在不同的场合赋予它不同的内涵。

从经济学原理的角度出发，美国著名经济学家斯蒂格利茨（Stiglits）认为，资本市场通常是指“取得和转让资金的市场，包括所有涉及借贷的机构”。单纯从期限层面，美国斯坦福大学教授詹姆斯·范霍恩（James

C. VanHorne）等认为，资本市场是“长期（成熟期在1年以上）金融工具（股票和债券）的交易市场”。美国著名经济学家弗里德曼（Friedman）从资本市场的功能出发，指出资本市场是“通过风险定价功能来指导新资本的积累和配置的市场”。

从最近几年国内发表的论著来看，人们对资本市场的把握同样也存在很大的分歧。有些人认为资本市场就是指证券市场，甚至股票市场。有些人认为资本市场就是“金融市场”。但主流的观点或者说大多数人的意见，还是将资本市场定义为期限在1年以上的各种资金融通活动的总和。本书也接受最后一种定义。

§2 资本市场的分类

我们可以从不同的角度对资本市场进行分类，以下列举了几种主要的分类。

（1）一级市场和二级市场

按照金融产品是初次在资本市场上交易还是已经在市场上流通的再次交易，可以分为一级市场和二级市场。

一级市场又称发行市场。在一级市场中，资金筹集者按照一定的法律规定和发行程序通过发行新的金融产品来筹集资金，金融产品的发行者就是筹资者。一级市场上出售的金融产品都是新发行的金融产品，是金融产品的“新货市场”。·级市场的发行者主要是各种类型的企业和政府。在一级市场上的发行收入才是严格意义上的通过资本市场筹集的资金额，是储蓄向投资的转化额。在一级市场上证券的出售主要是通过证券经营机构进行的。

二级市场是已经发行的金融产品的交易市场。在二级市场中，金融产品的持有者向有意愿参与的投资者转让其金融产品。二级市场上的交易只是不同投资者之间的交易，其交易量通常不被视作转化为投资的储蓄数量。

一级市场和二级市场是一种相辅相成的关系：一级市场的发展是整个资本市场发展的起源，是二级市场存在的基础和前提。没有一级市场就没有金融产品，从而作为金融产品交易市场的二级市场也就无从谈起。另一方面，没有发达的二级市场，金融产品的流动性差，一级市场上的金融产品就很难发行，一级市场的存在和发展也是不可能的。

（2）场内交易市场和场外交易市场

按照资本市场的组织形式和交易活动是否集中统一，可将资本市场区分为场内交易市场和场外交易市场。

场内交易市场是指有固定的交易场所和交易时间、有明确的交易方式、对交易活动进行集中统一组织和管理的市场，通常指证券交易所。场内交易市场的特点如下：①具有集中固定的交易场所和严格的交易时间，证券交易以公开的方式进行；②交易对象限定为符合特定标准的在交易所已上市的证券；③交易者为具备一定资格的会员证券公司及特定的经纪人和证券商，一般投资者不能直接在交易所买卖证券，只能委托经纪商间接进行买卖。场内交易市场的这些特点使得场内交易市场在许多方面带有较多的“标准化”特点。这种“标准化”的特点使得场内交易具有较好的安全性和透明度。

场外交易市场是场内交易市场的补充。场外交易市场通常具有如下的特点：①没有固定的交易场所，也不一定有统一的交易时间，通常是交易双方通过电话、网络等现代信息工具谈判成交的；②交易对象众多，既包括上市证券，也包括大量未上市证券甚至信托计划、企业产权等，而且交易的数量和规模等可以根据交易双方的具体协商情况而定；③投资者可委托中介机构进行买卖，也可直接进行交易。相对于场内交易市场而言，场外交易市场在安全性、透明度和流通性方面不占优势，但在保密性、满足投资者特定需要方面的优势比较明显。

（3）有形市场和无形市场

按照交易活动的电子化程度，可以将资本市场区分为有形市场和无形市场。有形市场是交易双方面对面进行交易的场所，在资本市场发展早期，交易都是在有形市场进行，就如同大家熟知的商品市场一样。随着计算机和电子通讯技术的加速发展，现代资本市场已越来越无形化。由于证券的登记、交易、清算、交割各个环节都已经实现电子化，投资者不需要直接到交易所去进行交易，而是通过几乎无处不在的电子网络进行交易。过去交易大厅把人们聚在一起；今天，电讯网络把人们连在一起。与有形市场相比较，无形市场大大降低了交易成本和信息成本，大大扩张了市场范围。

（4）股票市场、债券市场、衍生证券市场等

按照所交易的金融产品不同可以将资本市场分为股票市场、债券市场、衍生证券市场等。我们将在后面的章节，对这些市场进行详细讲述，这里不再赘述。

第2节 资本市场的筹资者

筹资者和投资者是资本市场的主要参与者，加上中介机构和管理机构，它们互相制约互相依存就构成了资本市场的完整内涵。本章将对其中一些进行简单介绍，后文将有详细的阐述。

资本市场的筹资者就是通过发行某种金融工具来筹集资金的发行人或资金需求者。一般来说，筹资者包括企业和政府两类。

§1 企业

现代经济中，企业的主要组织形式是公司，公司可以分为独资公司、有限责任公司、股份有限公司、合伙公等不同类型。一般来说，独资公司、有限责任公司和合伙公司可以发行公司债券等债务类融资工具，而股份有限公司除可以发行债务类融资工具外，还可以发行股票、可转换债券等权益类融资工具。其中，通过发行公司债券所筹集的资金，是公司的债务，筹资者必须承担按时还本付息的义务；发行股票的责任是保障资本金的安全与增值；发行可转换债券所募集的资金，在债券未转化成股票之前是债务性资金，在债券成功转换成股票后则成为权益性资本。

(1) 筹资目的

企业到资本市场进行筹资主要出于以下两方面目的。

第一，筹集资金用于自身的发展。企业发展过程中需要源源不断的资金支持，用于设备更新、技术改造、新项目上马及科研投入等。企业发展的实践告诉我们，企业初期的快速扩展阶段需要大量资金支持，但往往在这个阶段由于企业的知名度较低，缺乏应有的关系网络，以及企业生产经营活动尚存在较多的不确定性因素，而投资者通常倾向于将大量资金投向增长较稳定、收益来源可以预计、处于相对成熟、风险较小的行业或企业。因此，发展初期的企业获取资金的渠道并不畅通，其筹资成本也就相对较高。目前，也有一些具有战略眼光、风险承担能力较强的投资者专门将一些资金投向那些尚处于萌芽状态或发展初期的、风险较高但颇具发展潜力的企业，以寻求与高风险相对应的高收益，即从事所谓的风险投资或创业投资。但风险投资在我国尚处于起步阶段，有待于进一步规范发展。

第二，改善企业内部的财务结构。若一个企业的负债率较高，将严重影响其今后的筹资安排，导致筹资成本的增加，原因是较高的负债率意味着公司的债务偿还风险较大，可能导致企业的信用等级下降，从而影响到筹资的利率成本。若一个企业的权益性资本过高，也可能导致其筹资成本的增加，因为按照企业资本结构理论，通常债务筹资成本要小于权益筹资成本，同时，权益性资本过高还会影响到企业的净资产收益率，可能导致净资产收益率降低，企业今后的再融资能力会受到一定影响。另外，企业的不同期限、数量及利率水平的债务之间也存在合理的匹配平衡问题。因此，企业经营决策者们试图通过到资本市场进行筹资，来改善企业内部的财务结构，使之能更好地为企业市场价值最大化的目标服务。此外，权益性筹资还可以改善企业的股本结构和法人治理结构，有利于企业经营机制朝着预期的方向发展。例如，我国国有企业通过发行股票上市，来改变企业的股权结构，促使投资主体多元化，从而最终达到完善公司法人治理结构、转变其经营机制与管理体制的目的。需要指出的是，不同的筹资方式对企业财务结构的影响是不同的，筹资者可以根据自身需要，通过对各种可能的筹资方式，包括债权融资、股权融资等进行综合分析，选择对自己最为有利的筹资模式。

（2）筹资方式与特点

企业的筹资通常具有如下特点：

第一，筹集的资金额大。一项大的投资项目往往需要数千万元甚至上亿元的资金，因此企业投资需求的特点决定了筹资金额也是非常大的。

第二，筹资方式多样化。企业可以选择银行贷款、发行中长期债券及发行股票等方式来筹措所需要的资金，多样化的筹资方式可以增加企业在筹资选择方面的灵活性，但选择何种方式要根据企业的实际情况决定。企业在进行筹资决策时，通常可以从以下几方面来对各种筹资方式进行综合比较：筹资成本的高低；风险的大小；筹资的方便程度；企业财务结构的需要等。通过综合比较分析，最终选择有利的、具有弹性的筹资方式，以形成企业最优的筹资结构。

第三，筹资期限结构多样化。企业筹资者可以根据自身发展的需要及财务结构状况，进行短期、中期及长期性的筹资安排与合理地匹配。

（3）企业到国际资本市场筹资的动机

企业除了选择在国内资本市场融资以外，还可选择到国外市场进行筹资。选择到国际市场融资的主要动机有以下几个方面。

首先，企业筹集巨额资金的要求在国内无法得到满足，只能到国际市场进行筹资。发达国家资本市场资金充裕，市场准入条件相对宽松，因此许多发展中国家一直在利用国际资本市场筹集资金。目前，我国也有部分企业选择到发达国家和地区的资本市场筹集资金。

其次，国际资本市场的筹资成本可能比国内市场要低。尽管全球资本市场一体化的趋势不可阻挡，但目前尚未形成完全的一体化格局，这就为降低筹资成本提供了可能，并且各国关于股票上市和债券发行的规定有所差异，一些发达资本市场的股票上市条件相对宽松，融资成本相对较低，这就为欠发达国家的企业到发达资本市场筹资打开了通道。但是，目前中国企业到海外筹资的成本总体上要高于国内，海外融资仍受到较大的制约。

再次，到国际资本市场筹资还可以使筹资企业适当分散其资金来源，减少对国内投资者的过分依赖，鼓励国外投资者对国内企业进行投资，达到改善公司的股权结构和投资群体结构的目的。

最后，到国际市场筹资有利于提高企业的国际知名度和树立企业的国际市场形象。由于国际上著名的证券交易所对上市公司的审查程序严格规范，股票获准上市无疑是对上市公司生产经营状况的肯定。另外，公司股票行情及信息资料的定期公告，也起到广告宣传作用，扩大了企业的国际知名度与信誉度。

§2 政府

政府（包括中央政府和各地方政府）作为筹资者，是通过在资本市场上发行政府债券筹集资金的机构。政府债券是指政府或者政府有关机构为筹集财政和建设资金而发行的债券。政府债券是中央政府、政府机构和地方政府所发行的债券的统称。按照其发行主体的不同，政府债券又可以具体划分为国债、地方政府债券和政府机构债券。

国债是一国中央政府所发行的债券，是政府以国家信用为后盾来筹措资金的一种方式，所用资金一般用于弥补财政赤字或进行公共建设。中央政府通过财政部发行的是国债，包括国库券和公债券，其特点首先是由于中央政府有征税的特权，所以一般不存在违约风险，其信用等级是最高的；其次是可以享受税收优惠，其利息收入可豁免所得税。不同国家的中央政府所发行的债券也不完全相同。财政证券是美国财政部发行的，受到美国政府全部信誉的支持，因此被认为是不存在任何风险的债券，该债券的利率也是整个美国甚至国际资本市场的基准利率。英国政府发行的金边债券通常是短期的，并且给予持有人在几年内转换成一定数量的长期金边债券的权力；另外，英国政府还发行与指数相联系的金边债券。日本政府发行的债券有三种，即中期债券、长期债券、超长期债券，其中，长期和超长期债券是不可赎回的，但是政府可以在二级市场将他们进行回购。德国政府所发行的债券有三种，包括联邦国库券、联邦债务凭证或债券、政府债券。目前，全球规模较大的国债市场主要有美国、日本、意大利、德国、法国、英国等中央政府发行的债券市场。

地方政府债券也称为市政债券，是地方政府为了发展地方经济，兴办地方事业如交通运输、文教科研、卫生设施等而发行的债券。地方政府债券是以地方政府担保，它的信用等级仅次于国债，同时也具有税收豁免特征。市政债券按偿还的资金来源一般可分为两类：一类是一般债务债券，它是以发行人的一般征税能力来作为担保的，其偿还列入地方政府的财政预算。另一类被称为收入债券，它是为了给某一特定的盈利建设项目（如公用电力项目）筹资而发行的，其偿付依靠这些项目建成后的营运收入。二次大战后，美国市政债券发展很快，种类繁多，目前已经发行的市政债券单位高达4万多个，期限种类短的1年，长的达30年，为附息债券，每年或半年支付一次利息。

在我国，财政部代表中央政府，作为中国国债的发行者。目前，我国发行的国债类别主要包括：国库券、重点建设债券、财政债券、国家建设债券、特种国债、保值公债等。发行的国债品种主要有：①按国债保管方式划分，包括无记名国债、凭证式国债和记账式国债三种；②按国债付息方式分，包括零息国债、贴现国债和附息国债，其中1981~1993年我国发行的都是零息国债，1994年才开始发行贴现国债，1996年6月首次公开发行附息国债；③按国债利率方式，可以分为固定利率和浮动利率债券。

目前，我国省、市地方政府还没有正式发行市政债券的权利，因此市政债券在我国还是一片空白。

政府作为筹资者，其筹资目的主要体现在：

第一，进行公共产品投资。一个国家提供或生产的产品可以划分为两大类，一类是由非政府部门即企业提供的产品，这些产品多数存在于一些竞争性行业，是由市场来进行调节和配置的；而另外一类是非市场化产品，包括基础设施、学校、医院、军队及国家安全行业等公共产品。理论分析与实践经验均表明，公共产品必须由政府来投资建设，而这些产品项目往往具有投资金额大、投资回收期长、收益率低甚至其收益无法计量等特点。对公共产品的投资，各国中央政府的资金来源主要有两个：即税收和财政赤字。当税收不能满足巨大的投资需求时，政府通过财政赤字的办法即依靠发行国债或进行中长期借款来进行筹措，即满足恒等式 $I = T + (D + L)$，其中 I 代表中央政府的投资，T 表示国家税收收入，D 表示国债发行额，L 银行借款，D + L 表示中央政府的财政赤字。

第二，维持社会的稳定。当一个国家面临经济危机或萧条时，许多人员面临下岗失业，主要收入来源被截断，迫于生存压力，国家可能会出现各种违法和影响社会稳定的事件。而政府此时也可能处于财政紧张的境况，为了缓解暂时的社会矛盾，维持社会的稳定，政府只有通过发行债券筹集资金，增加对失业人员的补贴，以及增加投资、扩大总需求，从而拉动经济，增加全社会就业机会。这种情况下，中央政府可能会选择到国外市场发行外国债券或全球债进行筹资，因为发行本国国债很可能会由于国内购买力有限而陷于无法顺利销售的局面。

第三，其他用途。政府有时候为了维持国内资本市场的稳定，通过发行和购买证券来调节国内市场的供求状况，引导市场的其他投资者，其原理类似于公开市场操作。另外，还会因为战争的需要，由中央政府发行债券筹集资金用于备战。

第 3 节　资本市场的投资者

现代市场经济中，投资活动是普遍存在的社会经济现象，人们通常把能够带来报酬的支出行为称为投资，它是以牺牲现在的消费来换取未来消费的行为。而资本市场的投资则是指对有价证券的购买行为。这种行为在理论上会使得购买者在证券持有期限内获得与其所承担的风险相对应的收益。按照证券投资主体的不同，资本市场的投资者包括个人、机构两种类型，他们构成资本市场的投资主体，其中，机构投资者包括工商企业法人、金融机构如证券公司、投资基金、养老基金、保险机构、商业银行以及各政府机构等。

与个人投资者相比，机构投资者拥有比较专业的投资管理人才，可以独立进行价值评估，从而大大降低了投资的盲目性，对于稳定整个证券市场起着十分关键的作用。机构投资者的资金实力比较雄厚，有条件进行组合投资，可以最大限度地降低非系统性风险；机构投资者有时间、资金、技术进行国际证券投资。从国内外市场来看，机构投资者对市场的影响力巨大，机构投资者通常又是稳定证券市场的中坚力量。因此，机构投资者在国际资本市场投资者队伍中所占比重越来越高，地位越来越重要。在成熟的证券市场中，机构投资者一般占有主导地位，它们持有的证券占证券总额的大半部分。

§1 个人投资者

个人投资者，是指在资本市场进行投资的个人。从数量上讲，个人投资者在资本市场上占有举足轻重的地位，但在持有的金融资产总量方面，个人投资者通常远远落后于机构投资者，这是由个人投资者的固有特征决定的。

（1）资金来源

个人投资者的资金来源主要是个人的储蓄、其他资产的变现及投资性收益甚至贷款融资等。目前，我国大量的个人储蓄存款还放在银行里，这笔大的储蓄存款将成为未来我国证券市场投资的主要资金来源；其他资产主要包括个人的有价证券、房产、汽车、办公用具等，可以通过变现转化成对证券的投资金；其他投资性收益，则主要包括企业债券、股票等所产生的收益流。一些国外的个人投资者被允许通过贷款方式来获取证券投资的资金，但以这种融资方式获得的投资资金具有较大的投机性和风险性，目前国内个人投资者一般被禁止通过商业银行的直接贷款来获得证券投资的资金来源。

（2）投资目的与动机

个人投资的总体目标是，在风险一定的条件下，追求尽可能大的收益，或者在收益既定的条件下，承担尽可能小的风险。个人投资者也不像政府企业和机构投资那样，具有稳定市场、调整投资结构等多种目的存在，并且还要承担相应的社会责任。

不同的个人投资者参与证券投资的目的也不尽相同，他们是依据各自的收入水平、经济状况、年龄、健康状况、家庭负担、个人爱好、性格差异、心理素质、投资技巧与经验以及文化程度差异而有所侧重。因此，个人投资者的投资动机可能是多种多样的，概括起来主要有：

第一，获取相对稳定的投资收益。稳定的收入来源比不确定的未来收入更加富有吸引力，特别是对于一些低收入者来说，他们更加需要投资收入来弥补一般收入来源的不足，因而更关心当前收入的可靠性和稳定性。一般地，要想获得相对稳定的收入，投资者多数选择购买债券和固定收益股票，以及行业前景好、稳定性高的公司股票。

第二，实现资本增值。资本增值是投资者的共同心愿，通常可以通过两种途径达到：其一，将投资所获得的股息、利息进行再投资，日积月累，促使资本的增值。这种办法比较适合于一般不靠经常的投资收入来维持家庭日常开支的高收入者；其二，投资于增长型股票，通过股息和股票价格的不断增长来增加资本价值。风险—收益计量关系表明，这种证券投资的风险往往较大，收益性也较好，因此它比较适合于资本额较大、心理承受能力较强的投资者。一般来说，投资者在短期内达不到的资本增值目标，可以通过长期投资来获得。为满足投资者的资本保值增值、规避市场风险的需求，国际金融市场上还推出了许多套期保值工具，这些工具主要包括股票期货、股票期权、股票指数期货、股票指数期权、利率期货、利率期权、外汇期货、外汇期权、债券期货与债券期权等，投资者可以根据实际需要选择合适的保值工具，构建合理的投资组合。

第三，保持资产的流动性。投资者在管理自己的资产时通常要考虑应急的情况发生，在投资决策过程之中要充分考虑资产的流动性。通常，证券的流动性与期限成正比，与收益率成反比，即短期证券的流动性较强。但收益率较低。理性的投资者，往往会为自己设计一种合理的证券期限结构，将不同期限结构和收益率的证券进行组合匹配，来保持合理的流动性与收益性。

第四，实现投资品种的多元化。投资于单一品种的证券，投资者可能会遇到两方面的困难：其一，单一证券的风险性相对较大；其二，单一证券对投资者的边际效益递减。投资组合的分散化原理告诉我们，建立多样化的合理的投资组合可以降低或消除非系统性风险，将资金按照一定的比例投资于多个证券品种可以增加投资者的效用。

第五，参与企业的决策管理。少数资本实力雄厚的私人投资者会通过大量购买某个公司的股票来取得控制权。但对于绝大多数中小股东来说，这种观念非常淡薄，购买股票只是作为投资一种金融品种，而不是作为所有权来看待。目前，我国大多数个人投资者将股票投资看成是买卖一种金融商品，真正实现对某个公司的控制权是非常少见的，但随着国内民营与私营经济的不断发展，个人投资者也将通过购买股票来达到有效控制、管理上市公司的目的。

(3) 投资特点

个人投资者具有以下几个主要特点：第一，投资活动不创造新的金融资产与金融工具，他们既不发行也不提供新的证券，只是证券的净需求者；第二，投资活动具有较大的盲目性。由于个人投资者力量分散，资金有限，无法将有限资金分散于过多的证券品种进行投资，而且个人投资者获得和处理信息的时间和精力非常有限，因此投资活动的盲目性较大；第三，投资活动都是借助于证券中介机构进行，个人投资者相互之间很少进行证券买卖的直接交易。

§2 证券投资基金

证券投资基金是一种金融信托方式，它由众多不同的投资者出资汇集而成，然后由专业性投资机构（一般是基金管理公司）进行投资管理，专业投资机构再把集中起来的资金投资于各种产业和金融证券领域。证券投资基金将在第四章作专门的论述，在此不展开阐释。

§3 养老基金

养老基金是一种用于支付退休收益的基金，建立养老基金计划的实体称为计划主办人，它是为其雇员服务的私营机构，如州、省和当地机构代表其雇员，工会代表其会员，个人代表自己实行养老金管理。养老基金的资金来源是公众为退休后的生活所准备的储蓄金，通常由资方和劳方共同缴纳，也有单独由资方缴纳的。养老金的缴纳一般是由政府立法加以规定的，因此其资金来源是有保证的。

养老基金也是资本市场上的主要资金供应者之一。由于养老金在退休以前不能使用，甚至不能作为借款的抵押品，而且雇主、雇员的出资和基金资产的收益有推迟税收的的作用，即养老金在支取基金以前不必纳税，因此，养老基金是一种超长期的较为稳定的重要资金来源。投资于证券市场、实现资本的保值增值是管理养老基金的核心内容。除通过证券经纪公司自己买卖证券以外，养老基金持有人通常委托共同基金、保险公司、银行代理为之进行资产管理。由于养老基金能够较为精确地估计未来若干年它们应支付的养老金，所以它不太要求流动性，其资金运用主要投资于长期公司债券、质地较好的股票和发放长期贷款上。另外，由于养老基金也不需要纳税，所以免税的地方政府债券对它也没有吸引力。

§4 商业银行

商业银行是以经营存、贷款为主要业务，以盈利为目的的金融机构。

商业银行的资金来源主要是存款（包括活期存款、储蓄存款和定期存款）、非存款性借款（如美国的联邦资金市场和联储贴现市场）和银行资本金与留存利润。商业银行作为一个存贷款机构，保护储户的资金安全是其首要职责，其盈利性资产必须具有较高的安全性和流动性。一般地，虽然证券投资的风险较大，但证券投资的盈利往往高于贷款的收益，而且证券投资的流动性较强，需要时可以随时脱手，因此证券投资可以作为银行资金运用的又一个途径。

商业银行参与证券投资需要考虑以下因素：第一，商业银行的贷款中往往长期性贷款比例较大，若长期持有证券，则风险将进一步提高，因此它需要增加质地好、期限较短的投资品种来降低风险，优化资产的期限结构；第二，商业银行的投资活动会受到政府法律法规的限制，如许多国家规定商业银行只能投资于政府债券、地方政府债券和投资级企业债券，而不允许购买股票等；第三，商业银行可以考虑投资一些免税的地方政府债券。总之，商业银行的投资活动受到自身业务活动和政府有关法规的限制，因此其投资行为比较保守和谨慎，以安全为主，盈利为辅。

目前，西方国家商业银行的资产管理业务呈现两个比较明显的趋势。一是银行越来越重视有价证券的组合管理，通过投资证券组合来获取盈利；二是贷款业务的证券化。银行传统的资产管理方式是将资产进行组合，以降低风险。而现在银行将部分长期收益来源的贷款资产进行适当组合出售，并将其证券化。

§5 保险公司

保险公司是一种重要的金融中介机构，当某种特殊事件发生时，它以一定的金额对投保人进行赔偿，它是风险的承担者。在经济发达的国家一般保险业都比较发达，各类保险公司成为经济中最主要的非银行金融机构，成为金融市场上最重要的机构投资者和交易主体。保险公司主要有两种类型，即人寿保险公司和财产与灾害保险公司。其中人寿保险公司是为人们因意外事故或死亡而造成的经济损失提供保险的金融机构；财产保险公司是为企业及居民提供财产意外损失保险的金融机构，例如提供汽车和住房保险等。

保险基金是一些西方国家证券市场上第二大机构投资者，保险公司资产运用中投资于有价证券的比重往往超过40%，居所有投资方式的首位。

保险公司进行证券投资活动通常是出于对本金的安全性、收入的稳定性以及较高的盈利性的综合考虑。保险公司对资产的流动性要求不高，可以进行中长期的证券投资活动。保险公司进行证券投资活动时需考虑以下一些因素：

第一，保险公司的主要收入来源为保险费、投资收益、房地产抵押、定期贷款和所投资债券到期的本金，主要支出是公司的经营费用、支付赔偿金、公司准备金，因此其负债具有长期性，可以投资于期限较长、收益率较高的证券。其中来自保险费、投资收益的收入部分较稳定，足以应付保险赔偿金的支付，因此该部分资金可用于证券的长期投资。

第二，因人寿保险金在时间、数量上的可预测性，并且只有当契约规定的事件发生时或者约定的期限时才支付的特征，因此可以降低对投资证券的流动性要求。这与财产和灾害保险公司不同，财产和灾害事故的发生具有偶然性和不确定性。所以人寿保险公司的资金运用以追求高收益为目标，主要投资于高收益的证券比如股票等，而财产和灾害保险公司的资金主要运用于安全性高流动性好的政府债券和绩优公司的债券等。

第三，准备金利率较低，证券投资成本较低，而且保险公司通常还可以免交所得税。

第四，各国政府对保险公司的证券投资活动实施严格管理，一般对政府债券的投资没有限制，但对其他证券投资限制较大，以防止其操纵证券市场。例如，日本的保险业法规定，保险公司用于股票、外国有价证券、贷款、不动产投资的资产分别不得超过公司总资产的30%、30%、20%、20%，对同一家公司的投资额（包括股票、公司债券、贷款等）不得超过保险公司总资产的10%等。

§6 其他

（1）工商企业

工商企业可以将闲散的资金用于证券投资，以获取市差价，并且还可以通过股票投资来实现对目标企业的参股和控股目的。事实上，企业通过购买股票进行参股或控股的例子在西方国家不胜枚举，近年来，国内企业通过股票二级市场来收购其他上市公司的股票，达到借壳上市的目的也频频发生。

作为机构投资者之一，工商企业的投资具有以下的特点：其一，投资的目的不单单是盈利，还要进行有效资产组合，回避投资风险，控制被投资公司，相互参股建立合作关系和充分利用闲置资金等目的；其二，投资的稳定性强，较少短期投资行为，即使投资各类债券也一般不会在短期内频繁转手，注重长期投资效应；其三，相对个人投资，资金规模较大，如果经济不乐观和市场不稳定，企业的短期投资就变得明显，其交易资金量增大，会对市场造成较大的影响。

（2）证券经营机构

综合性证券公司、证券经纪公司、信托投资公司等证券经营机构是证券市场中实力雄厚的机构投资者，它们以自有资金和运营资本建立规模庞大的风险分散能力较强的投资组合，由有理论水平和实践经验的专家进行管理，其投资行为对市场产生重要影响，投资收益也普遍高于市场平均水平。

证券经营机构进行证券投资既注重资金的安全性，又兼顾盈利性和流动性，投资对象比较分散，股票、国债、公司债券以及各处套期保值衍生工具都是其投资组合的主要选择目标。它们既进行长期性的证券投资，又抓住机会进行短线的投机。由于投资的资金非常巨大，信息灵通，操作便捷，因此对证券市场的影响较大。

（3）政府机构

政府机构参与证券市场投资的目标与个人投资者以及其他机构投资者截然不同。中央政府不是单纯的投资者，更不是投机者，它是市场一个特殊的投资者，投资的主要目的除了盈利以外，还充当宏观调控和稳定整个市场的角色；而地方政府机构参与证券市场的投资，则可能是为了将闲散的财政、税收资金集中起来投资证券，以获取较高的回报。因此，地方政府与中央政府的投资目标是不完全一致的。

从美国证券市场的发展趋势来看，政府部门的证券投资比重在提高。在联邦政府债券的持有者之中，私营部门的比重下降，政府部门的比重上升。20世纪60年代以前，私营部门包括商业银行、私营企业、保险公司以及个人家庭是联邦政府债券的主要购买者，但此后私营部门的比重已经下降到20%，目前这一比重还呈下降趋势。与此同时，各级政府部门购买联邦债券的数量相对增加，持有比重在不断提高。

第4节 资本市场的中介机构

资本市场的中介机构主要包括投资银行、会计师事务所、律师事务所、投资顾问咨询公司、证券评级机构。

§1　投资银行

简单来说，投资银行是指主营业务为投资银行业务的金融机构。但读者很容易发现这其实是个无意义的循环定义，但是它至少给了我们这么一种启示，即如果我们定义了投资银行业务，也就定义了投资银行。

一般来说，投资银行业务由广到窄可以有四个定义①：第一，投资银行业务包括所有的金融市场业务；第二，投资银行业务包括所有资本市场的业务；第三，投资银行业务只限于证券承销、交易业务和兼并收购业务；第四，投资银行业务仅指证券承销和交易业务。目前被普遍接受的是第二个定义，即投资银行业务包括所有资本市场的业务。由此，投资银行可以定义为：投资银行是指主营业务为资本市场业务的金融机构。

根据这个定义可知，并不是所有经营资本市场业务（或投资银行业务）的企业都是投资银行，只有那些主营业务为资本市场业务的金融机构才是投资银行。另外，并不是经营全部资本市场业务的金融机构才是投资银行，只要主营业务是资本市场业务——无论是一项还是二项——的金融机构就是投资银行。

当然，这个定义是动态的，因为随着资本市场业务的不断发展，投资银行的内涵也在不断发展。正如著名的投资银行家罗伯特·库恩（Robert Kuhn）所言："投资银行业务是一个有机的过程——经常在变化、发展、进化，任何书籍都无法精确而详尽。"因此，不应该对上述投资银行的定义进行机械的理解。

§2　会计师事务所

在资本市场中，会计师事务所是站在社会公正的立场上，对有关公司的资本到位、财务状况、资产状况、盈利状况等进行验资审计，出具有关的报告，对投资者、企业以及整个资本市场产生重要的影响。因此，世界各国对会计师事务所都是非常重视的。

发达国家的会计师事务所一般实施合伙制，主要通过无限责任制度的约束，促使各注册会计师做到真正为投资者、受托人、社会公众的利益进行独立、公正的服务。为了规范国内资本市场的发展，我国1993年

---

① Robert Lawrence Kuhn，1990，Investment Banking Library Ⅰ—Ⅵ，Volume Ⅰ（Investing and Risk Management），第6－8页，Richard D. Irwin Press。

起也建立了对从事证券业务的会计师事务所和注册会计师的资格确认制度。

在大多数国家里，会计师事务所的主要业务职责就是验资、资产评估、财务审计、财务资信评价、财务顾问咨询和培训等。但在一个项目同时需要进行财务审计和资产评估时，每家会计师事务所只能从事其中一项工作，以保证各项工作的独立开展，并通过互相制约来维持工作报告的公正性。1995年以后，我国实施了会计师事务所与资产评估业务的适当分离，规定有关证券业务的资产评估应该由专门性的资产评估事务所来进行，以此来形成会计师事务所和资产评估事务所在业务上的互相制约关系。

会计师事务所的主要业务活动包括以下几个方面：①各类企业注册登记时的资本金验收；②公司运行过程之中的财务顾问、财务调整、财务审计；③公司发行股票、债券前的资产评估、财务审计、财务资信评价、财务咨询等；④公司资产证券化过程中的财务运作策划；⑤企业并购活动中的财务分析、财务安排等。会计师事务所和资产评估事务所在接受客户委托进行验资、资产评估、财务审计、财务资信评价等工作之中出具的相关报告书，具有法律效力。若有关报告有虚假，则出具报告书的机构应当承担法律责任。但它们的从事财务顾问、财务咨询方面向客户提供的意见不具的法律效力，只作为参考。

§3 律师事务所

资本市场之中的大量业务活动都涉及法律事务。律师事务所依据有关的法律法规，站在公正的立场对有关契约文件、公司发行证券的有关文件是否完整和合法、公司行为是否合法、证券公司的行为是否合法等提供法律服务。由此，律师事务所的工作直接关系到投资者、公司和社会公众的利益，是资本市场的重要参与者。

在发达国家，律师事务所一般实施合伙制度，主要目的是通过无限责任制的约束，来有效促使律师为投资者、受托人和社会公众的利益而独立、公正地履行自己的职责。为了规范资本市场的发展，1993年我国律师事务所逐渐转变成为合伙制度，同时国家建立了对从事证券业务的律师事务所和律师的资格进行专门性确认的制度。

律师事务所和律师的主要业务范围包括：①在公司进行注册登记时协助公司制作或审定有关文件的合法性，并使之合法化；②在公司运作过程中，协助公司制作或审定有关契约文件的合法性，并使之合法化；③在公司发行证券时，协助公司制作或审定有关文件的合法性，检查公司行为的合法性，并出具法律意见书；④在企业进行并购或重组或资产证券化过程中，协助公司进行有关活动的策划，制作并审定有关文件的合法性，检查公司行为的规范合法性；⑤担任企业的法律顾问，向公司提供法律意见和其他服务；⑥提供法律咨询意见，帮助培训有关法律工作人员。

在现实的经济活动之中，由于契约关系的双方均需要由自己的律师提供法律服务，为了保证律师活动的客观性、公正性，每家律师事务所只能担任一方的法律顾问。在证券的发行过程之中，筹资者的法律顾问和证券公司的法律顾问应该由不同的律师事务所来担任。律师事务所出具的法律意见书具有法律效力，若有虚假，律师事务所和签字的律师必须承担相应的法律责任。

§4 投资顾问咨询公司

投资顾问咨询公司是为市场投资者提供咨询服务、接受投资委托、代理投资者管理资产的中介机构，是证券投资的职业性指导者。投资顾问咨询公司根据客户的要求，把咨询分析建立在科学的基础分析和现代的技术分析基础之上，通过对大量的信息资料进行加工处理，向投资者提供分析报告和投资建议，帮助客户建立有效的投资决策。

在我国，投资顾问咨询公司的业务范围主要包括以下几个方面：①接受政府、证券管理机关、有关业务部门和境外机构的委托，提供宏观经济和证券市场方面的研究分析报告和对策咨询建议；②接受境内外投资者的委托，提供投资分析、市场法规等方面的业务咨询服务；③接受公司委托，策划公司的证券发行与上市方案；④接受证券经营机构的委托，策划有关的重组事务方案，担任财务顾问；⑤编辑出版资本市场方面的资料、刊物和书籍等。

投资顾问咨询公司为投资者提供各种专业化的咨询服务，有助于投资者在资金运用和投资渠道等方面进行合理选择，降低投资风险，提高投资收益，最终促使投资者积极参与投资活动，形成和完善资本市场的功能，改善资本市场的投资结构。

§5 证券评级机构

证券评级机构是指运用一系列科学的方法对企业或证券的信用等级进

行评估的社会公正组织。它是一个中立性企业法人，独立、超脱于证券市场管理者发行者和投资者之外，以保证其客观性、公正性、独立性、科学性和权威性。证券评级机构一般为独立的、非官方的机构，大多是私人企业，通常必须对自己的信誉负责。证券评级机构的业务范围通常包括：债券信用评级企业信用评级和金融机构（包括保险企业）信用评级。在发达国家的资本市场中，除了中央政府所发行的债券之外，各种有价证券的发行都需要经过专门的证券信用评级机构予以评价。

进行证券信用评级，是通过对准备发行的债券还本付息的可靠程度进行客观公正和权威的评定，或对股票发行人的资信情况作客观的评价并通过明确其信用等级、投资风险的大小等，向投资者提供所需要的信息，以方便投资者决策。同时通过证券评级机构对证券发行企业的评估可以使高等级证券的发行人以较低的成本优先获得资金，从而使整个社会的资金得到合理地配置，提高资金的利用效率。如在美国，证券等级低于A级的公司债券也可获得发行，但是A级公司债券的相比B级公司债券发行利率要低。评级公司在评级过程之中主要考虑以下几个方面的内容：①证券发行公司的偿债能力，鉴别筹资者能否按期还本付息或分红；②证券发行公司的资信，即考察其在资本市场上的信誉，历年偿债或分红情况；③投资者承担的风险，主要是分析发行者破产的可能性大小；④公司债务状况。

证券评级公司主要起着揭示证券风险大小的作用，具体体现在以下几方面：①证券承销商可以依据证券信用级别来决定发行价格、发行方式、承销费用以及采取的促销手段等；②自营商可以根据各种证券的信用等级来评判其风险的大小，调整资产组合，进行有效的风险管理；③证券经纪人在从事信用交易时对不同信用等级的证券给出不同的证券代用率；④投资者根据证券信用等级状况来决定买卖多少数量的证券。

但必须指出的是，证券评级机构对其评定的结果只负道义上的责任，不负有法律上的责任。证券评级机构只评价证券的发行质量、筹资者的资信、投资者承担的风险，以帮助投资者在比较分析的基础上做出投资决策，而不具有向投资者推荐这些债券的含义，最终的投资选择仍然由投资者自己决定。对于债券筹资者来说，若对信用评级结果不满意，可以要求重新评定或不予公开发表，评级机构对筹资者所提供的资料负有绝对保密责任。

国外的证券评级机构以美国最为发达，早在20世纪初，美国就成立了数家评估公司，最著名的有穆迪公司、标准普尔公司和费奇公司。其中穆迪公司和标准普尔公司在全球范围内均有业务。由于我国资本市场的发展尚处于起步阶段，中国资信评估业务也刚刚开始。1998 年，经中国人民银行的批准，中国设立了 9 家资信评级机构。这些机构的基本职能就是对工商企业的资信等级、发行的证券进行评定。在参考国际经验的基础上，结合中国的实际情况，从债券到期的还本付息能力和投资者购买债券的风险程度出发，中国已经形成了全国统一的证券信用级别标准。目前，中国债券的信用级别设置为三档，即第一档 AAA 级、AA 级和 A 级，第二档包括 BBB 级、BB 级和 B 级，以及第三档包括 CCC 级、CC 级和 C 级。

本章重要提示

资本市场的定义和分类，资本市场参与者在资本市场运作中所扮演的角色和所起的作用。

本章总结

1. 出于不同的角度，人们对资本市场给予不同的定义。我们认为，资本市场是期限在 1 年以上的各种资金融通活动的总和。

2. 按照不同的标准，资本市场可以进行不同的分类。按照金融产品是初次在资本市场上交易还是已经在市场上流通的再次交易，可以分为一级市场和二级市场。按照交易活动是否集中统一，可将资本市场区分为场内交易市场和场外交易市场。按照金融产品的发行对象范围可以将资本市场分为内部市场和外部市场。按照交易活动的电子化程度，可以将资本市场区分为有形市场和无形市场。

3. 本书按照所交易的金融产品不同可以将资本市场分为：股票市场、债券市场、衍生证券市场等。

4. 资本市场的筹资者就是通过发行某种金融工具以筹集资金的发行人或资金需求者。一般来说，筹资者包括企业和政府。

5. 证券市场的投资者包括个人、机构两种类型，他们构成证券市场的投资主体，其中，机构投资者包括工商企业法人、金融机构如证券公司、投资基金、养老基金、保险机构、商业银行以及各政府机构等。

6. 资本市场的中介机构主要包括投资银行、会计师事务所、律师事务所、投资顾问咨询公司、证券评级机构。

本章需要掌握的内容和概念

资本市场　一级市场　二级市场　场内交易市场　场外交易市场　有形市场　无形市场　投资银行

思考题

1. 什么是资本市场，资本市场有哪些分类?

2. 资本市场的主要参与者有哪些，它们在资本市场中各自扮演的角色和所起的作用有哪些?

第2章
股票市场

本章概要

本章首先介绍了股票和股票市场的基本概念；然后讲述股票发行上市的运作；再次，讲述股票交易市场的运作；最后介绍了上市公司再融资。

学习目标

了解股票及股票市场的基本概念，掌握股票发行上市和交易的运作，了解上市公司再融资的主要方式。

假如必须等待积累去使某些单个资本增长到能够修建铁路的程度，那末恐怕直到今天世界上还没有铁路。但是，集中通过股份公司转瞬之间就把这件事完成了。

——马克思

第1节 股票市场概述

§1 股票的定义

股票是股份有限公司在筹集资本时向出资人发行的股份凭证。

股票代表着其持有者（即股东）对公司的所有权，因此，股东与公司之间的关系不是债权债务关系，而是所有权关系，这种所有权是一种综合权利，如参加股东大会、投票表决、参与公司的重大决策、收取股息和分享红利等。股东以其出资额为限对公司负有有限责任，承担风险，分享收益。

§2 股票的特点

通过了解股票的特点，我们能够更加全面地理解股票的概念。

股票具有以下五个基本特点。

第一，不可偿还性。股票是一种无偿还期的有价证券，投资者认购了股票后，就不能要求公司退股，只能在交易市场上卖给第三方。股票的转让只意味着公司股东的改变，并不减少公司资本。从期限上看，只要公司存在，它所发行的股票就存在，股票的期限等于公司存续的期限。

第二，参与性。股东有权出席股东大会，选举公司董事会，参与公司重大决策。股票持有者的投资意志和享有的经济利益，通常是通过行使股东参与权来实现的。

第三，收益性。股东凭其持有的股票，可以获得收益。股票的收益来源于两个方面：一是公司发放的股息和红利，股息或红利的大小，主要取决于公司的盈利水平和公司的盈利分配政策；二是股票投资的资本收益，也就是股票买卖的差价。

第四，流通性。股票的流通性是指股票在不同投资者之间的可交易性，即进行股票买卖。流通性通常以可流通的股票数量、股票成交量以及股价对交易量的敏感程度来衡量。可流通股票越多，成交量越大，价格对成交量越不敏感，股票的流通性就越好，反之就越差。

第五，价格波动性和风险性。股票在交易市场上作为交易对象，同商品一样，有自己的市场行情和市场价格。由于股票价格要受到诸如宏观经济、公司经营状况、供求关系、大众心理等多种因素的影响，其价格波动有很大的不确定性。正是这种不确定性，有可能使股票投资者遭受损失。价格波动的不确定性越大，投资风险也就越大。

§3 股票的种类

(1) 普通股

普通股是指在公司的经营管理和盈利及财产的分配上，享有普通权利的股份，代表满足所有债权偿付要求及优先股东的收益权与求偿权要求后对企业盈利和剩余财产的索取权。普通股构成公司资本的基础，是股票的一种基本形式，也是发行量最大、最为重要的股票。

普通股股票持有者按其所持有股份比例享有以下基本权利。

第一，公司决策参与权。普通股股东有权参与股东大会，并有建议权、表决权和选举权。

第二，利润分配权。普通股股东有权从公司利润分配中得到股息。普通股的股息是不固定的，取决于公司的盈利状况和分配政策。

第三，优先认股权。如果公司需要增加公司资本而发行普通股股票时，现有普通股股东有权按其持股比例，以低于市价的某一特定价格优先购买一定数量的新发行股票，从而保持其对企业所有权的原有比例。

第四，剩余资产分配权。当公司破产或清算时，若公司的资产在支付清算费用、工人工资、社会保险费用和法定补偿金、缴纳所欠税款、清偿公司债务以后，还有剩余资产的，按照股东持有的股份比例分配。

（2）优先股

优先股是指公司在筹集资金时，给予投资者某些优先权的股票。这种优先权主要表现在两个方面。

第一，优先股有固定的股息，不随公司业绩好坏而波动，并且可以优先于普通股股东领取股息。

第二，当公司破产进行财产清算时，优先股股东对公司剩余财产有优先于普通股股东的要求权。

优先股享有如上的优先权利，但是有些权利又受到限制，例如：一般不参加公司的红利分配、持股人亦无表决权。

（3）A 股、B 股、H 股、N 股

根据股票的上市地点和所面对的投资者不同，我国上市公司的股票可分为 A 股、B 股、H 股、N 股和 S 股。

A 股的正式名称是人民币普通股票，它是由我国境内的公司发行，供境内机构、组织或个人（不含港澳台投资者）以人民币认购和交易的普通股股票。

B 股的正式名称是人民币特种股票，又称境内上市外资股，它是由人民币标明面值，以外币认购和买卖，在境内证券交易所上市交易的普通股股票。

H 股，即注册地在境内、上市地在香港的外资股。H 股也是以人民币标明面值，以外币认购。香港的英文是 Hong Kong，即取其首字母，在港上市外资股就叫做 H 股。以此类推，纽约的第一个英文字母是 N，新加坡的第一个英文字母是 S，伦敦的第一个英文字母是 L，因此，在纽约、新加坡、伦敦上市的外资股就分别叫做 N 股、S 股、L 股。

（4）蓝筹股

在股票市场上，投资者把那些在其所属行业内占有重要支配性地位，业绩优良、成交活跃、红利优厚的大公司股票称为蓝筹股。“蓝筹”一词源于西方赌场，在西方赌场中，有三种颜色的筹码，其中蓝色筹码最为值钱，红色筹码次之，白色筹码最差，投资者把这些行话套用到股票上。

蓝筹股并非一成不变，随着公司经营状况的改变及经济地位的升降，蓝筹股的地位也会变更。

（5）红筹股

红筹股这一概念诞生于20世纪90年代初期的香港股票市场。中华人民共和国在国际上有时称为红色中国，相应的，香港和国际投资者把在中国境外注册、在香港上市的那些带有中国内地概念的股票称为红筹股。

什么叫做“带有中国内地概念”呢？一般有两种不同的理解。

第一种观点认为，应该按业务范围来区分。如果某个上市公司的主要业务在中国内地，其盈利中的大部分也来自该业务，那么，这家在中国境外注册、在香港上市的股票就是红筹股。

第二种观点认为，应该按照股权多寡来划分。如果一家上市公司股权的大部分直接来自中国内地，或具有内地背景，也就是为中资所控股，那么这家在中国境外注册、在香港上市的股票才属于红筹股之列。

通常，上述两类公司的股票都被投资者视为红筹股。

§4 股票市场

（1）股票市场的含义

股票市场是股票发行和交易的场所。

股票市场主要有以下两种分类方式：根据市场的功能划分，股票市场可分为发行市场和交易市场；根据市场的组织形式划分，股票市场可分为场内交易市场和场外交易市场。

（2）发行市场与交易市场

根据市场的功能划分，股票市场可分为发行市场和交易市场。

发行市场是通过发行股票进行筹资活动的市场，它一方面为资本的需求者提供筹集资金的渠道，另一方面为资本的供应者提供投资场所。发行市场是实现资本职能转化的场所，通过发行股票，把社会闲散资金转化为生产资本。由于发行活动是一切活动的源头和起始点，故发行市场又称为一级市场。

交易市场是已发行股票进行转让的市场，又称二级市场。交易市场一方面为股票持有者提供随时变现的机会，另一方面又为新的投资者提供投资机会。

发行市场是流通市场的基础和前提，流通市场又是发行市场得以存在和发展的条件。发行市场的规模决定了流通市场的规模，影响着流通市场的交易价格。没有发行市场，流通市场就成为无源之水、无本之木，在一定时期内，发行市场规模过小，容易使流通市场供需脱节，造成过度投机，股价飙升；发行节奏过快，股票供过于求，对流通市场形成压力，股价低落，市场低迷，反过来影响发行市场的筹资。所以，发行市场和流通市场是相互依存、互为补充的整体。

（3）场内交易市场与场外交易市场

根据市场的组织形式划分，股票市场可分为场内交易市场和场外交易市场。

股票场内交易市场是股票集中交易的场所，即股票交易所。有些国家最初的股票交易所是自发产生的，有些则是根据国家的有关法规注册登记设立或经批准设立的。今天的股票交易所有严密的组织。严格的管理，并有进行集中交易的固定场所，在许多国家，交易所是股票交易的唯一合法场所。在我国，股票场内交易市场包括上海证券交易所和深圳证券交易所。

股票场外交易市场是在股票交易所以外的各证券交易机构柜台上进行的股票交易市场，所以也叫做柜台交易市场。随着通讯技术的发展，一些国家出现了有组织的、通过现代化通信与电脑网络进行交易的场外交易市场，如美国的纳斯达克（NASDAQ）。我国目前并没有场外交易市场。

第2节　股票发行上市

§1　发行上市概述

发行上市是指股份有限公司首次公开发行股票并上市的行为，也称为直接上市。股票发行上市后，股份有限公司也就成了上市公司。

（1）首次公开发行股票

首次公开发行（initial public offering，IPO），是指股份有限公司首次公开向投资者发行股票。

我国相关法律规定，股票发行有下列情况之一的，为公开发行：

第一，向不特定对象发行证券。

第二，向特定对象发行证券累计超过200人的。

（2）股票上市

股票上市是指已经公开发行股票的公司，将其股票在证券交易所挂牌交易的活动。股票上市，是连接股票发行和股票交易的桥梁。

股票首次公开发行后，可以申请在证券交易所挂牌交易，也可以不进入证券交易所而通过其他方式进行交易。如果股票申请并进入证券交易所挂牌交易，我们就说股票上市了，发行股票的公司也就成为上市公司。

在我国，2006年之前，是不承认公开发行股票而不上市的情形的，中国证监会的审核，也是将公开发行和上市结合在一起进行审核，一旦中国证监会审核同意，交易所即有义务安排公开发行的股票上市交易。

2006年新公司法和新证券法颁布实施之后，明确将公开发行和上市的监管职能授予中国证监会和证券交易所，为此，中国证监会业已成立发行监管二部，专门负责对公开发行股票但不上市的情形进行监管，并且正在筹备柜台交易场所等与此适应的市场建设，相关的法规也正在起草中。但目前没有实践。

也就是说，目前在我国，法律上将发行与上市分开了，但在实践中，还是实行发行上市一体化运作。

(3) 发行上市的基本条件

我国股票上市，有主板、中小企业板和创业板三个上市选择。

①主板上市。在我国上海证券交易所和深圳证券交易所主板发行上市，必须符合如下基本条件。

第一，发行人是依法设立且持续经营3年以上的股份有限公司。有限责任公司按原账面净资产值折股整体变更为股份有限公司的，持续经营时间可以从有限责任公司成立之日起计算。

第二，最近3个会计年度净利润均为正数且累计超过人民币3000万元，净利润以扣除非经常性损益前后较低者为计算依据。

第三，最近3个会计年度经营活动产生的现金流量净额累计超过人民币5000万元；或者最近3个会计年度营业收入累计超过人民币3亿元。

第四，发行前股本总额不少于人民币3000万元，且最近一期末不存在未弥补亏损。

第五，发行后公司股本总额不少于人民币5000万元。

②中小企业板上市。中小企业板是在深圳证券交易所主板市场中设立的一个运行独立、监察独立、代码独立、指数独立的版块，集中安排符合主板上市发行条件的企业中规模较小的企业上市。中小企业板发行上市条件和主板发行上市条件完全相同。

③创业板上市。创业板是指专为中小企业和新兴公司提供融资途径和成长空间的证券交易市场，是对主板市场的重要补充，在资本市场有着重要的位置。创业板的发行上市条件低于主板发行上市条件，我国创业板发行上市的基本条件如下。

第一，发行人是依法设立且持续经营 3 年以上的股份有限公司。有限责任公司按原账面净资产值折股整体变更为股份有限公司的，持续经营时间可以从有限责任公司成立之日起计算。

第二，最近 2 年连续盈利，最近 2 年净利润累计不少于 1000 万元，且持续增长；或者最近 1 年盈利，且净利润不少于 500 万元，最近 1 年营业收入不少于 5000 万元，最近 2 年营业收入增长率均不低于 30%。净利润以扣除非经常性损益前后孰低者为计算依据。

第三，发行前最近一期末净资产不少于 2000 万元，且不存在未弥补亏损。

第四，发行后股本总额不少于 3000 万元。

(4) 发行上市的流程

发行上市的流程一般包括以下七个步骤：成立上市工作机构、聘请中介机构、尽职调查、辅导、股份制改组、申报与核准、完成发行上市，见图 2.1。

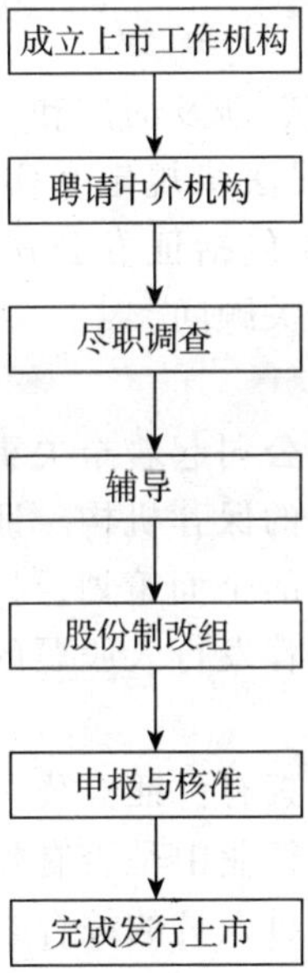

图 2.1 发行上市的流程

在本节后面的内容中，我们将对发行上市流程的每个步骤进行详细阐述。

§2 成立上市工作机构

企业经过认真严格的上市论证后，选择了上市，就要成立上市工作机构，负责企业的上市工作。

上市工作机构一般由企业一把手挂帅，由董事会秘书具体负责，企业的行政、财务、法律、研发、生产、销售等部门的分管领导和负责人都应作为工作机构的成员。

上市工作机构的工作主要有：企业一把手和董事会秘书把握整体上市进程，并负责协调企业与中国证监会、有关政府部门以及中介机构之间的关系；财务部门配合会计师和评估师进行公司尽职调查、财务审计、资产评估、盈利预测等工作；法律部门配合律师，处理与上市有关的法律实务；研发、生产、销售等部门配合中介机构做好尽职调查、投资立项等工作。

§3 聘请中介机构

发行上市是一项工作量大、涉及面广和专业性强的系统工程，企业除了自身的上市工作组外，根据法律规定和实际需要，还必须聘请中介机构。发行上市的中介机构主要包括证券公司、律师事务所、会计师事务所、资产评估事务所、财经公关顾问。

（1）证券公司

在发行上市过程中，证券公司起着至关重要的作用，是中介机构的协调人和牵头人，也是企业上市的保荐机构。证券公司在发行上市中的主要职责包括：协助企业改制重组的全面策划；担任企业的辅导机构；组织机构进行申报材料制作；尽职推荐发行人股票的发行；持续督导发行人履行相关义务。

选择证券公司应考虑的因素有：证券公司是否具有保荐资格并在中国证监会注册；证券公司在证券行业中是否有较高的声誉；证券公司的承销业绩和项目经验；证券公司项目人员的综合素质和沟通能力；是否有自己的发行渠道和客户网络；公司上市后能否为公司提供长期的服务；收费水平。

（2）律师事务所

发行上市必须依法聘请律师事务所担任法律顾问。律师主要对股票发行与上市的各种文件的合法性进行判断，并对有关发行上市方案的法律问题出具法律意见。自 2002 年 11 月 1 日起，律师及律师事务所从事中国的证券法律事务不再受资格限制。

律师在发行上市中的主要职责有：协助发行人处理股份发行与上市的各类法律问题和事项；为公司起草发行上市需要的各类法律文书；为发行人出具法律意见书、补充法律意见书和律师工作报告等；为发行人申请文件出具相关见证意见等；对相关法律问题提出咨询意见；依据发行人委托编制招股说明书等。

选择律师事务所应考虑的因素有：律师事务所发展的时间和主营业务；律师事务所过去的证券法律服务业绩，特别是其对所属行业和所属地区的项目经验；承担本项目的律师专业水平和项目业绩；业内声誉以及历史违规情况；收费标准。

（3）会计师事务所

发行上市的审计工作必须由具有证券从业资格的会计师事务所承担。会计师事务所在发行上市中的主要职责有：出具发行人近3年的审计报告、验资报告、盈利预测的审计报告、内部控制审计报告；根据中国证监会或发行人的要求或发行人的要求出具专项复核报告和见证意见等。

选择会计师事务所应考虑的因素有：是否具有特许的证券从业资格；过去证券业务审计项目业绩，特别是其对公司所属行业的项目经验；承担本项目的注册会计师专业水平和项目经验；行业地位和历史违规情况；会计师事务所在业内的声誉如何；收费标准。

（4）资产评估事务所

企业在股票发行之前往往需要对公司的资产进行评估，这一工作通常是由具有证券从业资格的资产评估机构承担。资产评估的范围主要包括：各类单项资产评估、企业整体资产评估、市场所需的其他资产评估或者项目评估。

发行人聘请的审计机关与设立时聘请的资产评估机构不能为同一家中介机构。同时，根据规定，发行人在申请股票发行时需要进行资产评估的，聘请的资产评估机构与审计机构也不能为同一家。

选择资产评估机构应考虑的因素有：是否具有特许的证券从业资格；过去证券业务审计项目业绩，特别是其对公司所属行业的项目经验；承担本项目的注册会计师专业水平和项目经验；行业声誉和历史违规情况；收费标准。

（5）财经公关顾问

财经公关顾问，是指公司（主要是指上市公司）为了寻求和维护其在资本市场投资者和那些对投资者有重要影响的人士心目中的特定形象和价值定位而聘请的协助开展一系列形象设计、展示、推荐、解释和沟通等公关推广活动的专门机构。

在发行上市过程中，财经公关顾问具体负责如下工作：根据发行人的实际情况，帮助选择合适的上市地点，并制定改制上市方案；为发行人引荐合适的战略投资者；为发行人选择合适的优质保荐人、股票承销商、律师、会计师等中介机构；协助客户完成有关改制上市工作的申请报批工作，确保上市工作的顺利进行；向海外市场上实力较好的机构投资者推荐；设计、维护企业市场形象，处理突发事件和信任危机；向大众投资者推荐拟上市公司。

国内财经公关公司发展时间短，没有统一的行业规范，没有统一的资格认证，在首次公开发行过程中的作用还没有得到市场认可。选择财经公关公司应考虑的主要因素有：财经公关公司是否具有专业策划队伍和设计人才；财经公关公司在过去几年的项目业绩；财经公关公司与主要合作机构和合作项目；财经公关公司的推介和设计能力；财经公关公司的服务内容和收费标准。

§4 尽职调查

（1）尽职调查的定义

尽职调查（due diligence）是指以证券公司为主的中介机构对拟发行上市的企业进行全面调查，充分了解企业的经营情况及其面临的风险和问题，并有充分理由确信企业符合法律法规的发行条件以及确信发行上市文件真实、准确、完整的过程。

（2）尽职调查的要求

一般来说，尽职调查应该达到如下要求：

第一，调查对投资者作出投资决策有重大影响的所有信息。凡涉及发行条件或对投资者作出投资决策有重大影响的信息，中介机构均应当勤勉尽责地进行尽职调查。

第二，具备良好的职业道德和专业胜任能力。中介机构尽职调查时，应当考虑其自身专业胜任能力和专业独立性，并确保参与尽职调查工作的相关人员能够恪守独立、客观、公正的原则，具备良好的职业道德和专业胜任能力。

第三，独立判断和审慎核查的能力。对发行上市文件需要中介机构及其签名人员出具专业意见的内容，中介机构应当结合尽职调查过程中获得的信息对专业意见的内容进行审慎核查。对发行上市文件中无中介机构及其签名人员专业意见支持的内容，中介机构应当在获得充分的尽职调查证据并对各种证据进行综合分析的基础上进行独立判断。

(3) 尽职调查的内容

尽职调查的内容主要包括以下九个方面。

第一，发行人基本情况调查，包括：改制与设立情况、发行人历史沿革情况、发起人和股东的出资情况、重大股权变动情况、重大重组情况、主要股东情况、员工情况、发行人独立情况、内部职工股情况、商业信用情况。

第二，发行人业务与技术调查，包括：发行人行业情况及竞争状况、采购情况、生产情况、销售情况、核心技术人员、技术与研发情况。

第三，同业竞争与关联交易调查，包括：同业竞争情况、关联方及关联交易情况。

第四，高管人员调查，包括：高管人员任职情况及任职资格、高管人员的经历及行为操守、高管人员胜任能力和勤勉尽责、高管人员薪酬及兼职情况、报告期内高管人员变动、高管人员是否具备上市公司高管人员的资格、高管人员持股及其他对外投资情况。

第五，组织结构与内部控制调查，包括：公司章程及其规范运行情况、组织结构和股东大会、董事会、监事会运作情况、独立董事制度及其执行情况、内部控制环境、业务控制、信息系统控制、会计管理控制、内部控制的监督情况。

第六，财务与会计调查，包括：财务报告及相关财务资料、会计政策和会计估计、评估报告、内控鉴证报告、财务比率分析、销售收入、销售成本与销售毛利、期间费用、非经常性损益、货币资金、应收款项、存货、对外投资、固定资产、无形资产、投资性房地产、主要债务、现金流量、或有负债、合并报表的范围、纳税情况、盈利预测。

第七，业务发展目标调查，包括：发展战略、经营理念和经营模式、历年发展计划的执行和实现情况、业务发展目标、募集资金投向与未来发展目标的关系。

第八，募集资金运用调查，包括：历次募集资金使用情况、本次募集资金使用情况、募集资金投向产生的关联交易。

第九，风险因素及其他重要事项调查，包括：风险因素、重大合同、诉讼和担保情况、信息披露制度的建设和执行情况、中介机构执业情况。

§5 辅导

在中国境内首次公开发行股票的公司，在提出首次公开发行股票申请前，必须聘请辅导机构进行辅导，并履行相关辅导程序，但对于辅导期限没有硬性的规定。

(1) 辅导的目标

辅导的目标主要包括：促进辅导对象建立良好的公司治理；形成独立运营和持续发展的能力；督促公司的董事、监事、高级管理人员全面理解发行上市有关法律法规、证券市场规范运作和信息披露的要求；树立进入证券市场的诚信意识、法制意识；具备进入证券市场的基本条件。

(2) 辅导的程序

辅导程序包括如下六个步骤：

第一，选择辅导机构。辅导对象聘请的辅导机构应是有主承销资格的证券机构以及其他经有关部门认定的机构。辅导机构主要为担任保荐机构的证券公司。

第二，签订辅导协议。在确定好辅导机构以后，辅导对象应本着自愿、平等的原则与辅导机构签订辅导协议，以明确双方在辅导程序中的权利义务。

第三，辅导登记备案与审查。辅导协议签署后5个工作日内，辅导机构应向中国证监会派出机构进行辅导登记备案。中国证监会派出机构应于10个工作日内对辅导机构提交的备案材料的齐备性进行审查。

第四，实施辅导方案。辅导机构应根据有关法律、法规和规则，以及上市公司的必备知识，针对辅导对象的具体情况和实际需求，确定辅导的具体内容，制订辅导计划及实施方案，以确信辅导对象具备进入证券市场的基本条件。

第五，辅导验收。辅导机构认为达到辅导计划目标后，可向中国证监会派出机构报送“辅导工作总结报告”，提出辅导评估申请，派出机构应按规定出具“辅导监管报告”。

第六，持续关注辅导对象。在辅导工作结束至发行之间，辅导机构仍应持续关注辅导对象的重大变化，对发生与“辅导工作总结报告”不一致的重大事项，应向派出机构报告。辅导对象发行后，辅导机构应在履行回访或保荐义务过程中持续关注信息披露和与“辅导工作总结报告”有关的事项。

§6 股份制改组

企业上市过程中股份制改组，要达到两个目的。

第一，将非股份有限公司的企业改制为股份有限公司。企业有很多类型，常见的如分为个体所有制企业、合伙制企业和公司制企业，而公司制企业又进一步分为有限责任公司和股份有限公司，另外，在我国还有全民所有制企业、国有独资公司、国有事业单位等独特企业类型，而我国法律明确规定，只有股份有限公司才能发行股票并上市，因此，在发行上市前，如果企业是有限责任公司、国有独资企业、国有事业单位、个体所有制企业或者合伙制企业等，首先应改制为股份有限公司。

第二，对企业的不规范问题进行整改。如果企业本身就是股份有限公司，或者改制为股份有限公司，还必须在尽职调查的基础上，对企业存在的不规范问题通过重组进行整改，以达到上市公司必须符合的一系列规范性要求。

(1) 股份制改组的法定条件

企业改组成股份有限公司，必须符合以下法定条件。

第一，发起人符合发行人数。设立股份有限公司，应当有 2 人以上 200 人以下为发起人，其中，必须有半数以上的发起人在中国境内有住所。

第二，发起人认购和募集的股本达到法定资本最低限额。股份有限公司注册资本的最低限额为人民币 500 万元；法律、行政法规对股份有限公司注册资本的最低限额有较高规定的，从其规定。

第三，股份发行、筹办事项符合法律规定。发起人必须依照规定申报文件，承担公司筹办事务。

第四，发起人制定公司章程，采用募集方式设立的经创立大会通过。公司章程是公司最重要的法律文件，发起人应当根据相关法律法规的要求，起草、制定章程草案。

第五，有公司名称，建立符合股份有限公司要求的组织机构。拟设立的股份有限公司应当依照工商登记管理规定的要求确定公司名称。股份有限公司应当建立股东大会、董事会、经理和监事会等公司的组织机构。

第六，有公司住所。公司以其主要办事机构所在地为住所。

(2) 股份制改组的规范要求

上述的法定条件是企业改制成股份有限公司的法定条件，如果改组后的股份有限公司要发行上市，其股份制改组还需要满足如下规范要求。

第一，业务改组的要求。拟发行上市的公司原则上应采取整体改制方式，即剥离非经营性资产后，企业经营性资产整体进入股份有限公司。企业不应将整体业务的一个环节或一个部分组建为拟发行上市公司。改组后的公司主业应突出，具有独立完整的生产经营系统。

第二，治理规范的要求。发起人投入拟发行上市公司的业务和资产应独立完整，遵循人员、机构、资产按照业务划分以及债务、收入、成本、费用等因素与业务划分相配比的原则。拟发行上市公司应在改制重组和持续经营过程中，在组织形式、公司治理结构、公司决策与运作等方面规范运作。具体来说，拟发行上市公司应该做到四个独立：资产独立、人员独立、机构独立和财务独立。

第三，避免同业竞争的要求。拟发行上市公司在改组时，应避免其主要业务与实际控制人及其控制的法人（以下称“竞争方”）从事相同、相似业务的情况，避免同业竞争。

第四，减少并规范关联交易的要求。拟发行上市公司在提出发行上市申请前，存在数量较大的关联交易，应制订有针对性地减少关联交易的实施方案。无法避免的关联交易应遵循市场公开、公正、公平的原则，关联交易的价格或收费，原则上应不偏离市场独立第三方的标准。对于难以比较市场价格或定价受到限制的关联交易，应通过合同明确有关成本和利润的标准。

§7 申报与核准

拟上市公司可聘请委托保荐机构（证券公司）组织其他中介机构按照有关要求制作申请材料，由保荐机构出具推荐文件，并向中国证监会申报。由中国证监会核准首次公开发行的申请。

(1) 申报材料

申报材料包括两个部分，即要求在指定报刊及网站披露的文件和不要求在指定报刊及网站披露的文件。发行人应备有整套申请文件，发行申请经中国证监会核准并且第一部分文件披露后，整套文件可供投资者查阅。

要求在指定报刊及网站披露的文件：招股说明书及摘要、发行公告。招股说明书及其附录（审计报告及财务报告全文）是发行审核的重点文件，也是整套申报材料最核心的文件。

不要求在指定报刊及网站披露的文件：主承销商的推荐文件、发行人律师的意见、发行申请及授权文件、募集资金运用的有关文件、股份有限公司的设立文件及章程、发行定价及发行定价分析报告、其他相关文件。

(2) 发行的审核程序

首次公开发行的审核程序如下：

第一，发行人应当按照中国证监会的有关规定制作申请文件，由保荐人保荐并向中国证监会申报。特定行业的发行人应当提供管理部门的相关意见。

第二，中国证监会收到申请文件后，在5个工作日内做出是否受理的决定。

第三，中国证监会受理申请文件后，由相关职能部门对发行人的申请文件进行初审，并由发行审核委员会审核。

第四，中国证监会在初审过程中，将征求发行人注册地省级人民政府是否同意发行人发行股票的意见，并就发行人的募集资金投资项目是否符合国家产业政策和投资管理的规定征求国家发展和改革委员会的意见。

第五，中国证监会依照法定条件对发行人的发行申请做出予以核准或者不予以核准的决定，并出具相关文件。自中国证监会核准发行之日起，发行人应在6个月内发行股票；超过6个月未发行的，核准文件失效，须重新经中国证监会核准后方可发行。

第六，发行申请核准后、股票发行结束前，发行人发生重大事项的，应当暂缓或者暂停发行，并及时报告中国证监会，同时履行信息披露义务。影响发行条件的，应当重新履行核准程序。

第七，股票发行申请未获核准的，自中国证监会作出不予核准决定之日起6个月后，发行人可再次提出股票发行申请。

§8 完成发行上市

完成发行上市是企业发行上市的最后阶段，也是走向资本市场的前奏。由于股票发行与上市有法定的时间限制，而工作又比较繁杂，需要拟上市公司和保荐机构以认真、细致和负责的工作态度去完成。

(1) 发行定价

股票的科学合理定价是股票成功发行上市的核心，对拟发行的股票的合理估值是定价的基础。中国目前采用的估值方法主要是：可比公司法和现金流折现法。

发行人及其保荐人在估值的基础上，通过询价的方式确定股票的发行价格。发行申请经中国证监会核准后，发行人应公告招股意向书，开始向询价对象进行推介和询价。询价分为初步询价和累计投标询价两个阶段。发行人及其保荐人通过初步询价确定发行价格区间，通过累计投标询价确定发行价格。

（2）路演

路演（road show）是股票承销商帮助发行人安排的发行前的调研与推介活动。路演是决定股票发行成功与否的重要步骤，成功的路演可以达到下述三个目的：通过路演让投资者进一步了解发行人；增强投资者信心，创造对新股的市场需求；从投资者的反应中获得有用的信息。

（3）发行方式

目前中国的股票发行方式有两种：

第一，上网定价发行。上网定价发行是指主承销商利用证券交易所的交易系统，由主承销商作为股票的唯一卖方，投资者在指定的时间内，按现行委托买入股票的方式进行股票申购，公开发行股票。

第二，向机构投资者配售股票。向机构投资者配售股票，是指发行人和主承销商事先确定发行量和发行底价，经过中国证监会批准后，发行人公告招股意向书，向机构投资者进行推介和询价，并根据机构投资者的预约申购情况确定最终的发行价格，以同一价格向法人投资者配售和对一般投资者上网发行。该发行方式与询价制度相结合，故又称为向询价对象配售股票。

（4）股票上市

股票上市是指已经公开发行股票的公司，将其股票在证券交易所挂牌交易的活动。发行完成后，发行人向证券交易所提出申请股票上市，由证券交易所依法审核同意，并由双方签订上市协议，股票在交易所挂牌交易。

股票上市，是连接股票发行和股票交易的桥梁。

专栏2.1 招商银行上市

2002年，招商银行向社会公开发行15亿股A股股票，募集资金109亿元，并在上海证券交易所上市，在当时一举创下了国内总股本最大的上市银行、融资额和流通盘最大的上市银行、国内第一家采用国际会计标准上市的公司等三个国内之最。

成功上市，对招商银行意义重大：第一，筹集资金，及时补充了资本金，增强了招商银行的风险掌控力；第二，通过上市改组，完善了公司治理结构，优化了招商银行的组织制度力；第三，有效提升了管理素质，强化了招商银行的市场竞争力；第四，有效扩大了知名度，提升了招商银行的社会影响力。

（1）上市方式的选择

2000年，跨入充满机遇与挑战的21世纪，快速发展的招商银行却意识到资本约束越来越成为发展的瓶颈。如何打开融资渠道，建立有效的资本补充机制，列入了招商银行管理层最重要的议事日程。最终，招商银行决定通过上市来解决这一困局。

决定上市后，摆在招商银行面前的第一个问题就是选择什么方式上市。

当时有三种上市方式可供招商银行选择：境内A股上市、香港H股上市、A+H股上市。三种方式，各有利弊，见下表。

三种上市方式的比较

	优点	不足
A股方式	发行成本相对较低，发行溢价比较高，国内影响大，上市难度相对较小	市场容量有限
H股方式	市场容量大，境外影响大，有利于国际化	发行成本高，发行溢价低，上市要求高，发行难度大
A+H股方式	市场容量大，境内外影响大，有利于国际化	发行条件和价格难以取得一致，上市难度大，信息披露难度更大

招商银行经过研究、分析、比较，认为香港上市虽然具有很多优点，但是上市难度相当大。另外，在当时环境下，境外投资者对于银行的态度比较保守，银行股的市盈率和市净率长期低于市场整体水平，再加上中国银行业不良资产问题比较突出等不争事实，境外投资者对中国的商业银行特别是非国有独资商业银行大多抱有敬而远之的态度，与国内市场对银行股的追捧形成鲜明对比。

因此，在国内发行A股上市成为上市方式中最为理想的选择。

（2）成立上市工作机构

上市方式确定之后，招商银行的上市准备工作迅速启动起来。首先第一步就是成立上市工作机构。

2000年3月25日，招商银行上市领导小组成立，行长马蔚华亲自挂帅，负责组织决策和协调上市重大事项，同时成立招商银行上市工作小组，具体组织落实上市的各项内容。

上市领导小组和工作小组成立后，各成员迅速进入角色。上市工作的程序和工作计划很快制定出来，上市工作目标量化分解，落实到了所有的相关责任部门和人员，上市工作的信息联系和反馈制度也随即建立起来，上市工作进入具体实施阶段。

(3) 聘请中介机构

根据法律规定，公司公开发行股票上市，必须聘请证券公司、会计师事务所、律师事务所等中介机构。

企业上市，需要得到证券公司、会计师事务所、律师事务所等中介机构的有效帮助，而且实行发行审核制后，中介机构在企业上市中的作用越来越重要、责任越来越大。

证券公司是股票发行的主承销商，也是上市的推荐人（实行保荐制后是保荐人），在企业发行上市过程中，起着总协调的作用，负责协调会计师事务所、律师事务所、资产评估机构等中介机构，确保企业上市工作有条不紊地进行，最终实现成功上市。会计师要负责为企业出具审计报告，对企业盈利预测发表确认意见。评估师负责企业资产评估，出具评估报告。律师负责为企业上市制作必要的法律文书，出具法律意见书。另外，中介机构还要对上市企业进行尽职调查和上市辅导。

挑选好的中介机构，对招商银行的顺利上市，至关重要。经过慎重考虑，招商银行确定以招标方式，选择中介机构。

招商银行上市工作机构通过与国内外著名的投资银行、律师事务所、会计师事务所进行广泛接触，对照这次上市所聘请中介机构的要求，挑选出若干家中介机构，最后通过公开招标方式，确定中国国际金融有限公司为主承销商，君合律师事务所为法律顾问，天勤会计师事务所为审计师。另外，根据中国证监会关于商业银行上市的要求，在有国内会计师的同时，还应聘请中国证监会和财政部特别许可的国际会计师事务所，按国际通行的审计准则，对其按国际通行的会计和信息披露准则编制的补充财务报告进行审计。因此，招商银行又聘请了毕马威会计师事务所作为国际审计师。

(4) 尽职调查

中介机构选定后，尽职调查工作随即展开。

法律规定中介机构要对企业进行上市前的尽职调查，目的是促使中介机构勤勉尽职、诚实守信，以保证推荐管理良好、运作规范、有发展潜力的优质企业发行上市。而对于招商银行而言，中介机构的尽职调查是其上市改造的一个重要过程，招商银行希望借助中介机构的尽职调查，进一步认识自身存在的问题，加快转换经营机制，完善内部管理，完善法人治理结构，最终达到提高管理水平，增强市场竞争能力的目的。

2000年8月，中金公司、君合所、毕马威和天勤所开始了对招商银行上市的尽职调查，由此拉开了历时长达10个多月的尽职调查序幕。

①主承销商的尽职调查

2000年8月1日，首次中介机构协调会后中金公司项目工作人员走进招商银行，正式开始了尽职调查。中金公司对招商银行的尽职调查，采取了最严格、最可靠的“CT扫描”式方法，要把招商银行透视个遍。

首先，中金公司在总行先后进行了三轮的部门访谈调查和资料收集。通过对总行的尽职调查，中金公司对招商银行的总体情况有了比较清晰的了解。

完成总行的尽职调查后，中金公司紧接着对招商银行的分支机构开展尽职调查，其重点是业务运作的具体情况，从而对总行情况在分支行进行进一步的验证和核实。

随着尽职调查的深入，在普遍调查的基础上，中金公司将尽职调查聚焦到需要招商银行整改或披露的内容上来，具体包括以下四个方面：一是不良资产；二是对外股权投资；三是关联交易；四是法人治理结构。

访谈管理层，是尽职调查的一项重要内容。2001年6月13日，在其他尽职调查基本结束的时候，主承销商管理人员和项目人员同招商银行的管理层进行了访谈对话，毕马威和君合所也参加了这次访谈。

②律师的尽职调查

律师的尽职调查，不同于主承销商。君合所对招商银行的尽职调查，主要围绕对招商银行的经营行为以及本次上市的合法、合规、真实、有效性进行充分的核查验证。对于招商银行而言，这是一次经营管理上最为系统和全面的合法合规性大检验。

君合所在了解招商银行的总体情况后，把尽职调查的重点放在招商银行机构设立、股东、股权投资企业、诉讼案件、重大合同、关联交易、固定资产和招商银行历史沿革及历次扩股等方面。

君合所采用的主要方式是，列出调查清单，要求招商银行按清单提供原始文件资料，然后根据其重要性原则和抽样原则进行现场或非现场核实，核对有关证书和文件原件。

③审计师尽职调查

审计师对招商银行的尽职调查，既是尽职调查的一个重要部分，也是其全面审计的一个前奏。

作为国际审计师的毕马威和作为国内审计师的天勤所，与招商银行共同商量确定，选择招商银行的深证管理部（2006 年更名为深圳分行）、成都分行和总行作为尽职调查对象。

审计师的尽职调查分为计划调查组和信贷调查组分别展开。计划调查组主要任务是收集招商银行各种报表和财务情况，分析报表结构，设计其审计需要的报表模式，并培训招商银行员工进行填报。信贷调查组主要任务是了解招商银行信贷资产质量和五级分类情况，确定其对招商银行信贷审核的五级分类标准。

审计师尽职调查从 2001 年 2 月中旬开始，到 3 月底顺利结束，全面审计跟着在招商银行全行铺开。

招商银行通过会计师尽职调查，为下一步实行信贷资产五级分类管理和会计制度由传统向国际标准的转变，打下了良好的基础。

（5）辅导

辅导是中国股票发行制度从审批制向核准制转变后的一个新要求。进行企业上市辅导的目的主要是：促进辅导对象建立良好的公司治理；形成独立运营和持续发展的能力；督促公司的董事、监事、高级管理人员全面理解发行上市有关法律法规、证券市场规范运作和信息披露的要求；树立进入证券市场的诚信意识、法制意识；具备进入证券市场的基本条件。

招商银行的上市辅导工作，是与尽职调查既交叉又结合，同步进行的。

中金公司与招商银行经过多次协商，确定了如下的辅导方案：第一，辅导机构除中金公司外，邀请毕马威和君合所一起参加，发挥他们的专业作用；第二，以尽职调查为基础，然后进行跟踪辅导，在辅导中规范和解决相关问题；第三，突出对董事和高级管理人员的培训作用，加强公司的法律责任感和诚信义务；第四，按辅导内容的九个方面，建立辅导工作底稿，对辅导过程加强监督，以保证达到预期的辅导效果。

2001年7月中旬，招商银行和中金公司向深圳证管办申请辅导验收。2001年8月中旬，深圳证管办验收完毕。

（6）股份制改组

企业上市过程中的股份制改组，要达到两个目的：第一，如果企业是非股份有限公司，首先应该改制为股份有限公司。第二，本身是股份有限公司或者已经改制为股份有限公司的企业，在尽职调查的基础上，根据上市公司的规范要求，通过重组对不规范的问题进行整改。

招商银行在完成尽职调查后，结合辅导，开始了股份制改组。招商银行也希望通过上市中的股份制改组，进一步做到规范运作，提升管理，实现银行脱胎换骨的再造。

①明确股份有限公司身份

通过尽职调查发现，招商银行的营业执照上的企业性质仍然是“全民股份制”，而不是“股份有限公司”，这显然不符合上市要求。

而历史事实是，招商银行于1994年进行了股份制改造，建立了股份有限公司的组织架构，并按照股份有限公司要求进行运作，但限于当时政策环境等原因，营业执照并没有确认。

招商行通过向国家工商管理总局汇报和咨询，得到两个建议方案：一是进行企业改制，将招商银行改制成为股份有限公司；另一个是进行企业规范，变更营业执照。

但是企业改制无疑是否定了招商银行经过改造成为股份有限公司的历史，而且在当时的情况下，如果改制，是一项浩大的工作，这无疑将推迟上市时间、加大上市成本。

因此，招商银行选择企业规范的路子。通过与工商管理部门的反复沟通，招商银行终于使得工商管理部门认可了该行1994年的股份制改组工作，确认招商银行为股份有限公司，成功完成营业执照的变更。

②规范公司治理结构

脱胎于传统计划经济体制环境的招商银行，在公司治理结构方面，不可避免地留有传统企业的烙印，通过尽职调查，对照上市公司法人治理结构规范要求，招商银行需要在以下几个方面加以改善。

第一，董事会结构有待改善。招商银行董事会构成存在两个明显的不足：一是银行管理层进入董事会人数太少，只有行长一人，这在一定程度上制约了银行经营班子在参与董事会决策中的作用；二是没有引进独立董事制度，缺少小股东代表的参与。

第二，法人治理结构的制度安排有待完善。招商银行没有制定专门的股东大会、董事会、监事会的议事规则。

第三，业绩评价与激励机制仍不够科学和规范。招商银行的考核指标主要就是业务规模和盈利结果，缺乏一套规范、科学、公正的制度。

针对上述情况，招商银行针对公司治理结构的规范做了大量工作。

第一，根据上市公司规范要求，参照中国证监会《上市公司章程指引》，结合招商银行实际情况，修改制定了新的《招商银行股份有限公司章程》，特别是对股东大会、董事会和监事会运作等一系列条款进行了修改。

第二，根据新的公司章程，新制订了股东大会、董事会和监事会的议事规则和行长工作细则，进步一部明确了权责利的结合和制衡。

第三，招商银行还承诺，在上市以后，将进一步完善董事会，并设立独立董事，在董事会设立战略、审计、提名、薪酬与考核等专门委员会。

第四，招商银行还计划，在上市后，根据法规允许和实际情况，相机推出管理层股票期权方案，将管理层的个人收入与其工作表现和整个银行的经营状况更加紧密地联系起来。

③处置不良资产

银行不良资产是银行经营的一个必然结果。招商银行自1987年成立，业务发展的同时，不良贷款余额也不断增加，在股份制改组前，招商银行的不良贷款率按“五级分类”达12.94%。为了达到上市要求，招商银行必须对不良贷款进行处置。

借上市之际，卸掉相对沉重的不良资产包袱，也是招商银行谋求上市的动机之一。

银行不良资产处置，一般有三个途径：清收、核销和剥离。剥离只适用于国有商业银行，招商银行没有这种可能；清收受上市时间限制，招商银行无法突击完成；因此，招商银行唯一的办法就是动用股东权益对不良贷款进行核销。

招商银行决定按上市要求增提拨备，用增提的拨备核销不良贷款呆账，用资本公积金和盈余公积金来弥补因大量拨备调整而出现的账面为分配利润。为此，招商银行动用了24.31亿资本公积金和1750万盈余公积金弥补因此出现的未分配利润，以及2000年一年的利润8.04亿元，总共核销总额37.49亿元的不良贷款，招商银行的不良贷款率从12.94%下降到10.25%。

37.49亿，相当于招商银行当时差不多3年的利润。

④剥离股权投资

招商银行的长期股权投资项目大多是1992~1994年期间特殊的大环境下造成的。经过后来的清理整顿和与经济实体脱钩的处理，招商银行到1998年底，已经完成对所办经济实体的脱钩工作。2000年招商银行谋划上市时，跟商业银行主业无关的对外股权投资只有国通证券有限责任公司和深圳新江南投资有限公司等金融投资，以及上海招商局大厦有限公司、武汉招银物业有限公司和招商局会所（中山）有限公司三个物业项目。

招商银行经过反复权衡和协商后决定，将持有的国通证券有限责任公司20.18%股权和深圳新江南投资有限公司91.30%股权，转让给招商银行全体股东，将持有的上海招商局大厦有限公司40%股权、武汉招银物业有限公司合招商局会所（中山）有限公司70%股权、招商局会所（中山）有限公司8.5%股权，转让给深圳市招商创业有限公司。

⑤清理与规范关联交易

清理与规范关联交易，也是上市前重组的一项重要内容。

招商银行上市前，股东就多达106家，其派生出的招商银行关联方体系极其复杂、庞大。仅第一大股东招商局轮船股份有限公司，其控股或参股的企业就有400多家。

从2001年4月开始，招商银行就会同中介机构，对招商银行的关联方进行了摸底，并经过反复沟通、咨询和协商，最终把披露关联方锁定为：最大股东、其他股东、最大股东母公司控股和参股的企业、招商银行董事和高级管理人员担任董事长或总经理的企业以及招商银行投资参股的企业。

同时，招商银行对关联交易进行了清理和规范，关联交易总额呈现较大幅度下降总体关联交易质量得以进一步优化。在与总共238家企业的关联关系中，按照“五级分类”要求，关联贷款中绝大部分为正常类，只有六家企业贷款归于次级不良贷款，而且相关的清收工作一直在有条不紊地进行着。

(7) 申报与审核

由于银行业是特殊行业，上市首先应该获得行业主管部门的同意。当时中国银监会还没成立，银行业的监管由中国人民银行负责。因此，招商银行首先应该向中国人民银行申请，获得中国人民银行的监管意见书。

2001年8月3日，招商银行向中国人民银行申请出具监管意见书，2001年9月3日，中国人民银行为招商银行出具了监管意见书。但由于种种原因，中国人民银行出具的监管意见书并不理想，因此，2001年11月21日，招商银行向中国人民银行申请出具补充监管意见书，2001年12月20日，中国人民银行出具了监管补充意见书。

2001年9月24日，招商银行向中国证监会报送上市申请材料。此后三个月时间里，中国证监会对招商银行的上市申请材料进行了一轮又一轮的审核。

2001年12月28日，中国证监会发审委通过了招商银行的上市申请。2002年3月15日，中国证监会正式发出了招商银行上市的正式批文。

(8) 完成发行上市

招商银行上市申请通过中国证监会核准后，接下来要做的事情就是怎样来保证发行上市的成功完成了。

①发行规模和发行方式

招商银行根据实际资金需要，最后确定发行规模为15亿股。

发行方式采用网上以摇号中签方式对所有投资者发行和网下以比例配售并设定一定的锁定期方式对所有战略投资者发行。

②预路演与确定发行价格区间

2002年3月19日至21日，中介机构分别在北京、上海、深圳三地开展预路演。3天预路演共举行十多场推介会，包括“一对一”推介会、VIP推介会、大型推介会，直接接触投资者300多人，收到预路演反馈表格200多张。投资者对招商银行发行上市显示了浓厚的兴趣。

通过预路演中的询价，招商银行和中金公司针对市场反应，在发行价格上都有了自己的预想，双方在3月21日晚上，经过长达6小时的高层谈判之后，最后确定了6.68~7.30元的发行价格区间。

③路演、发行与定价

2002年3月22日、25日和26日，招商银行分别在深圳、上海、北京进行了路演。3天路演共举行十多场大、中、小型推介会，并获得圆满成功。

2002年3月26日，招商银行在全景网上进行了网上路演，与公众投资者进行交流。

2002年3月24日，招商银行股票发行网下申购开始，2002年3月27日，为招商银行网上申购日。最后根据申购情况，决定网上发行为6亿股，网下发行9亿股。

2002年3月28日晚，招商银行和中金公司在深圳举行最后的发行定价会议，根据申购结果，双方一致确定招商银行A股发行价格为当时定价区间的最高限7.30元。

2002年4月1日，招商银行公布股票发行价格和网上中签率。4月2日，招商银行公布股票网下申购情况和中签率。

至此，招商银行股票发行圆满成功。招商银行发行15亿股股票，筹集资金109.5亿元，除去发行费用，实际获得资金107.43亿元。

2002年4月9日，招商银行股票在上海证券化交易所挂牌交易。当日，招商银行股票以10.51元开盘，收盘10.66元，首日涨幅为46.03%。

第3节 股票交易

股票上市后，股票就在所挂牌的交易所进行交易。基于节约交易成本和信息处理技术的原因，世界各国的交易股票一般都通过委托经纪商办理。我国也采取委托交易，经纪商由证券公司担任。

§1 股票的委托交易

我国上海证券交易所和深圳证券交易所实行不同的委托制度。我国上海证券交易所实行的是指定交易制度，深圳证券交易所实行的是托管券商制度。

（1）指定交易制度

指定交易制度是指投资者必须指定某一证券营业部作为自己委托股票买卖、交易清算的唯一代理机构，并将其所属的股票账户指定于该机构所属席位号方能进行交易的制度。投资者在与该证券营业部签订协议并完成一定的登记程序后，便可以通过指定的证券营业部进行委托、交易、结算、查询以及享有其他市场服务。投资者一旦采用指定交易方式，便只能在指定的证券商处办理有关的委托交易，而不能再在其他地方进行股票的买卖。当然，投资者也可以在原来的证券商处撤销指定交易，并重新指定新的证券经营机构进行交易。

（2）托管券商制度

托管券商制度是指投资者需要将自己持有的股份托管在自己选定的一个或几个证券营业部，由该证券营业部管理其名下的明细证券资料。投资者的股票托管是自动实现的，投资者在哪一个营业部买入股票，该股票就自动托管在该营业部。投资者可以利用自己的深市股票账户在国内任何一个证券营业部买入股票，但是卖出该股票必须在买入的那个营业部才能卖出。投资者所选定的这些券商为投资者提供股票买卖、分红派息自动到账、股票与资金的查询、转托管等各项业务服务。在托管券商制度下，投资者若要将其托管股份从一个券商处转移到另一个券商处托管，就必须办理相关的手续，实现股份委托管理的转移，即所谓的转托管。投资者在转托管时，可以是一只股票或多只股票，也可以是同一只股票的部分或全部。投资者在原托管券商处办理转托管手续，交易所当日收市后即处理到账，同时将处理结果传送给转出转入券商，投资者第二个交易日就可以在转入券商处（新的托管券商）卖出股票。

§2 现货交易与信用交易

根据交易资金和股票是否来源于经纪商，股票交易可分为现货交易和信用交易。

①现货交易。现货交易是指交易过程中投资者支付全部资金的股票交易。

②信用交易。信用交易又称保证金交易、垫头交易，是指投资者在缺乏足够的资金以支付购买股票所需的价款，或没有足够的股票可供卖出

时，可在委托有效期限内，只需按规定的保证金比率向经纪商缴纳保证金，其余款项（或股票）由经纪商垫付。

我国的证券公司融资融券业务就是信用交易。在融资融券业务中，证券公司向客户（投资者）出借资金供其买入股票或者出借股票供其卖出，并收取担保物。

融资是借钱买证券（包括股票），证券公司借款给客户购买证券，客户到期偿还本息，客户向证券公司融资买进证券称为“买空”。

融券是借证券来卖，然后以证券归还，证券公司出借证券给客户出售，客户到期返还相同种类和数量的证券并支付利息，客户向证券公司融券卖出称为“卖空”。

证券公司向客户融资、融券，应当向客户收取一定比例的保证金。保证金可以证券充抵。证券公司应当逐日计算客户交存的担保物价值与其所欠债务的比例。当该比例低于最低维持担保比例时，应当通知客户在一定的期限内补交差额。客户未能按期交足差额或者到期未偿还债务的，证券公司应当立即按照约定处分其担保物。

§3 股票交易价格的形成机制

股票交易价格的形成机制，有三种基本形式：竞价、协议定价和做市商定价。

（1）竞价

竞价是指股票交易双方按照一定规则和程序公开竞价，形成交易价格，并最终达成交易。

竞价的原则是：价格优先、时间优先。价格优先原则表现为：价格较高的买进申报优于价格较低的买进申报，价格较低的卖出申报优先于价格较高的卖出申报。时间优先原则表现为：同价位申报，依照申报时序决定优先顺序。

目前，股票交易一般采用两种竞价方式：集合竞价方式和连续竞价方式。

①集合竞价。在集合竞价方式下，所有的股票交易订单不是在收到之后立刻予以竞价撮合，而是由交易中心（如证券交易所的电脑撮合中心）将在不同时点收到的订单积累起来，到一定的时刻再进行集中竞价成交。

集合竞价是这样确定的：首先，系统对所有买入有效委托按照委托限价由高到低的顺序排列，限价相同者按照进入系统的时间先后排列；所有卖出有效委托按照委托限价由低到高的顺序排列，限价相同者按照进入系统的先后排列。其次，系统根据竞价原则自动确定集合竞价的成交价，所有成交均以此价格成交；集合竞价的成交确定原则是，以此价格成交，能够得到最大成交量。最后，系统依序逐步将排在前面的买入委托与卖出委托配对成交，即按照“价格优先，同等价格下时间优先”的成交顺序依次成交，直到不能成交为止，即所有买卖委托的限价均低于卖委托的限价。未成交的委托排队等待成交。

②连续竞价。在连续竞价方式下，股票交易可在交易日的各个时点连续不断地进行。投资者在作出买卖决定后，向其经纪商作出买卖委托，经纪商再将该买卖订单输入交易系统，交易系统即根据市场上已有的订单进行撮合，一旦按照有关竞价规则有与之相匹配的订单，该订单即刻可以成交。

连续竞价时，成交价格的决定原则是：最高买进申报与最低卖出申报价位相同；买入申报价格高于市场即时的最低卖出申报价格时，取即时揭示的最低卖出申报价位，卖出申报价格低于市场即时的最高买入申报价格时，取即时揭示的最高买入申报价位。

随着世界市场的发展，世界多数证券市场在大部分交易时间均采用连续竞价方式交易。

（2）协议定价

协议定价是指股票交易双方直接协商确定交易价格。协议定价主要用于大宗交易，大宗交易是指达到规定的最低限额的股票单笔交易，交易双方经过协议达成一致后经交易所确定成交的股票交易。大宗交易的主要特点是需要遵守交易所的交易规定并需要获得交易所的确定。

我国的大宗交易就采取协议定价。在我国，大宗交易的条件为：第一，A股单笔交易数量不低于50万股，或者交易金额不低于300万元人民币；第二，B股单笔交易数量不低于5万股，或者交易金额不低于30万元港币。大宗交易的交易时间为正常交易日的15：00～15：30。大宗交易的成交价格，由买卖双方在当日已成交的最高和最低成交价格之间确定，该股票当日无成交的，以前收盘价为成交价。

（3）做市商定价

做市商定价是指由股票做市商根据市场买卖数量同时报出股票的买价和卖价，并按此价格与投资者进行交易。我国股票交易没有做市商定价。

§4 股票结算

股票结算是股票清算和交割交收两个过程的统称，清算与交割交收是整个股票交易中必不可少的两个环节。我国股票结算机构是中国证券结算公司。

(1) 股票清算

股票清算是指在每一个交易日中每个经纪商成交的股票数量与价款分别予以轧抵，对股票和资金的应收或应付净额进行计算的处理过程。股票清算主要有两种方式：第一，净额清算方式，又称差额清算，就是在一个清算期中，对每个经纪商价款的清算只计其各笔应收、应付款项相抵之后的净额，对股票的清算只计每一种股票应收、应付相抵后的净额。净额清算方式的主要优点是可以简化操作手续，提高清算效率。应该注意的是，清算价款时，同一清算期内发生的不同种类股票的买卖价款可以合并计算，但不同清算期发生的价款不能合并计算；清算股票时，只有在同一清算期内且同一股票才能合并计算。第二，逐笔清算，是指对每一笔成交的股票及相应价款进行逐笔清算，主要是为了防止在股票风险特别大的情况下净额清算风险积累的情况的发生。

(2) 交割交收

在股票交易过程中，当买卖双方达成交易后，应根据股票清算的结果，在事先约定的时间内履行合约。买方需交付一定款项获得所购股票，卖方需交付一定股票获得相应价款。在这一钱货两清的过程中，股票的收付称为交割，资金的收付称为交收。

§5 投资者交易股票的流程

在我国，投资者交易股票，包括如下六个基本环节：开户、委托、申报、成交、清算与交割。

(1) 开户

投资者交易股票，首先要开设证券账户和资金账户。

证券账户是指中国证券登记结算有限公司为申请人开出的记载其证券持有及变更的权利凭证。符合法律规定的任何自然人和法人持有效证件，到中国证券登记结算有限公司填写证券账户申请表，经审核后就可领取证券账户卡。

资金账户是投资者在券商处开设的资金专用账户，用于存放投资人买入股票所需资金和卖出股票所得的价款，同时，券商必须将该部分资金以每个客户名义在商业银行开立对立账户，以便用于投资者的股票买卖的清算。已开设证券账户的投资者可以持证券账户、银行存折和身份证到选定的券商处开设资金账户。

（2）委托

投资者不能直接进入证券交易所交易股票，必须通过证券交易所的会员进行。委托是指投资者决定交易股票时，以委托单、电话、电报、信函或者电子数据等形式向券商发出买卖指令。委托的内容包括股票名称、代码、买入或卖出的数量、价格等。

（3）申报

券商在接到委托后，将投资者的买卖委托通过席位向证券交易所的交易主机申报买卖指令，每一笔买卖委托由委托序号、买卖区分、股票代码、买卖数量、买卖价格等信息组成。

（4）成交

股票如果是在集合竞价期间，则是集中撮合、一次成交的。如果是在连续竞价期间，则是按“价格优先、时间优先”原则撮合成交。买卖申报经交易主机按照成交原则撮合成交后，交易即告成立。

投资者的交易一旦成交，不得撤回委托，未成交以前可以撤单。

（5）清算

每个交易日结束后，登记结算机构以券商等结算参与人为单位，对券商交易的应收或应付股票和资金分别予以轧抵，得出券商应收应付的净额。券商根据清算结果和投资者交易明细，在对投资者交易进行清算，得出每个投资者应收应付的资金和证券数额。

（6）交割

投资者在委托买进股票并成交后，必须交纳所需资金，才能取得所买进的股票。同样，投资者在委托卖出股票并成交后，应交纳卖出的股票，才能取得应收的资金。

券商等结算参与人与等级结算机构进行资金和证券的交割后，再完成与投资者的交割。投资者只能与券商进行交割。

第4节　上市公司再融资

企业上市为企业获得了稳定的融资渠道，上市公司可以通过发行证券进行再融资获得持续发展所需的资金。

§1 上市公司再融资方式

根据发行方式的不同，上市公司再融资可分为公开发行融资和非公开发行融资。根据发行证券的不同，上市公司再融资可分为股票融资和债券融资。对上述融资方式进行组合，上市公司再融资方式具体包括：公开增发、配股、发行可转换公司债券、发行分离交易的可转换公司债券、发行公司债券、非公开发行股票，见表2.1。

表2.1　　上市公司再融资方式

	股票	债券
公开发行	公开增发、配股	发行可转换公司债券、发行分离交易的可转换公司债券、发行公司债券
非公开发行	非公开发行股票	无

公开增发是指上市公司向不特定对象公开募集股份。配股是指上市公司向原股东配售股份。可转换公司债券是指上市公司依法发行，在一定期间内依据约定的条件可以转换成股份的公司债券。分离交易的可转换公司债券是指认股权和债券分离交易的可转换公司债券。非公开发行股票，是指上市公司采用非公开方式，向不超过十名的特定对象发行股票的行为。

专栏2.2　招商银行可转换公司债券融资

2002年4月，招商银行成功上市，并募集资金109亿元，暂时解决了资本金不足的困局。但随着业务的快速发展，资本金不足的问题又摆在了招商银行面前。

2003年8月，招商银行决定发行可转换公司债券进行再融资，以补充资本金。

(1) 选择发行可转换公司债券的原因

招商银行作为一家上市公司，当时有三种再融资方式可选择：公开增发、配股和发行可转换公司债券。

公开增发对股东和市场都不利。如果增发价格明显低于二级市场价格，对现有股东的权益就是稀释；如果增发价格比较高，则市场不欢迎，增发不能顺利完成。同时，由于融资规模大，公开增发对二级市场的股价压力也非常大。

配股存在价格制约的不足。如果配股价偏高，则不可能融资成功；

如果配股价偏低，如以净资产为基础定在3~5元，则很难获得非流通股股东的认可，实施起来可行性低，可操作性差。

因此，在当时条件下，无论对投资者还是招商银行而言，发行可转换公司债券都是一个较好的选择。

第一，对于投资者而言，可转换公司债券不仅本金有保障，而且有保底利息，在持有期间内，每年可得到一定的利息，投资风险较小。另外，如果招商银行未来的发展前景良好，股价上涨，投资者认购后可选择有利时机进行转股，取得丰厚的投资回报。

第二，发行可转换公司债券，如果满足银监会的附属资本条件，发行后可计入附属资本，则可即刻达到补充资本、提高资本充足率的目的。另外，发行可转换公司债券融资募集资金的数额比较确定，整个操作过程也比较简单，融资成本相对较低，而且可转换公司债券转股基本上是非连续地进行，转股的非集中性可减缓股本扩张和收益摊薄效应。

基于以上的分析，招行选择了可转换公司债券再融资方案。

(2) 可转换公司债券的主要条款

①基本条款

招商银行可转换公司债券的基本条款，见下表。

招商银行可转换公司债券的基本条款

发行总额	人民币65亿元
面值	人民币100元
发行数量	6500万张
发行价格	按面值平价发行
转股期限	自发行之日起5年
债券上市的起止日期	2004年11月29日至2009年11月10日
票面利率	发行首日（2004年11月10日）起开始计息，年利率第一年为1%，逐年递增0.375%，最后一年为2.5%
付息方式	从发行首日起开始计息，利息每年支付一次
初始转股价格	9.34元/股
发行对象	公司现有股东、社会公众投资者、证券投资基金和其他机构投资者
发行方式	向现有股东优先配售，优先配售后的债券余额，将采用网下向机构投资者配售和通过上海证券交易所系统上网定价发行相结合的方式
担保人	中国工商银行
信用评级	AAA
发行评估机构	中诚信国际信用评级有限公司
承销方式	有承销团以余额包销方式承销

②转股条款

第一，转股的起止日期。转换期为自招行转债发行之日起6个月起至可转债到期日止，即2004年5月10日（含当日）至2009年11月10日（含当日）（遇非交易日顺延）。转债持有人可在转换期内的转股申请时间申请转股。

第二，初始转股价格的确定依据及计算公式。初始转股价格为9.34元/股。以公布募集说明书前30个交易日，公司股票收盘的价格的算术平均值9.067元/股为基准上浮3%（转股溢价率）确定。计算公式如下：初始转股价格=公布募集说明书前30个交易日招商银行A股股票收盘价格的算术平均值×（1+3%）。

第三，转股价格的调整。在本次可转换公司债券发行之后，当发行人因送红股、转增股本、增发新股或配股等情况（不包括因可转换公司债券转股增加的股本）使发行人股份或股东权益发生变化时，将按下述公式进行转股价格的调整：送股或转增股本：$P_1=P_0/(1/n)$；增发新股或配股：$P_1=(P_0+A_k)/(1+k)$；两项同时进行：$P_1=(P_0+A_k)/(1+n+k)$。其中：P_0为初始股价，n为送股或转增股本率，k为增发新股或配股率，A为增发新股价或配股价，P_1调整后转股价。

第四，转股价格向下修正条款。本次发行的可转换公司债券在发行后的前三年内，不对转股价格进行修正。在第四、第五年期间，当招商银行A股股票在任意连续30个交易日中至少20个交易日的收盘价低于当期转股价格的80%时，招商银行董事会有权在不超过20%的幅度内向下修正转股价格。修正幅度为20%以上时，由董事会提议，股东大会通过后实施。修正后的转股价格不低于修正前20个交易日招商银行A股股票收盘价格的算术平均值。董事会此项权利的行使在12个月内不得超过一次。

③赎回条款

自本次可转换公司债发行之日起6个月后至债券存续期满，如果招商银行A股股票连续20个交易日的收盘价高于当期转股价格的125%，发行人招商银行有权赎回未转股的可转债。若在该20个交易日内发生转股价格调整的情形，则调整前后的转股价格和收盘价计算。当赎回条件首次满足时，发行人有权按面值103%（含当年利息）的价格赎回全部或部分在“赎回日”（在赎回公告中通知）之前未转股的可转换公司债券。若首次不实施赎回，当年将不再行使赎回权。

④回售条款及附加回售条款

第一，回售条款。在本次发行可转债到期日前一年内，如果招商银行A股股票收盘价连续20个交易日低于当期转股价格的75%时，转债持有人有权将持有的全部或部分可转债以面值的108.5%（含当期利息）的价格回售予发行人招商银行。若在该20个交易日内发生过转股价格调整的情形，则在调整的交易日按调整前的转股价格和收盘价计算，在调整后的交易日按调整后转股价格和收盘价计算。持有人回售条件首次满足后可以进行回售，首次不实施回售的，当年不能再行使回售权。

第二，附加回售条款。在本次发行的可转债存续期内，如果本次发行所募集资金的使用与发行人在募集说明书的承诺相比出现重大变化，根据证监会的相关规定可被视作改变募集资金用途或被证监会认定为改变募集资金用途，持有人有以面值102%（不含当期利息）的价格向发行人招商银行附加回售其持有的部分或全部可转债。

⑤可转债换公司债券余额处置条款

根据《上海证券交易所可转换公司债券上市交易规则》规定：可转换公司债券面值少于3000万元时，上海证券交易所将立即公告并在三个交易日后停止交易。从可转债因流通面值少于前述相关规定而被停止交易后至可转债到期日前，发行人招商银行将有权按面值加上应计利息提前清偿未转股的全部可转债。

（3）成功发行上市

招商银行65亿元的可转换公司债券，引来投资者的热烈追捧，公开发行部分的有效申购资金总额创下历史之最，认购倍数达到了164倍。

2004年11月15日，招商银行可转换公司债券发行成功，11月29日，在上海证券交易所挂牌交易。

§2 上市公司再融资流程

上市公司再融资的流程主要包括以下五个步骤：聘请中介机构、董事会决议、股东大会批准、申报与核准、发行并上市，见图2.2。

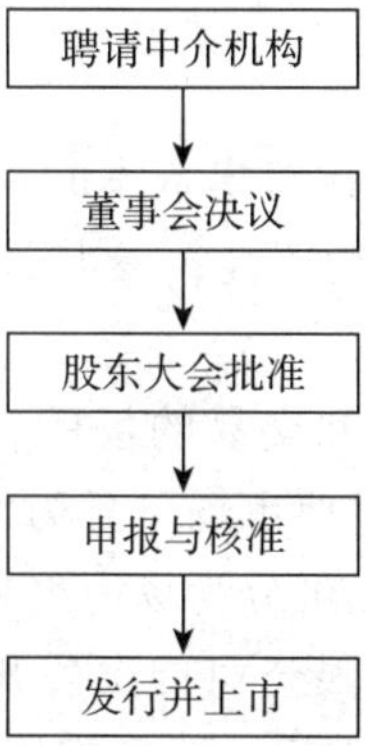

图 2.2 上市公司公开增发的流程

第一步，聘请中介机构。上市公司决定再融资后，根据法律规定和实际需要，还必须聘请中介机构。中介机构主要包括证券公司、律师事务所、会计师事务所、资产评估事务所等。

第二步，董事会决议。上市公司再融资，董事会应当依法就下列事项作出决议，并提请股东大会批准：本次再融资方案；本次募集资金使用的可行性报告；前次募集资金使用的报告；其他必须明确的事项。

第三步，股东大会批准。上市公司再融资，股东大会应当就下列事项做出决定：本次发行证券的种类和数量；发行方式、发行对象及向原股东配售的安排；定价方式或价格区间；募集资金用途；决议的有效期；对董事会办理本次发行具体事宜的授权；其他必须明确的事项。

第四步，申报与核准。股东大会批准后，上市公司和保荐人按照中国证监会的有关规定编制和报送发行申请文件。中国证监会依照下列程序审核发行证券的申请：收到申请文件后，五个工作日内决定是否受理；中国证监会受理后，对申请文件进行初审；发行审核委员会审核申请文件；中国证监会作出核准或者不予核准的决定。

第五步，发行并上市。自中国证监会核准发行之日起，上市公司应在六个月内发行证券；超过六个月未发行的，核准文件失效，须重新经中国证监会核准后方可发行。发行完成后，上市公司向证券交易所提交申请上市，获批后上市交易。

本章重要提示

掌握股票发行上市和股票交易的运作。

本章总结

1. 股票是股份有限公司在筹集资本时向出资人发行的股份凭证。股票具有以下基本特征：不可偿还性；参与性；收益性；流通性；价格波动性和风险性。

2. 股票市场是股票发行和交易的场所。股票市场有以下两种主要分类：根据市场的功能划分，股票市场可分为发行市场和交易市场；根据市场的组织形式划分，股票市场可分为场内交易市场和场外交易市场。

3. 发行上市是指股份有限公司首次公开发行股票并上市的行为，也称为直接上市。股票发行上市后，股份有限公司也就成了上市公司。

4. 发行上市的流程一般包括以下七个步骤：成立上市工作机构、聘请中介机构、尽职调查、辅导、股份制改组、申报与核准、完成发行上市。

5. 股票上市后，股票就在所挂牌的交易所进行交易。基于节约交易成本和信息处理技术的原因，世界各国的交易股票一般都通过委托经纪商办理。我国也采取委托交易，经纪商由证券公司担任。我国上海证券交易所和深圳证券交易所实行不同的委托制度。我国上海证券交易所实行的是指定交易制度，深圳证券交易所实行的是托管券商制度。

6. 投资者交易股票，包括如下六个基本环节：开户、委托、申报、成交、清算与交割。

7. 企业上市为企业获得了稳定的融资渠道，上市公司可以通过发行证券进行再融资获得持续发展所需的资金。根据发行方式的不同，上市公司再融资可分为公开发行融资和非公开发行融资。根据发行证券的不同，上市公司再融资可分为股票融资和债券融资。对上述融资方式进行组合，上市公司再融资方式具体包括：公开增发、配股、发行可转换公司债券、发行分离交易的可转换公司债券、发行公司债券、非公开发行股票。

本章需要掌握的内容和概念

股票　普通股　优先股　A股　B股　H股　N股　发行上市
首次公开发行　指定交易制度　托管券商制度　现货交易
信用交易　竞价　协议定价　做市商定价　公开增发　配股
可转换公司债券　分离交易的可转换公司债券　公司债券
非公开发行股票

思考题

1. 股票有哪些常见分类?
2. 试述股票发行上市的流程。
3. 比较指定交易制度和托管券商制度。
4. 上市公司再融资有哪些方式?

第3章 债券市场

本章概要

本章首先介绍了债券的概念和种类，然后分别介绍了国债市场、金融债券市场、企业债券市场、国际债券市场。

学习目标

了解债券的基本概念，掌握国债市场、金融债券市场、企业债券市场、国际债券市场的运作。

华尔街专业人士都在兴奋地低声讨论着一共有2300万美元的薪金和红利……在所罗门债券套利集团里，不论是一位戴眼镜的31岁的老“火箭专家”，还是高技术交易者……都通过做巨额的赌博——金额达成百上千亿美元——赌不同债券之间的微小价格差异。

——《华尔街日报》

第1节 债券的概念

§1 债券的定义

债券是政府、金融机构、工商企业等机构直接向社会借债融资时，向投资者发行的约定在一定期限还本付息的证券。

债券在债券投资者与债券发行人之间形成债权债务关系，债券发行人为债务人，债券投资者为债权人，债券投资者享有按照约定条件收回本金和收取利息的权利，债券发行人负有按照约定条件偿还本金和支付利息的义务。

§2 债券的构成要素

(1) 债券的票面价值

债券的票面价值是券面注明的以某种货币表示的票面金额，它是到期偿还本金和计算利息的基本依据，包含面值数额和面值币种两个内容。

债券面值数额都是整数，面值大小从1个货币单位到上百万个货币单位不等，取决于债券的性质和发行对象。面向个人的债券面值较小，面向机构的面值较大。

债券面值币种的确定，取决于债券发行人的需要、发行地点及债券的种类等因素。一般在国内发行的债券，币种为本国货币，在国外发行的债券，币种为国际通货或所在国货币。

（2）债券的价格

债券的价格包括债券的发行价格和债券的市场价格。债券作为一种可以买卖的有价证券，其价格的决定受多种因素影响，其中决定债券价格的主要因素是市场收益率、债券的偿还期和债券的利息率。

一般情况下，债券的发行价格与债券的面值是一致的，而债券的市场价格是经常变化的，往往偏离债券面值，有时高于面值，有时低于面值。

（3）债券的偿还期限

债券的偿还期限是指发行人清偿债务所需要的时间。债券期限一般可分为三类：期限在1年以内的为短期债券；期限在1~10年的为中期债券；期限在10年以上的为长期债券。

债券期限的确定，通常是债券发行人根据资金的需求、市场利率变动趋势、投资者心理偏好、偿还期限、资金供求情况等因素而定的。

（4）债券的票面利率

债券的票面利率是指债券利息与债券票面价值的比率，通常用百分数表示年利率。

债券的票面利率对于债券发行人和债券投资者具有不同的意义。对于债券发行人来说，它是融资成本，对于债券投资者来说，它是投资收益。

§3　债券的特点

通过了解债券的特点，我们能够对债券的概念有一个更加全面的了解。

债券具有以下四个基本特点。

第一，偿还性。债券一般都规定有偿还期限，债券发行人必须按期向债券投资者偿还本金和支付利息。各种债券无论长期还是短期，都规定了到期期限，在债券的偿还期内，债券投资者只是把资金的使用权暂时让渡给债券发行人，并不转移所有权。

第二，流动性。债券一般都可以在流通市场上自由转让，因此债券具有在市场上变现的能力，具有流动性。债券的流动性取决于以下两个因素：一是变现的难易程度，即变现所花费的时间长短；二是变现的成本大小，即变现时支付的费用。

第三，安全性。债券的收益相对稳定，可按期收取本金和利息，不随债券发行人经营收益的变化而变动。在债券发行人破产时，债券投资者享有对债券发行人剩余资产的优先索取权。

第四，收益性。债券能够给债券投资者带来一定的收入，即债券投资的报酬。债券的收益性主要表现为两种形式：一是利息收入，即债券投资者在债券偿还期内按约定的条件获得的利息；二是资本损益，即债券投资者可以利用债券价格的变动，买卖债券赚取差价收益。

第2节　债券的种类

§1　政府债券、金融债券和企业债券

按发行主体分类，债券可分为政府债券、金融债券和企业债券。

政府债券的发行主体是政府。政府债券又可以分为中央政府债券和地方政府债券。中央政府债券即国债，指由中央政府直接发行的债券。地方政府债券又称市政债券，指由地方政府及其代理机构或授权机构发行的债券。

金融债券的发行主体是银行或非银行金融机构。在英、美等欧美国家，金融机构发行的债券归类于企业债券。在我国及日本等国家，金融机构发行的债券称为金融债券。

企业债券的发行主体为企业。企业债券通常又称公司债券，是企业依照法定程序发行，约定在一定期限内还本付息的债券。

§2　一次还本付息债券、贴现债券和剪息债券

按利息支付方式分类，债券可分为还本付息债券、贴现债券和剪息债券。

一次还本付息债券是指在债券到期时，按照债券票面载明的利率一次性向债券投资者支付利息并偿还本金的债券。

贴现债券又称贴息债券，是指在发行时按一定折扣率以低于债券面值的价格发行，到期按面值偿还本金的债券。

剪息债券是指在券面上附有定期支付利息凭证的债券，债券投资者可以凭债券上附有的利息支付凭证，剪下息票，兑取到期的利息。

§3 固定利率债券和浮动利率债券

按利率是否固定分类，债券可分为固定利率债券和浮动利率债券。

固定利率债券是指在发行时规定利率在整个偿还期内不变的债券。固定利率债券不考虑市场变化因素，因而其融资成本和投资收益可以事先预计，不确定较小，但债券发行人和债券投资者仍然必须承担市场利率波动的风险，当市场利率上升时，债券的投资者要蒙受损失，当市场利率下降时，则债券发行人要遭受损失。

浮动利率债券是指发行时规定债券利率随市场利率定期浮动的债券，这种债券的利率在偿还期内可以进行变动和调整。浮动利率债券的利率通常根据市场基准利率加上一定的利差来确定。由于债券利率随市场利率浮动，因而可以避免债券的实际收益率与市场收益率之间出现重大差异。

§4 记名债券和不记名债券

按是否记名分类，债券可分为记名债券和不记名债券。

记名债券是指在债券券面和债券发行人的债权人名册上记载债权人姓名的债券。记名债券在转让时，要办理转让手续，原持有人要背书，并在债权人名册上更换债权人姓名，所以流动性较差。

不记名债券是指在债券券面上不记明债权人的姓名，也不在债券发行人的债权人名册上记载债权人的名字。不记名债券在转让时不需背书和在债权人名册上更换债权人姓名，因此，流动性较强，但安全性不如记名债券。

§5 担保债券和信用债券

按有无担保分类，债券可分为担保债券和信用债券。

担保债券是指以有形财产作为抵押或是以第三方为担保而发行的债券。当发行人不能按期支付利息和本金时，债券投资者为满足清偿要求可以将抵押品出售或者要求第三方清偿。

信用债券又称无担保债券，指仅凭债券发行人的信用而发行的，既没有抵押财产作担保，也没有第三方担保的债券。

§6 实物债券、凭证式债券和电子记账式债券

按形态分类，债券可分为实物债券、凭证式债券和电子记账式债券。

实物债券是一种具有标准格式实物券面的债券。在标准格式的债券券面上，一般印有债券面额、债券利率、债券期限、债券发行人全称、还本付息方式等各种债券票面要素。有时债券利率、债券期限等要素也可以通过公告向社会公布，而不在债券券面上注明。

凭证式债券是债权人认购债务的一种收款凭证，而不是债券发行人制定的标准格式的债券。

电子记账式债券是在电子系统中以记账形式记录债权，而不表现为实物形态的债券。这种债券的发行和交易均无纸化，因而成本较低、效率高、安全性强，是国际债券市场通行的债券形态。

§7 公募债券和私募债券

按发行方式分类，债券可分为公募债券和私募债券。

公募债券是指按法定手续和主管机关的要求在市场上公开向社会公众发行的债券。公募债券发行人必须向主管机关和市场提供财务报表及相关资料等信息。公募债券发行后可以上市交易，具有良好的流动性，利率比私募债券低。

私募债券是指面向特定投资者发行的债券。私募债券的发行手续比较简单，不实行公开呈报制度。私募债券不能直接上市交易，流动性较差，利率比公募债券高。

§8 单利债券、复利债券、贴现债券和累进利率债券

按计息方式分类，债券可分为单利债券、复利债券、贴现债券和累进利率债券。

单利债券是指在计算利息时，不论期限长短，仅按本金计息，所生利息不再加入本金计算下期利息的债券。

复利债券与单利债券相对应，是指计算利息时，按一定期限将所生利息加入本金再计算利息，逐期滚算的债券。

贴现债券又称贴息债券，是指在发行时按一定折扣率以低于债券面值的价格发行，到期按面值偿还本金的债券。贴现债券是属于折价发行的债

券，其发行价格与面值（即偿还价格）的差额构成了实际的利息。

累进利率债券是指利率采用逐年累进方法计算的债券。与单利债券或复利债券的利率在偿还期内固定不变不同，累进利率债券的利率随着时间的推移而递增，后期利率比前期利率高，呈累进状态。

第3节 国债市场

§1 国债的定义

国债是国家债券的简称，是指中央政府为筹集资金而发行的债券，是中央政府向投资者出具的、承诺在一定时期支付利息和到期偿还本金的债权债务凭证。

§2 国债的特点

国债作为中央政府的债务凭证，一般具有如下四个特点。

第一，安全性高。由于国债是由中央政府发行的，因而属于国家信用级别，这样就具有最高的信用地位，风险也最小。

第二，流动性强。由于国债具有最高的信用地位，对投资者的吸引力很强，在市场上很容易变现，因此流动性很强。

第三，收益稳定。国债的偿还期限固定，利率固定，其价格很少受到经济波动的影响，这就决定了国债的市场价格相对平稳，收益也就较为稳定。

第四，免税待遇。大多数国家都规定，购买国债的投资者可以享受优惠的税收待遇，甚至免税。

§3 国债的分类

如债券分类一样，依据不同标准，国债也可以分为很多种类，最常见的分类有以下两种。

（1）短期国债、中期国债和长期国债

按偿还期限分类，国债可分为短期国债、中期国债和长期国债。

短期国债是指偿还期为1年或1年以内的国债，它具有周期短及流动性强的特点，在货币市场上占有重要地位。

中期国债是指偿还期在1年以上、10年以下的国债。

长期国债是指期限在10年或10年以上的国债，长期国债在资本市场上有着重要地位。

(2) 凭证式国债、无记名（实物）国债和记账式国债

按券面形式分类，国债可分为凭证式国债、无记名（实物）国债和记账式国债。

凭证式国债是指国家采取不印刷实物券，以“凭证式国债收款凭证”记录债权的方式发行的国债。这种国债具有类似储蓄的特点，通常被称为储蓄式国债，是以储蓄为目的的个人投资者理想的投资方式。凭证式国债可记名、挂失，不能上市转让，但可提前兑取，变现灵活。债券投资者提前兑取时，除偿还本金外，利息按实际持有天数及相应的利率档次计算，经办机构按兑付本金的2‰收取手续费。

无记名（实物）国债是一种票面上不记载债权人姓名或单位名单的债券，通常以实物券的形式记录债权，又称实物券。无记名国债不记名，不挂失，可上市流通。发行期内，投资者可直接在销售国债机构的柜台购买。在证券交易所设立账户的投资者，可委托证券公司通过交易系统申购。发行期结束后，实物券持有者可在柜台卖出，也可将实物券交证券交易所托管，再通过交易系统卖出。

记账式国债又称无纸化国债，以记账形式记录债权，即将投资者持有的国债登记于证券债务中，投资者仅取得收据或对账单以证实其所有权的一种国债。记账式国债通过证券交易所的交易系统发行和交易，可以记名、挂失。投资者进行记账式国债买卖，必须在证券交易所设立账户。由于记账式国债的发行和交易均无纸化，所以效率高，成本低，交易安全。

目前，中国国债的形式主要是凭证式国债和记账式国债。下面介绍凭证式国债和记账式国债的发行和交易。

§4 凭证式国债的发行

(1) 承购包销

我国的凭证式国债完全采用承购包销方式发行。承购包销方式是由发行人和承销商签订承购包销合同，合同中的有关条款是通过双方协商确定的。

凭证式国债由具备凭证式国债承销团资格的机构承销。财政部和中国人民银行一般每年确定一次凭证式国债承销团资格，各类商业银行、国家

邮政局邮政储汇局，均有资格申请加入凭证式国债承销团。

（2）发售

财政部一般委托中国人民银行分配承销数额。承销商在分得所承销的国债后，通过各自的代理网点发售。发售采取向购买人开具凭证式国债收款凭证的方式，发售数量不能突破所承销的国债量。由于凭证式国债采用“随买随卖”、利率按实际持有天数分档计付的交易方式，因此，在收款凭证中除了注明投资者身份外，还须注明购买日期、期限、发行利率等内容。

凭证式国债是一种不可上市流通的储蓄型债券。

§5 记账式国债的发行

（1）招标

我国的记账式国债以公开招标方式，在银行间债券市场、上海证券交易所和深圳证券交易所发行。

公开招标方式是通过投标人的直接竞价来确定发行价格（或利率）水平，发行人将投标人的标价，自高价向低价排列，或自低利率排到高利率，发行人从高价（或低利率）选起，直到达到需要发行的数额为止。因此，所确定的价格恰好是供求决定的市场价格。

记账式国债是一种无纸化国债，主要通过以下两个渠道发行：第一，银行间债券市场，通过银行间债券市场向具备全国银行间债券市场国债承购包销团资格的商业银行、证券公司、保险公司、信托投资公司等机构发行。第二，证券交易所，通过证券交易所的交易系统向具备交易所国债承购包销团资格的证券公司、保险公司和信托投资公司及其他投资者发行。记账式国债也可以在上述两个渠道同时发行，即所谓的跨市场发行。

（2）银行间债券市场发行国债的分销

银行间债券市场发行国债，分销程序如下。

第一，在债券分销期间，承销人应按照债券发行办法的规定办理债券分销手续，并与分销认购人签订分销认购协议。分销认购人应是全国银行间债券市场参与者，并已在中央国债登记结算有限责任公司开立债券托管账户。

第二，由承销人根据与分销认购人签订协议所确定的分销价格和数量，填制债券发行分销过户指令一览表，加盖预留印章、填写分销密押后传真至中央国债登记结算有限责任公司，同时将原件寄至中央国债登记结算有限责任公司。中央国债登记结算有限责任公司收到分销过户指令一览表传真件，审核密押和印章无误后，根据一览表中的过户指令办理分销过户。

第三，中央国债登记结算有限责任公司利用中央债券簿记系统中的交易过户功能，办理承销商与分销认购人之间的分销债券过户。过户后，承销商和分销认购人可以从联网终端输出“非交易过户通知单”，过户原因注明为“分销过户”。

第四，在发行过程中，承销人的分销总额以其承销总额为限。如发生超卖，中央国债登记结算有限责任公司将不予办理过户，并书面报中国人民银行和发行人。

（3）交易所市场发行国债的场内挂牌分销

交易所市场发行国债的分销，在实际运作中，承销商可以选择场内挂牌分销或场外分销两种方法。

交易所市场发行国债，场内挂牌分销的程序如下。

第一，承销商在分得包销的国债后，向证券交易所提供一个自营账户作为托管账户，将在证券交易所注册的记账式国债全部托管于该账户中。

第二，证券交易所为每一承销商确定当期国债各自的承销代码，以便于场内挂牌。

第三，在此后发行期中的任何交易时间内，承销商按自己的意愿确定挂牌卖出国债的数量和价格，进行分销。

第四，投资者在买入债券时，可免交佣金，证券交易所也不向代理机构收取买卖国债的经手费用。买卖成交后，客户认购的国债自动过户至客户的账户内，并完成国债的认购登记手续。客户的认购款通过证券交易所锁定，于当日划入承销商在证券交易所的清算账户中，资金回收安全、迅速。

第五，发行结束后，承销商在规定的缴款日前如期将发行款一次性划入财政部在中国人民银行的指定账户内，托管账户中分销的国债余额转为承销商持有。

第六，财政部在收到承销商缴纳的发行款后，将国债发行手续费拨付至各承销商的指定银行账户。

（4）交易所市场发行国债的场外分销

交易所市场发行国债，场外分销的程序如下。

第一，在发行期内，承销商也可以在场外确定分销商或客户，并在当期国债的上市交易日前向证券交易所申请办理非交易过户。

第二，证券交易所根据承销商的要求，将原先注册在承销商托管账户中的国债依据承销商指定的数量过户至分销商或客户的账户内，完成债券的认购登记手续。

第三，国债认购款的支付时间和方式由买卖双方在场外协商确定。

记账式国债发行后，可以在银行间债券市场和证券交易所交易。

第4节　金融债券市场

§1　金融债券的定义

金融债券是由商业银行和非银行金融机构为筹集资金而发行的债券。

我国金融债券的发行主体为：政策性银行、商业银行、企业集团财务公司以及其他金融机构等。

§2　金融债券的特点

金融债券具有如下三个特点：

第一，信用度较高。一般来说，金融机构的信用度要高于非金融机构类公司，因此，金融债券的安全性也就高于一般的公司债券。

第二，利率形式灵活，收益稳定。金融债券的利率有固定利率、浮动利率、贴现利率等多种形式。金融债券的利率水平一般高于银行存款和国债，低于公司债券。

第三，债券期限以中长期为主。金融债券的期限通常是1年以上的中长期债券。

§3　金融债券的分类

如债券分类一样，依据不同标准，金融债券也可以分为很多种类，最常见的分类有以下两种。

(1) 附息金融债券和贴现金融债券

按利息的支付方式分类，金融债券可分为附息金融债券和贴现金融债券。

附息金融债券是在债券上附有多期息票，发行人定期支付利息。

贴现金融债券是以低于面值的价格贴现发行，到期按面值还本付息，利息为发行价与面值的差额。

（2）普通金融债券和累进利息金融债券

按发行条件分类，金融债券可分为普通金融债券和累进利息金融债券。

普通金融债券按面值发行，到期一次还本付息。

累进利息金融债券是随着债券期限的延长、利率逐步累计上升的债券。此种债券的利率不固定，在不同的时间段有不同的利率，并且一年比一年高。

§4 金融债券的发行

（1）发行主体

我国金融债券的发行主体为在中国境内设立的政策性银行、商业银行、企业集团财务公司以及其他金融机构等。

（2）发行方式

金融债券可在全国银行间债券市场公开发行或定向发行。

金融债券的发行可以采取一次足额发行或限额内分期发行的方式。

（3）信用担保

金融债券的发行应由具有债券评级能力的信用评级机构进行信用评级。金融债券发行后，信用评级机构应每年对该金融债券进行跟踪信用评级。如发生影响该金融债券信用评级的重大事项，信用评级机构应及时调整该金融债券的信用评级，并向投资者公布。

（4）发行的组织

发行金融债券时，发行人应组建承销团，承销人可在发行期内向其他投资者分销其所承销的金融债券。

金融债券的承销可采用协议承销、招标承销等方式。

§5 商业银行次级债券

商业银行次级债券是指商业银行发行的、本金和利息的清偿顺序列于商业银行其他负债之后，先于商业银行股权资本的债券。

商业银行次级债券可在全国银行间债券市场公开发行并正常交易。

商业银行发行次级债券应聘请证券信用评级机构进行信用评级。其发行可采取一次足额发行或限额内分期发行的方式。发行次级债券时，发行人应组成承销团，承销团在发行期内向其他投资者分销次级债券。次级债券的承销可采用包销、代销和招标承销等方式。

§6 商业银行混合资本债券

商业银行混合资本债券是一种混合资本工具，它比普通股票和债券更加复杂。

我国的商业银行混合资本债券是指商业银行为补充附属资本发行的、清偿顺序位于股权资本之前但列在一般债务和次级债务之后、期限在15年以上、发行之日起10年内不可赎回的债券。

商业银行发行混合资本债券应具备的条件与其发行金融债券完全相同。

混合资本债券可以公开发行，也可以定向发行。但无论公开发行还是定向发行，均应进行信用评级。

在混合资本债券存续期内，信用评级机构应定期和不定期对混合资本债券进行跟踪评级，每年发布一次跟踪评级报告，每季度发布一次跟踪评级信息。对影响发行人履行债务的重大事件，信用评级机构应及时提供跟踪评级报告。

第5节 企业债券市场

§1 企业债券的定义

企业债券是企业依照法定程序发行、约定在一定期限内还本付息的债券。

企业债券代表着发债企业和投资者之间的一种债权债务关系。债券持有人是企业的债权人，不是所有者，一般无权参与或干涉企业经营管理，但债券持有人有权按约定收回本息。

§2 企业债券的特点

企业债券具有如下三个特点：

第一，风险性较大。企业债券的还款来源是企业的经营利润，但是任何一家企业的未来经营都存在很大的不确定性，因此企业债券持有人承担着损失利息甚至本金的风险。

第二，收益率较高。按照风险与收益对应的原则，企业债券的较高风险意味着给债券投资者较高的收益。

第三，对于某些企业债券而言，发行者与持有者之间可以给予一定的选择权，如可转换债券。

专栏3.1 三峡总公司的企业债券融资

提到中国企业债券市场，不能不提及中国长江三峡工程开发总公司（以下简称“三峡总公司”），其发行的三峡债券是中国企业债券市场的一个典型代表和龙头产品。

（1）三峡总公司企业债券发行情况概览

三峡总公司对企业债券融资可谓情有独钟，自1997年成功发行“96三峡债”，到2009年，总共发行了9期12种企业债券，累计融资达345亿元，企业债券成为三峡工程建设的一个重要融资工具，见下表。

三峡总公司企业债券发行情况

<table>
<tr><th>债券名称</th><th>发行日期</th><th>期限</th><th>利率</th><th>额度</th><th>信用评级</th></tr>
<tr><td>96三峡债</td><td>1997年2月28日</td><td>3年</td><td>11%</td><td>10亿</td><td rowspan="12">中诚信国际信用评级有限责任公司综合评定，级别为AAA</td></tr>
<tr><td rowspan="2">98三峡债</td><td rowspan="2">1999年1月18日</td><td>3年</td><td>5.6%</td><td>10亿</td></tr>
<tr><td>8年</td><td>6.2%</td><td>10亿</td></tr>
<tr><td>99三峡债</td><td>2000年7月25日</td><td>10年</td><td>基准利率+1.75%</td><td>30亿</td></tr>
<tr><td rowspan="2">01三峡债</td><td rowspan="2">2001年11月8日</td><td>10年</td><td>基准利率+1.75%，发行首年利率4%</td><td>20亿</td></tr>
<tr><td>15年</td><td>5.21%</td><td>30亿</td></tr>
<tr><td>02三峡债</td><td>2002年9月20日</td><td>20年</td><td>4.76%</td><td>50亿</td></tr>
<tr><td>03三峡债</td><td>2003年8月1日</td><td>30年</td><td>4.86%</td><td>30亿</td></tr>
<tr><td>06三峡债</td><td>2006年5月11日</td><td>20年</td><td>4.15%</td><td>30亿</td></tr>
<tr><td>07三峡债</td><td>2007年6月26日</td><td>10年</td><td>4.98%</td><td>25亿</td></tr>
<tr><td rowspan="2">09三峡债</td><td rowspan="2">2009年4月8日</td><td>5年</td><td>3.45%</td><td>70亿</td></tr>
<tr><td>7年</td><td>4.05%</td><td>30亿</td></tr>
</table>

注：基准利率为发行首日和其他各计息年度起息日适用的中国人民银行公布的一年期整存整取定期储蓄存款利率。

（2）企业债券品种的不断创新

三峡总公司在通过企业债券实现融资的同时，更为可贵的是，在企业债券的品种设计上，不断创新，在很大程度上推动了中国企业债券市场的发展。

①“96三峡债”：首吃螃蟹

我国企业债券的发行始于1984年，但在90年代初，曾出现了一些中短期地方企业债券无法按期兑付的情况，并间接导致了一批新兴信托投资公司破产，1993年新出台《企业债券管理条例》就是在这种背景下出台的。因而可以说“96三峡债”是在经历过1993年以前的一场大乱后，在中国企业债券市场还不十分成熟的情况下发行的。

不记名实物券形式的“96三峡债”，3年期，固定利率，可自由上市流通，准国债的信誉级别，受到了投资者的欢迎，并打破了中国企业债券市场多年来的沉寂，为中国企业债券市场带来了新的生机。同时从三峡总公司角度看，发行三峡企业债券不仅开辟了新的筹资渠道，降低了筹资成本，而且对树立三峡总公司的企业形象，规范三峡总公司的企业行为，加快总公司现代企业制度的建设步伐，都具有积极而深远的意义。

②“98三峡债”：我国第一只附息式企业债券

“98三峡债”的总发行规模为人民币20亿元，分3年期和8年期两种，规模各10亿元。其中，3年期按单利计息，到期一次还本付息，这是我国企业债券付息方式一贯采用的方法；而8年期债券为创新品种，每年付息一次，到期一次还本，这是我国第一只附息式企业债券。

这一付息方式的改变有利于提高长期债券的投资价值。对于投资者来说长期债券由于期限长，不确定因素多，投资的风险较大。发行人要想获得投资者认可，需减少和分散投资的风险，提高债券的收益率。采取每年付息的方式与一次还本付息的方式比较，前者可以在票面利率相同的情况下提高债券的实际收益率。而且附息式企业债券更适合企业债券的上市交易，提高债券的流动性。

③“99三峡债”：我国首只浮动利率企业债券

三峡总公司于2000年7月发行的“99三峡债”改变了过去我国企业债券固定利率的一贯做法，采取浮动利率，因此成为我国首只浮动利率企业债券。此前只有国债和金融债券才采取浮动利率，“98三峡债”

意味着继国债、金融债券之后，中国企业债券中第一次出现了与市场接轨的浮动利率债券。

针对长期债券时间跨度大和债券发行时对市场利率处于历史低点的判断，三峡总公司在债券利率方式上大胆创新，采取以银行存款利率为基准的浮动利率方式，能够使公司和投资者共同承担未来利率变动的风险，提高投资者对于长期债券的认同程度。而发行浮动利率债券要求发行企业有更强的利率风险管理的能力，也足见三峡总公司对企业财务风险管理的信心和勇气。

④“01、02 三峡债”：融资规模的不断扩大

2001 年，三峡总公司发行了“01 三峡债”，该期企业债券发行总规模高达 50 亿元，包括 20 亿元的浮动利率债券品种和 30 亿元的固定利率债券品种，50 亿元的发行规模再次刷新了我国单期企业债券融资规模的市场记录。

2002 年，三峡总公司发行“02 三峡债”本期债券与“01 三峡债”的总融资规模相同，但因“01 三峡债”为同期发行两种债券，总融资规模为 50 亿元，因而“02 三峡债”的发行创下了单期单种企业债券发行规模达 50 亿元的新纪录。50 亿元的庞大融资规模，“01 三峡债”和“02 三峡债”仍受到市场投资者的热情认购，足以说明投资者对三峡总公司市场信用和未来盈利能力的信心。而从三峡总公司角度看，在项目初期的净投入阶段，公司顺利获得了长期稳定的资金来源。

⑤“03 三峡债”：期限设计再创新

我国传统的企业债券期限结构以 3 年期、5 年期为主，“98、01、02 三峡债”的期限分别为 8 年、15 年和 20 年，这些都是当时企业债券市场期限最长的品种，而“03 三峡债”高达 30 年的期限，再次引起了市场的关注，创下了我国企业债券发行历史上期限最长的纪录。

从三峡总公司讲，通过债券发行的期限创新，将不同期限企业债券进行组合发售，有利于企业实现长短期资金来源期限结构的合理化。但总体上，三峡总公司发行的企业债券期限较长，这主要是由三峡工程投资建设周期较长决定的。另一方面在企业判断市场资金成本处于较低水平的时期，通过发行长期企业债券，尤其是发行长期固定利率债券，有利于企业规避市场利率风险，降低直接融资的成本。

⑥“06 三峡债”：实现无担保企业债“零”的突破

债券本质上是信用产品，甚至可以说发行债券就是发行“信用”。信用水平不同，筹资成本就有差异。因此，为债券定价，很大程度上是为企业的信用定价。但很长时间以来，我国监管部门要求企业发行债券时必须提供担保，发债人的信用基本被忽略掉了，债券评级实际上变成主要是为担保人评级。

2006年我国企业债券市场上，最引人注目的当属首只无担保企业债券“06三峡债”的面市。2006年5月11日，三峡总公司成功发行了30亿元的20年期企业债券。与以往不同的是，这只债券没有由任何银行或机构担保，是第一只真正意义上凭借企业自身信用发行的无担保债券，结束了中国企业债券发行必须有担保的历史，实现了企业债券向信用产品的本质回归。

那么为什么“06三峡债”可以向债券担保说“不”呢？

首先，从外部条件看，进行无担保债券的试点是主管部门为推动我国债券市场化发展做出的一次选择。

其次，经过多年运营，三峡总公司已经具备了不依赖担保便可以获得较高信用级别的能力。作为大型发电企业，三峡总公司主业突出，财务结构良好，拥有大量优质的水电资产，项目本身符合国家产业政策，具有较强的现金流产出和盈利能力。而且“06三峡债”是三峡机组发电之后三峡总公司发行的第一笔企业债券，债券期限20年，还本日期为2026年。届时，三峡工程和金沙江下游四个梯级电站项目将全部竣工，三峡总公司水电装机容量将超过6360万千瓦，年发电量将超过3000亿千瓦时，仅水力发电业务收入将超过600亿元。因此，依自身实力，三峡总公司足以按期偿还到期债务。

再次，三峡总公司通过长期滚动债务融资，在市场上已经树立了良好的形象和完整的信用记录，具有坚实的投资者基础和强大的市场影响力。

(3) 三峡总公司企业债券融资的分析

自1997年成功发行“96三峡债”，到2009年，三峡总公司总共发行了9期12种企业债券，累计融资达345亿元，并创造了中国企业债券市场的多项第一。那么，为何三峡总公司如此钟情于企业债券融资呢？

①企业债券资金流特点与三峡项目资金流相互匹配

三峡工程是一个多目标开发的水利枢纽工程，反映在融资上有以下特点：项目工期长，投资规模较大，且资金需求不均衡，发电前期资金缺口大，发电后有比较稳定、充足的现金流入。这一项目现金流特点最适合在项目建设期发行企业债券募集中长期的建设资金，而项目未来可实现的稳定的现金流将足以保证债券的本兑付。鉴于1997年大江将要实现截流，三峡总公司在1996年就预感到，又一轮资金需求高峰即将到来，而这轮高峰是用政策性投入根本顶不住的。在仔细分析了一些国际大型水电项目的资金运作过程后，三峡总公司最终确定了为滚动开发服务的滚动发债融资方案。

②企业债券融资有利于降低企业融资成本，优化企业资本结构

与商业银行贷款相比，三峡总公司通过发行企业债券的融资成本相对较低，如20年期的“02三峡债”，每年按4.76%的固定利率水平向投资者付息，20年期“06三峡债”的年固定利率只有4.15%，而当时我国5年期以上的商业银行贷款年利率已提高至7.83%。

而与股权融资相比，发债主体虽然要向投资人支付固定的利息回报，但债务融资同时向企业提供了税前付息的“税盾”优势，有利于企业融资成本的降低。而且适度比例的债务融资将有利于企业资本结构的优化，在未来项目逐渐走向盈利时，可为股东带来成倍放大的财务杠杆效应。

③公司低于同行业的负债率水平，为企业债券的滚动发行提供空间

债券的本息偿还对发债企业来讲将形成财务上的硬约束，一旦企业债券本息支付发生逾期，将对企业的市场信用造成巨大的负面影响，对企业未来融资也将带来不利影响，因而企业发债时必须充分考虑未来的偿付能力。企业的偿付能力取决于企业未来现金流的情况，同时也取决于企业发债前资产负债率水平的高低。在项目建设之初，因传统银行信贷不愿涉足，三峡总公司的初始资金主要来自于国家的初始资本金投入，因而企业的负债率远低于同行业平均水平，这为企业滚动发债融资提供了较大的空间。

以2004~2006年为例，三峡总公司的资产负债率水平保持稳定，处于40%左右，见下表。而国外同类企业一般将这个比率控制在60%以内。可见在已发行了多期企业债券提高了负债融资比重后，三峡总公司的资产负债率仍维持在一个安全合理的水平。

2004～2006年三峡总公司资产负债率

	2004年12月31日	2005年12月31日	2006年12月31日
资产负债率	42.85%	40.38%	36.74%

④债券品种的持续创新和成功发行，是提升企业品牌价值的好机会

中央直属企业、国家重点建设工程项目法人单位等，三峡总公司头上的这些光环，为三峡债券镀上了一个耀眼的"金边"，即便是在企业发行债券需要国务院特批的1999年和2001年，三峡总公司也稳获发债额度，因而三峡总公司具有发债的天然的高市场信用度。同时，持续的三峡债发行和发行中让人耳目一新的债券品种创新，使每一次三峡债的发行都成为提升企业市场品牌价值的好机会。投资者是三峡总公司的债权人，而每一次投资者都排队争购三峡债券，是在为企业做活广告。尤其是当"96三峡债"、"98三峡债"的成功全部兑付及其他期债券利息的及时全额偿付，使"三峡债"的品牌效应进一步得以提升。这一切都使得三峡债的发行成为三峡总公司品牌战略的重要组成部分。

§3 企业债券的分类

（1）信用企业债券、抵押企业债券和保证企业债券

按有无担保分类，企业债券可分为信用企业债券、抵押企业债券和保证企业债券。

信用企业债券又称为无担保企业债券，是指企业仅凭信用发行的企业债券。一般来说，只有那些实力雄厚、盈利多、信誉好、知名度高的大企业才有资格发行这种债券，并能吸引众多的投资者。

抵押企业债券是指发债企业对其发行的债券以企业的有形资产作为担保、保证按期还本付息的债券。如果发债企业到期不能还本付息，可依法处理抵押品，以保证债券投资者的本息得以偿付。

保证企业债券是指发债企业债务的偿还由第三方做担保而发行的债券，担保人在债券背面背书予以确认。

（2）可提前赎回企业债券和不可提前赎回企业债券

按是否可提前赎回分类，企业债券可分为可提前赎回企业债券和不可提前赎回企业债券。

可提前赎回企业债券是指发债企业可在债券到期前购回其发行的全部

或部分债券。

不可提前赎回企业债券是指只能一次到期还本付息的企业债券。

(3) 附有选择权的企业债券和未附选择权的企业债券

按是否给予投资者选择权分类，企业债券可分为附有选择权的企业债券和未附选择权的企业债券。

附有选择权的企业债券，是指在一些企业债券的发行中，发行人给予投资者一定的选择权，如可转换企业债券、有认股权证的企业债券和可退还企业债券。

未附选择权的企业债券，是指债券发行人未给予投资者上述选择权的企业债券。

§4　中国的企业债券和公司债券

企业债券在国外通常称为公司债券，其原因在于国外企业法人多为公司形式，公司是发行债券的主体，而我国则存在大量具有法人资格而未采用公司形态的企业和少数虽采用公司名称但并非依照《公司法》规范设立与运作的企业，这些企业也可发行债券。在我国，公司债券特指根据《公司法》设立的公司发行的债券。

我国的企业债券，是指企业依照法定程序发行、约定在一定期限内还本付息的有价证券。

我国的公司债券，是指公司依照法定程序发行、约定在一定期限内还本付息的有价证券。

我国的企业债券和公司债券，在发行主体、规范法规、监管主体上有一定的区别。见表3.1。

表3.1　中国企业债券和公司债券的区别

	企业债券	公司债券
发行主体	公司制企业，或非公司制企业。目前主要为大型国有企业	有限责任公司和股份有限公司，目前是试点阶段，仅限于沪、深证券交易所上市及发行境外上市外资股的境内股份有限公司
规范法规	《企业债券管理条例》	《证券法》、《公司法》和《公司债券发行试点办法》
监管主体	国家发改委	中国证监会

企业债券和公司债券都可以在证券交易所或全国银行间债券市场发行和交易。

§5 上市公司发行公司债券

（1）公司债券概述

公司债券是指上市公司依照法定程序发行、约定在一年以上期限内还本付息的有价证券。

公司债券的发行条款主要有如下要求。

第一，面值与定价。公司债券每张面值100元，发行价格由上市公司与作为保荐人的证券公司通过市场询价确定。

第二，信用评级。公司债券的信用评级，在债券有效存续期间，自信评级机构每年至少公告1次跟踪评级报告。

第三，债券的担保。对公司债券发行没有强制性担保要求。若为公司债券提供担保，则应当符合下列规定：担保范围包括债券的本金及利息、违约金、损害赔偿金和实现债权的费用；以保证方式提供担保的，应当为连带责任保证，且保证人资产质量良好；设定担保的，担保财产权属应当清晰，尚未被设定担保或者采取保全措施，且担保财产的价值经有资格的资产评估机构评估不低于担保金额；符合《物权法》、《担保法》和其他有关法律、法规的规定。

（2）发行公司债券的条件

上市公司发行公司债券，应当符合下列条件。

第一，公司的生产经营符合法律、行政法规和公司章程的规定，符合国家产业政策。

第二，公司内部控制制度健全，内部控制制度的完整性、合理性、有效性不存在重大缺陷。

第三，经资信评级机构评级，债券信用级别良好。

第四，公司最近一期末经审计的净资产额应符合法律、行政法规和中国证监会的有关规定。

第五，最近三个会计年度实现的年均可分配利润不少于公司债券一年的利息。

第六，本次发行后累计公司债券余额不超过最近一期末净资产额的40%；金融类公司的累计公司债券余额按金融企业的有关规定计算。

（3）发行公司债券的程序

上市公司发行公司债券的流程主要包括以下四个步骤：聘请中介机构、公司决议、申报与核准、发行并上市，见图3.1。

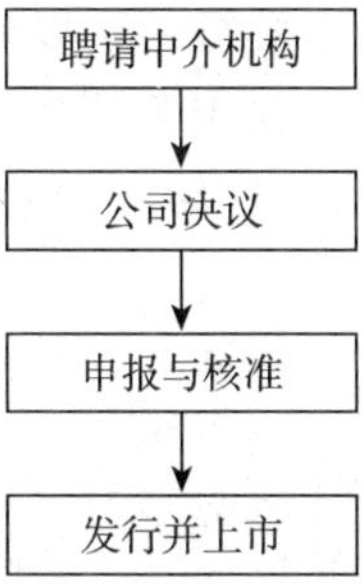

图 3.1 上市公司发行公司债券的流程

第一，聘请中介机构。上市公司发行公司债券，必须聘请证券公司担任保荐人，其他需聘请的中介机构还包括会计师事务所、资产评估事务所、资信评级机构、律师事务所等。

第二，公司决议。上市公司申请发行公司债券，应当由公司董事会制订方案，由股东大会对下列事项做出决议：发行债券的数量；向公司股东配售的安排；债券期限；募集资金的用途；决议的有效期；对董事会的授权事项；其他需要明确的事项。

第三，申报与核准。做出决议后，上市公司和保荐人照中国证监会的有关规定编制和报送发行申请文件。中国证监会依照下列程序审核发行公司债券的申请：收到申请文件后，5 个工作日内决定是否受理；中国证监会受理后，对申请文件进行初审；发行审核委员会按照《中国证券监督管理委员会发行审核委员会办法》规定的特别程序审核申请文件；中国证监会作出核准或者不予核准的决定。

第四，发行并上市。发行公司债券，可以申请一次核准，分期发行。自中国证监会核准发行之日起，公司应在 6 个月内首期发行，剩余数量应当在 24 个月内发行完毕。首期发行数量应当不少于总发行数量的 50%，剩余各期发行的数量由公司自行确定。公司债券发行后，可以在证券交易所挂牌交易，也可以进入银行间债券交易市场交易流通。

第 6 节 国际债券市场

§1 国际债券的定义

国际债券是由一国政府、金融机构、工商企业在国外金融市场上发行或者国际组织在一国金融市场上发行的，以外国货币标明面值的债券。

国际债券的发行人和投资者属于不同的国家，债券发行人属于一个国家，而发行地点在另一个国家，且债券面额不用发行者所在国的货币计值，而是以外币计值。

§2 国际债券的特点

国际债券具有如下四个特点：

第一，筹资面广。国际债券是在国际金融市场上发行，筹资对象广泛，市场潜力巨大。

第二，期限长、数额大、使用不受限制。通过国际债券所筹集的资金，都是数额大，且期限较长的长期资金，偿还期一般在10年，最长者达25年以上。国际债券也没有附加条件，资金使用比较自由。

第三，安全性高。国际债券的发行人主要是各国政府、国际组织或一些大公司，其信用等级较高，而且通常还可以得到一个主权国家以普通责任能力或“付款承诺”的保证，因此安全性较高。

第四，存在汇率风险。国际债券的计价货币通常是国际通用货币，发行人筹集到的资金是一种可通用的自由外汇资金，汇率一旦发生波动，发行人和投资者都有可能蒙受损失或得到收益，国际债券存在汇率风险。

§3 国际债券的分类

根据债券发行时所用货币与发行地点的不同，国际债券可分为外国债券和欧洲债券。

（1）外国债券

外国债券是一国政府、金融机构、工商企业在国外金融市场上或者国际组织在一国金融市场上发行的，以所在国货币计值的债券。

一般来说，外国债券偿还期限长，所筹资金可以自由运用。但是由于其发行会引起两国之间的资金流通，发行时一方面要受到本国外汇管理条例的制约，另一方面还要得到发行地所在国货币当局的批准，遵守当地有关债券的管理规定，因此，手续比较繁琐，限制也比较多。

目前世界上主要的外国债券市场在美国、日本、瑞士和德国。外国债券主要有扬基债券、武士债券和龙债券。

第一，扬基债券。扬基债券是在美国债券市场上发行的外国债券，即美国以外的政府、金融机构、工商企业和国际组织在美国国内市场发行的、以美元为计值货币的债券。“扬基”一词英文为“Yankee”，意味“美国佬”，由于在美国发行和交易的外国债券都是同“美国佬”打交道，故名扬基债券。

扬基债券具有如下几个特点：第一，期限长。扬基债券的期限通常为5～7年，一些信誉好的大机构发行的扬基债券期限甚至可达20～25年。第二，数额大。近年来，扬基债券发行额平均每次都在7500万到1.5亿美元之间，有些大额发行甚至高达几亿美元。第三，发行者以外国政府和国际机构为主，投资者以人寿保险公司、储蓄银行等机构为主。第四，无担保发行数量比有担保发行数量多，但非常重视信用评级，因为评级结果与债券销售有密切的关系。

扬基债券存在的时间已经很长，但在20世纪80年代以前，扬基债券的发行受到美国政府十分严格的控制，发行规模不大。20世纪80年代中期以来，美国国会通过了证券交易修正案，简化了扬基债券发行手续，之后，扬基债券市场有了一定的发展。

第二，武士债券。武士债券是在日本债券市场上发行的外国债券，即日本以外的政府、金融机构、工商企业和国际组织在日本国内市场发行的以日元为计值货币的债券。“武士”是日本古时的一种很受尊敬的职业，后来人们习惯将一些带有日本特性的事物同“武士”一词连用，武士债券也因此得名。

武士债券均为无担保发行，典型期限为3～10年，一般在东京证券交易所交易。

武士债券发行晚于扬基债券，第一笔武士债券发行于1970年，早期武士债券的发行者主要是国际机构。1973～1975年由于受到世界石油价格暴涨的影响，日本国际收支恶化，武士债券的发行相应中断。1980年代以后，日本贸易出现巨额顺差，国内资金充裕，日本放宽了对外国债券发行的限制，武士债券发行量大幅度增加。

第三，龙债券。龙债券是以非日元的亚洲国家或地区货币发行的外国债券。

龙债券是东亚经济迅速增长的产物。从1992年起，龙债券得到了迅速发展。龙债券在亚洲地区挂牌上市，其典型偿还期限为3～8年。龙债券对发行人的资信要求较高，一般为政府及相关机构。龙债券的投资人包括官方机构、中央银行、投资基金及个人投资者。

（2）欧洲债券

欧洲债券是一国政府、金融机构、工商企业在国外金融市场上或者国际组织在一国金融市场上发行，以第三国货币计值的债券。

欧洲债券的发行人、发行地以及面值货币分别属于三个不同的国家。例如，法国一家机构在英国债券市场上发行的以美元为面值的债券即为欧洲债券。

欧洲债券产生于1960年代，此后得到了迅速的发展，目前已成为最大的国际债券种类。欧洲债券市场之所以对投资者和发行者有如此巨大的魅力，主要出于如下优点。

第一，欧洲债券市场是一个完全自由的市场，债券发行较为自由灵活，既不需要向任何监督机关登记注册，又无利率管制和发行数额限制，还可以选择多种计值货币。

第二，发行欧洲债券筹集的资金数额大、期限长，而且对财务公开的要求不高，方便筹资者筹集资金。

第三，欧洲债券通常由几家大的跨国金融机构办理发行，发行面广，手续简便，发行费用较低。

第四，欧洲债券的利息收入通常免交所得税。

第五，欧洲债券以不记名方式发行，并可以保存在国外，适合一些希望保密的投资者的需要。

第六，欧洲债券安全性和收益率高。欧洲债券发行者多为大公司、各国政府和国际机构，它们一般都有很高的信誉，对投资者来说是比较可靠的。同时，欧洲债券的收益率也较高。

本章重要提示

国债市场、金融债券市场、企业债券市场和国际债券市场运作的原理和实务。

本章总结

1. 债券是政府、金融机构、工商企业等机构直接向社会借债融资时，向投资者发行的约定在一定期限还本付息的证券。

2. 债券的构成因素包括：票面价值；价格；偿还期限；票面利率。

3. 债券有如下特点：偿还性；流通性；安全性；收益性。

4. 根据不同的标准，债券可以有不同分类。按发行主体分类，债券可分为政府债券、金融债券和企业债券。按利息支付方式分类，债券可分为还本付息债券、贴现债券和剪息债券。按利率是否固定分类，债券可分为固定利率债券和浮动利率债券。按是否记名分类，债券可分为记名债券和不记名债券。按有无担保分类，债券可分为担保债券和信用债券。按形态分类，债券可分为实物债券、凭证式债券和电子记账式债券。按发行方式分类，债券可分为公募债券和私募债券。按计息方式分类，债券可分为单利债券、复利债券、贴现债券和累进利率债券。

5. 国债是国家债券的简称，是指中央政府为筹集资金而发行的债券，是中央政府向投资者出具的、承诺在一定时期支付利息和到期偿还本金的债权债务凭证。国债具有以下四个特点：安全性高；流动性强；收益稳定；免税待遇。

6. 按偿还期限分类，国债可分为短期国债、中期国债和长期国债。按券面形式分类，国债可分为凭证式国债、无记名（实物）国债和记账式国债。

7. 中国国债的形式主要是凭证式国债和记账式国债。

8. 金融债券是由商业银行和非银行金融机构为筹集资金而发行的债券。我国金融债券的发行主体为：政策性银行、商业银行、企业集团财务公司以及其他金融机构等。金融债券具有如下三个特点：信用度较高；利率形式灵活，收益稳定；债券期限以中长期为主。

9. 按利息的支付方式分类，金融债券可分为附息金融债券和贴现金融债券。按发行条件分类，金融债券可分为普通金融债券和累进利息金融债券。

10. 商业银行次级债券是指商业银行发行的、本金和利息的清偿顺序列于商业银行其他负债之后，先于商业银行股权资本的债券。

11. 商业银行混合资本债券是指商业银行为补充附属资本发行的、清偿顺序位于股权资本之前但列在一般债务和次级债务之后、期限在15年以上、发行之日起10年内不可赎回的债券。

12. 企业债券是企业依照法定程序发行、约定在一定期限内还本付息的债券。企业债券具有如下三个特点：风险性较大；收益率较高；可给予投资者一定的选择权。

13. 按有无担保分类，企业债券可分为信用企业债券、抵押企业债券和保证企业债券。按是否可提前赎回分类，企业债券可分为可提前赎回企业债券和不可提前赎回企业债券。按是否给予投资者选择权分类，企业债券可分为附有选择权的企业债券和未附选择权的企业债券。

14. 我国的公司债券，是指公司依照法定程序发行、约定在一定期限内还本付息的有价证券。

15. 国际债券是由一国政府、金融机构、工商企业在国外金融市场上发行或者国际组织在一国金融市场上发行的，以外国货币标明面值的债券。国际债券具有如下四个特点：筹资面广；期限长、数额大、使用不受限制；安全性高；存在汇率风险。

16. 根据债券发行时所用货币与发行地点的不同，国际债券可分为外国债券和欧洲债券。

本章需要掌握的内容和概念

债券　国债　凭证式国债　记账式国债　金融债券

商业银行次级债券　商业银行混合资本债券　企业债券

公司债券　国际债券　外国债券　欧洲债券

思考题

1. 什么是债券，债券有哪些主要分类？
2. 试述我国国债市场的运作。
3. 金融债券有哪些种类？
4. 你怎么理解中国企业债券市场的发展？

第4章 投资基金市场

本章概要

本章对证券投资基金、对冲基金、私募股权基金的概念和运作进行了详细的阐述。

学习目标

理解证券投资基金、对冲基金、私募股权基金的概念，并掌握证券投资基金、对冲基金、私募股权基金的运作。

我曾经是一个禁止地雷条约的积极支持者，但是，我的基金却持有一个生产地雷的公司的股票。我只好卖掉这些股票，虽然这是一项很有吸引力的投资。

——索罗斯

第1节　证券投资基金

§1　证券投资基金的概念

（1）证券投资基金的定义

证券投资基金是一种利益共享、风险共担的集合投资方式，即通过公开发行基金份额，集中投资者的资金，由基金管理人管理，由基金托管人托管，以集合投资的方式进行证券投资。

（2）证券投资基金的特点

证券投资基金的主要有以下六个特点。

①集合理财，专业管理。基金将众多投资者的资金集中起来，委托基金管理人进行投资，有利于发挥资金的规模优势，降低投资成本，是一种集合理财行为。基金管理人一般拥有大量专业的投资研究人员和完善的投资决策机制，投资者将资金交给基金管理人管理，能够享受专业化的投资管理服务。

②组合投资，分散风险。在投资活动中，风险和收益总是并存的，而

通过分散的多样化投资能够降低投资风险。但是，中小投资者由于资金实力受限，很难实现分散的多样化投资。而投资基金通过汇集众多投资者的小额资金，形成雄厚的资金实力，可以进行科学的组合，进行分散投资，实现资产组合的多样化，从而降低了投资风险。因此，组合投资、分散风险是证券投资基金的一大特色。

③利益共享，风险共担。证券投资基金投资收益在扣除基金应承担的费用后，盈余全部归基金投资者所有。基金投资者依其所持基金份额的多少享受证券投资基金的收益，也承担亏损的风险。基金管理人、托管人只能按照规定收取一定的管理费、托管费，并不得参与基金收益的分配。

④独立托管，资产安全。资产托管是基金运作的基本制度。基金管理人负责基金的投资运作，但并不保管基金财产。基金财产由完全独立于管理人的托管人负责保管，以确保基金资产的安全。

⑤买卖方便，易于变现。基金的买卖程序简便，投资者易于投资和变现。一般而言，对开放式基金，投资者既可以向基金管理人直接申购或赎回基金，也可以通过商业银行、证券公司等代理销售机构申购或赎回。封闭式基金一般在证券交易所上市交易，买卖程序与股票相似，投资者可通过交易所买卖封闭式基金。

⑥监管严格，信息透明。为确实保护投资者利益，各国证券监管机构均对基金业实行严格的监管，并强制基金进行较为充分的信息披露，以便于投资者了解信息和进行投资决策。

§2 证券投资基金的种类

根据不同的标准，证券投资基金可以进行不同分类，这里介绍几种主要的分类。

(1) 开放式基金和封闭式基金

根据基金份额是否可增加或减少，证券投资基金可分为开放式基金和封闭式基金。

开放式基金是指投资者可以随时向基金管理人或其代理销售机构申购或赎回，因而规模不是固定不变的证券投资基金。

封闭式基金是相对于开放式基金而言的，是指基金规模在发行完毕后和规定的期限内，基金规模固定不变的投资基金。

开放式基金和封闭式基金的主要区别如下：

第一，基金规模的可变性不同。封闭式基金均有明确的存续期限（我国现有的封闭基金，存续期一般为15年)，在此期限内已发行的基金份额不能被赎回。虽然特殊情况下此类基金可进行扩募，但扩募应具备严格的法定条件。因此，在正常情况下，基金规模是固定不变的。而开放式基金所发行的基金份额是可赎回的，而且投资者在基金的存续期间内也可随意申购基金份额，导致基金的资金总额每日均不断地变化。换言之，它始终处于“开放”的状态。这是封闭基金与开放基金的根本差别。

第二，基金份额的买卖方式不同。封闭式基金发起设立时，投资者可以向基金管理人或销售机构认购；当封闭式基金上市交易时，投资者又可在证券交易所按市价买卖。而投资者投资于开放式基金时，则可以随时向基金管理人或代理销售机构申购或赎回。

第三，基金份额的买卖价格形成方式不同。封闭式基金因在交易所上市，其买卖价格受市场供求关系影响较大：当市场供小于求时，基金份额买卖价格可能高于每份基金份额资产净值，这时投资者拥有的基金资产就会增加；当市场供大于求时，基金价格则可能低于每份额资产净值。而开放式基金的买卖价格是以单位基金资产净值为基础计算的，可直接反映基金份额资产净值的高低。在基金的买卖费用方面，投资者在买卖封闭式基金时与买卖上市股票一样，也要在价格之外付出一定比例的证券交易税和手续费；而开放式基金的投资者需缴纳的相关费用（如首次认购费、赎回费）则包含于基金价格之中。

第四，基金的投资策略不同。由于封闭式基金不能随时被赎回，其募集得到的资金可全部用于投资，这样基金管理公司便可据以制定长期的投资策略，取得长期经营绩效。而开放式基金则必须保留一部分现金，以便投资者随时赎回，而不能尽数地用于长期投资，一般投资于变现能力强的资产。

(2) 公司型基金和契约型基金

根据组织形式的不同，证券投资基金可分为公司型基金和契约型基金。

契约即合同，契约型基金是基金投资者和基金管理人、基金托管人订立基金合同而组建的投资基金。基金管理公司依据法律、法规和基金合同负责基金的经营和管理操作；基金托管人负责保管基金资产，执行管理人的有关指令，办理基金名下的资金往来；投资者通过购买基金份额，享有基金投资收益。英国、日本和中国香港、台湾地区的基金多是契约型基金。我国《基金法》所规定的基金即为契约型基金。

公司型基金，是具有共同投资目标的投资者参照公司的组织架构组成以营利为目的、投资于特定对象（如各种有价证券、货币）的股份制投资公司。这种基金通过发行股份的方式筹集资金，是具有法人资格的经济实体。基金持有人既是基金投资者又是公司股东，按照公司章程的规定，享受权利、履行义务。公司型基金成立后，通常委托特定的基金管理公司运用基金资产进行投资。基金资产的保管则委托托管人，托管人的主要职责是保管基金资产并执行基金管理人的指令，二者权责分明。基金资产独立于基金管理人和托管人的资产之外，即使受托的金融保管机构破产，受托保管的基金资产也不在清算之列。美国的基金多为公司型基金。

契约型基金与公司型基金的主要区别有以下几点：

第一，法律依据不同。契约型基金是依照基金合同组建的，体现了信托关系，基金按照基金合同来运作；公司型基金是依照公司的组织结构组建的，基金依据公司章程来经营。

第二，法人资格不同。契约型基金不具有法人资格，而公司型基金本身就是具有法人资格的股份有限公司。

第三，投资者的地位不同。契约型基金的投资者是信托关系下的受益人，公司型基金的投资者则是公司的股东。

从投资者的角度看，这两种投资方式没有太大的区别，至于一个国家采取哪一种方式好，要根据具体情况进行分析。目前，一些国家和地区都采用两种形态并存的办法，力求把两者的优点都利用起来。

(3) 股票基金、债券基金、货币市场基金和混合基金

根据投资对象的不同，证券投资基金可分为股票基金、债券基金、货币市场基金和混合基金。

股票基金是以股票为投资对象的证券投资基金，是证券投资基金的主要种类。依据中国证监会颁布的《证券投资基金运作管理办法》的规定，60%以上的基金资产投资于股票的基金为股票基金。

债券基金是一种以债券为投资对象的证券投资基金，它通过集中众多投资者的资金，购买债券进行组合投资，寻求较为稳定的收益。按照《证券投资基金运作管理办法》的规定，80%以上的基金资产投资于债券的基金为债券基金。债券基金的波动性通常要小于股票基金，因此一般为风险承受能力较低的投资者所喜爱。

货币市场基金是指仅投资于货币市场工具的基金。根据中国证监会、中国人民银行颁布的《货币市场基金管理暂行规定》，其投资范围包括：

现金；一年以内（含一年）的银行定期存款、大额存单；剩余期限在397天以内（含397天）的债券；期限在一年以内（含一年）的中央银行票据；中国证监会、中国人民银行认可的其他具有良好流动性的货币市场工具。

混合基金是同时投资于股票、债券、货币市场工具或其他金融产品的基金。按照中国证监会颁布的《证券投资基金运作管理办法》的规定，投资于股票、债券和货币市场工具，并且股票投资和债券投资的比例与股票基金和债券基金不一致的，为混合基金。

§3 证券投资基金的当事人

(1) 基金持有人

基金持有人是指购买并持有基金份额的个人或机构，也就是基金的投资者，他们是基金的实际所有者。

一般来说，基金持有人权利包括：

第一，分享基金财产收益。

第二，参与分配清算后的剩余基金财产。

第三，依法转让或者申请赎回其持有的基金份额。

第四，按照规定要求召开基金持有人大会。

第五，对基金持有人大会的审议事项行使表决权。

第六，查阅或者复制公开披露的基金信息资料。

第七，对基金管理人、基金托管人、基金份额发售机构损害其合法权益的行为依法提起诉讼。

第八，基金合同约定的其他权利。

基金持有人在享有上述权利的同时，还有履行基金合同或者基金章程规定的义务。

(2) 基金管理人

基金管理人，是指接受基金投资者的委托，凭借专门的知识与经验，运用所管理基金的资产，根据法律、法规及基金合同或基金章程的规定，按照科学的投资组合原理进行投资决策，谋求所管理的基金资产不断增值，并使基金持有人获取最大收益的机构。

基金管理人的职责主要有：

第一，依法募集基金，办理或者委托经中国证监会认定的其他机构代为办理基金份额的发售、申购、赎回和登记事宜。

第二，办理基金备案手续。

第三，对所管理的不同基金财产分别管理、分别记账，进行证券投资。

第四，按照基金合同的约定确定基金收益分配方案，及时向基金份额持有人分配收益。

第五，进行基金会计核算并编制基金财务会计报告。

第六，编制中期和年度基金报告。

第七，计算并公告基金资产净值，确定基金份额申购、赎回价格。

第八，办理与基金财产管理业务活动有关的信息披露事项。

第九，召集基金份额持有人大会。

第十，保存基金财产管理业务活动的记录、账册、报表和其他相关资料。

第十一，以基金管理人的名义，代表基金份额持有人利益行使诉讼权力或者实施其他法律行为。

基金管理人是基金资产的管理和运用者，基金收益的好坏取决于基金管理人的投资运作水平，投资者的利益与基金管理人的素质密切相关。各个国家或地区对基金管理人的任职资格都有比较严格的限定，只有具备一定条件的机构才能担任基金管理人。一般而言，申请成为基金管理人的机构要依照本国或本地区的有关法规，经政府有关主管部门审核批准后，方可取得基金管理人的资格。

(3) 基金托管人

基金托管人是为基金资产提供安全保管及清算交割等服务的机构。为了保证基金资产的安全，基金应按照资产管理和保管分开的原则进行运作，并由专门的基金托管人保管基金资产。从某种程度上来说，基金托管人和基金管理人是一种既相互合作，又相互制衡、相互监督的关系。鉴于基金托管人的重要性，有人把基金托管人誉为“基金安全的守护神”。

基金托管人应当履行下列职责：

第一，安全保管基金财产。

第二，按照规定开设基金财产的资金账户和证券账户。

第三，对所托管的不同基金财产分别设置账户，确保基金财产的完整与独立。

第四，保存基金托管业务活动的记录、账册、报表和其他相关资料。

第五，按照基金合同的约定，根据基金管理人的投资指令，及时办理清算、交割事宜。

第六，办理与基金托管业务活动有关的信息披露事项。

第七，对基金财务会计报告、中期和年度基金报告出具意见。

第八，复核、审查基金管理人计算的基金资产净值和基金份额申购、赎回价格。

第九，按照规定召集基金份额持有人大会。

第十，按照规定监督基金管理人的投资运作。

由于基金托管人在基金运作中扮演非常重要的角色，境外对基金托管人的任职资格都有严格的规定，一般都要求由商业银行及信托投资公司等金融机构担任，并有严格的审批程序。在我国，根据《基金法》及中国证监会、中国银监会颁布的《证券投资基金托管资格管理办法》规定，只有经中国证监会和中国银监会核准，取得基金托管资格的商业银行才能担任基金托管人。

§4 证券投资基金的运作

证券投资基金的运作包括：基金的设立、基金的发行与交易、基金投资管理、信息披露、基金终止。

（1）基金的设立

发起设立基金的机构称为基金发起人。发起人在基金设立过程中的行为构成发起人行为，发起人是完成筹办基金法定程序的执行者和代表者，发起人行为构成基金的设立行为。如果基金设立成功，因发起人行为而产生的权利和义务转由基金持有人承担；如果基金未设立成功，发起人行为所引起的权利和义务则由发起人自己承担。一般来说，基金发起人由基金管理人担任。

设立基金，应当具备下列条件：

第一，有明确的组织形式和运作方式。

第二，有合法的投资方向和明确的投资策略。

第三，有合格的基金管理人和基金托管人。

第四，法律、行政法规和监管机构规定的其他条件。

申请设立基金，一般要完成以下工作：

第一，基金发起人准备各种法律文件，包括申请报告、基金合同或者基金章程、招募说明书等。

第二，基金发起人准备好各种文件后，上报到监管机构。监管机构对这些文件进行审核，如果符合有关标准，则批准基金发起人公开发行基金。

第三，基金发起人在收到监管机构批准后，于发行前公布招募说明书，并公告具体的发行方案。

（2）基金的发行与交易

基金的发行也叫基金的募集，它是指基金发起人在其设立或扩募基金的申请获得监管机构批准之后，向投资者推销基金份额、募集资金的行为。

常见的基金发行方式有四种：

第一，直接销售发行，基金不通过任何专门的销售部门直接销售给投资者。

第二，包销方式，基金由经纪人按基金的资产净值买入，然后再以公开销售价格专卖给投资人。

第三，销售集团方式，由包销人牵头组成几个销售集团，基金由各销售集团的经纪人代销。

第四，计划公司方式，在基金销售过程中，有一公司（即计划公司）在基金销售集团和投资人之间充当中间销售人，以使基金能以分期付款的方式销售出去。

基金的交易是在基金发行之后进行的买卖活动。封闭式基金一般是在证券交易所挂牌上市交易，开放式基金一般不到证券交易所挂牌上市交易，而是通过指定的销售网点进行申购或赎回。

（3）基金投资管理

基金投资管理的核心问题是投资目标和投资政策，投资目标是指基金所追求的收益类型，投资政策是基金实现投资目标的手段。不同类型的基金有不同的投资目标和投资政策，投资目标和投资政策通常是在基金招募说明书中列明。

一般来说，任何基金的主要投资目标都是下列三个目标之一：当期收入；资本利得；当期收入和资本利得。不同基金有不同的投资目标。基金投资目标一般都在基金招募说明书中阐述，投资目标一旦确定，如果没得到投资者同意，就不能轻易改变。

投资政策是指为了实现基金投资目标，基金所选择的投资资产类型和所采取的投资策略。每个基金都需要在招募说明书中陈述它的投资政策，以使现有的和潜在的投资者了解基金投资资产类型和投资策略。具体来说，投资政策涉及这样一些内容：投资资产类别和组合；投资策略；投资限制。

(4) 信息披露

信息披露是法律规定的保护投资者利益的重要手段。由于投资者涉及众多的投资者利益，而且在基金运作中，由于投资者和基金管理人之间存在委托代理关系，信息不对称问题就非常明显。投资者和基金管理人之间的信息不对称可能导致基金管理人利用信息优势损害投资人利益，这个问题如果不加以有效解决，必然对基金业产生不利影响。因此，为了保护投资者利益，充分的信息披露是非常重要的。

(5) 基金终止

有下列情形之一，基金将终止：

第一，封闭式基金存续期末未续期的。

第二，基金持有人大会决定终止的。

第三，原基金管理人、基金托管人职责终止，没有新基金管理人、基金托管人承接的。

第四，基金契约或者基金章程规定的其他情形。

第2节 对冲基金

§1 对冲基金的概念

(1) 对冲基金的定义

对冲基金（hedge fund）是一种私募的投资基金，以各种公开交易的有价证券和金融衍生工具为投资对象，其投资策略包括一般投资基金所不具备的对冲套利操作，即具备多空双向运作机制，可灵活运用各种衍生金融产品、杠杆工具进行避险或套利。

(2) 对冲基金的特点

对冲基金有以下四个特点。

①投资活动的复杂性。近年来，结构日趋复杂、花样不断翻新的各类金融衍生产品，如期货、期权、掉期等逐渐成为对冲基金的主要操作工具。这些衍生产品本为对冲风险设计，但因其低成本、高风险、高回报的特性，成为许多现代对冲基金进行投机行为的得力工具。对冲基金将这些金融工具配以复杂的组合设计，根据市场预测进行投资，在预测准确时获

取超额利润，或是利用短期市场波动而产生的非均衡性设计投资策略，在市场恢复正常状态时获取差价。

②投资效应的高杠杆性。典型的对冲基金往往利用银行信用，以极高的杠杆借贷在其原始基金量的基础上几倍甚至几十倍地扩大投资资金，从而达到最大程度获取回报的目的。对冲基金的证券资产的高流动性，使得对冲基金可以利用基金资产方便地进行抵押贷款。一个资本金只有 1 亿美元的对冲基金，可以通过反复抵押其证券资产，贷出高达几十亿美元的资金。这种杠杆效应的存在，使得在一笔交易后扣除贷款利息，净利润远远大于仅使用 1 亿美元的资本金运作可能带来的收益。同样，也恰恰因为杠杆效应，对冲基金在操作不当时往往亦面临超额损失的巨大风险。

③筹资方式的私募性。对冲基金的组织结构一般是合伙人制，基金投资者以资金入伙，提供大部分资金但不参与投资活动；基金管理者以资金和技能入伙，负责基金的投资决策。由于对冲基金在操作上要求高度的隐蔽性和灵活性，因而在美国对冲基金的合伙人一般控制在 100 人以下，而每个合伙人的出资额在 100 万美元以上。由于对冲基金多为私募性质，从而规避了美国法律对公募基金信息披露的严格要求。由于对冲基金的高风险性和复杂的投资机理，许多西方国家都禁止其向公众公开招募资金，以保护普通投资者的利益。为了避开美国的高税收和美国证券交易委员会的监管，在美国市场进行操作的对冲基金一般在巴哈马和百慕大等一些税收低、管制松散的地区进行离岸注册，并仅限于向美国境外的投资者募集资金。

④操作的隐蔽性和灵活性。对冲基金与面向普通投资者的证券投资基金不但在基金投资者、资金募集方式、信息披露要求和受监管程度上存在很大差别，在投资活动的公平性和灵活性上也存在很多差别。证券投资基金一般有较明确的资产组合定义，即在投资工具的选择和比例上有确定的方案，如平衡型基金指在基金组合中股票和债券大体各半，增长型基金只侧重于高增长性股票的投资；同时，共同基金不得利用信贷资金进行投资，而对冲基金则完全没有这些方面的限制和界定，可利用一切可操作的金融工具和组合，最大限度地使用信贷资金，以牟取高于市场平均利润的超额回报。由于操作上的高度隐蔽性和灵活性以及杠杆融资效应，对冲基金在现代国际金融市场的投机活动中担当了重要角色。

§2　对冲基金的结构

为了规避大多数证券法律，对冲基金通常被设计为有限合伙制结构。在对冲基金中有两类合伙人，一般合伙人（GP）和有限合伙人（LP）。GP是对冲基金的发起人，处理对冲基金的所有交易和日常运营。LP贡献了大多数的资金，但是不涉及交易或日常运营。典型的GP实体是一个有限责任合伙结构（LLP），选择有限责任合伙结构是因为有限合伙结构中GP只对其在有限合伙结构中的投资部分责任。GP通常就是基金的管理人，有时GP根据投资顾问的建议确定投资机会。

GP和LP通常签署合伙协议。合伙协议包括下列事项：

第一，投资目标、策略和风险因素。

第二，何时有限合伙人可以投资、增加投资和撤回资金。

第三，关于管理费和激励费的细节。

第四，如何处理全额撤资的细节。

§3　对冲基金的类型

对冲基金管理人使用不同的管理类型，并遵循不同的交易策略。投资者的风险取决于基金的类型。表4.1列出了对冲基金的类型。

表4.1　对冲基金的类型

风格	定义	持有期	预期的波动性
新兴市场型	投资于新兴市场，某些市场不允许卖空，因此管理人必须利用其他方式对冲	短期/中期	非常高
只做空型	只进行证券做空	中期	非常高
宏观操作型	采取策略从主要的货币或利率变化中获利	中期	非常高
板块操作型	投资于市场的特定板块	中期	高
投资于困境公司型	主要投资于濒临破产倒闭或处于重组中的公司债券	中期/长期	中等
增长型	主要投资于高增长型公司	中期/长期	中等
风险套利型	对目标公司做多，同时对收购方做空	中期	中等
可转换套利型	对可转换证券做多，对基础股票做空	中期	低
高收益型	主要投资于非投资级证券	中期	中等
事件驱动型	根据预期的事件采取操作	中期	中等

续表

风格	定义	持有期	预期的波动性
价值型	主要侧重于内在价值：资产、现金流量账面价值和失宠的股票	长期	低/中等
机会主义型	短期内激烈操作交易	短期	低/中等
市场中立型	组合头寸以创造零贝塔	短期/中期	低
收敛（趋同）型	发掘各种证券之间暂时的脱轨关系，当这种关系恢复到正常水平时即可获利	短期/中期	低

第3节　私募股权投资基金

§1　私募股权投资基金的概念

(1) 私募股权投资基金的定义

私募股权投资基金（private equity，PE）是指以非公开发行股权为投资对象的私募基金。

私募股权投资基金的运作流程可以用四个字概括：募、投、管、退，即募集和设立、投资、投资后管理、退出。

私募股权投资基金通过私募形式募集设立，然后投资于非公开发行股权，参与被投资企业的管理并提供增值服务，最后通过上市、并购等方式退出并获利。

(2) 私募股权投资基金的特征

私募股权投资基金有以下几个特征：

第一，在资金募集上，PE采取私募的形式，在募集对象上为特定的机构和个人，在募集方式上为非公开，不通过公开市场进行销售，而是基金发起人通过与投资者私下协商、召开专门的路演会等方式进行。

第二，在投资方式上，PE采取股权性投资方式，主要为普通股、优先股或可转债等，投资对象主要为未上市、高成长的企业，投资期限一般为3到8年。

第三，在投资管理后，PE参与被投资企业的经营管理并提供增值服务。

第四，在退出机制上，PE基本上是“以退为进、为卖而买”，因此，PE在投资之前就设置了退出机制，约定上市、并购等退出渠道，如果找不到退出渠道，就不会投资。

§2 私募股权投资基金的分类

根据不同标准，PE可以有不同分类。

（1）风险投资基金、成长型基金和收购基金

根据主要投资对象所处的企业发展阶段不同，私募股权投资基金可以分为创业投资基金（venture capital）、成长基金（development capital）和收购基金（buy - out fund）。

创业投资基金也叫风险投资基金，是以创业期企业为主要投资对象的私募股权投资基金。成长基金是以成长期企业为主要投资对象的私募股权投资基金。收购基金是以成熟期企业为主要投资对象的私募股权投资基金。见图4.1。

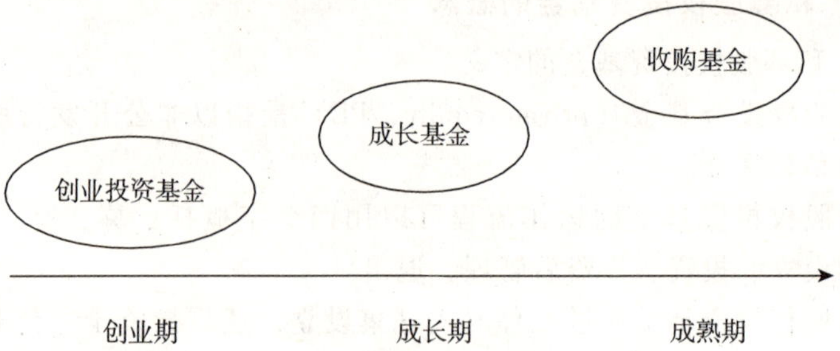

图4.1 创业投资基金、成长基金和收购基金

（2）公司制基金、信托制基金和有限合伙制基金

根据组织形式的不同，私募股权投资基金可以分为公司制基金、信托制基金和有限合伙制基金。

①公司制私募股权投资基金。公司制私募股权投资基金是一种法人型基金，采取股份有限制或者有限责任制的投资公司形式。

在公司制私募股权投资基金中，投资者是公司股东，依法享有股东权利，并以其出资为限对公司债务承担有限责任。基金管理人通常以两种形式参与投资管理：一种是以公司常设董事身份作为公司高级管理人员直接参与投资管理；另一种是以外部管理公司的身份接受私募股权投资基金委托进行投资管理。

公司制私募股权投资基金的优点在于：第一，公司制在很多国家比合伙制、信托制有着更悠久的历史和更为健全的法律环境，进而使得这些国

家的公司制有着更完整的组织结构和更规范的管理系统，可以有效降低运作风险。第二，公司制的注册资本金制度，使得公司股东的退出只能通过转让股份而不能抽回投资，因此能够维持公司的资金稳定。第三，公司制基金是独立的企业法人，因此，可以通过借款来筹集资金，这在合伙制和信托制中则不可行。第四，公司制的有限责任，意味着全体股东以其出资额为限承担有限责任。

但公司制私募股权投资基金也存在以下不足：第一，公司制存在双重纳税问题，即公司制私募股权投资基金本身要缴纳所得税，投资者获得分红后，还得缴纳所得税。第二，公司制的注册资本金制度，在维持资金稳定的同时，也可能产生资金闲置的问题，即投资者出资到位至资金投资到位可能存在一个时间差。第三，公司制与合伙制和信托制相比，在管理人激励机制方面，存在较大限制。第四，公司制设置股东会、董事会、监事会和管理层，多重机构的协调和制衡可能导致决策效率较低。

在20世纪40年代，私募股权投资基金在美国诞生之初，即采用公司制，但在20世纪70年代逐步转向有限合伙制，一个主要原因是美国的有限合伙制能够避免公司制的双重纳税问题。但在欧洲和我国台湾地区，因为公司制私募股权投资基金能够在不同程度上享受一些优惠政策，因此，私募股权投资基金仍然主要采用公司制。

②信托制私募股权投资基金。信托制私募股权投资基金是由管理人与信托公司合作，通过发行集合资金信托募集资金，然后进行股权投资运作。

在信托制私募股权投资基金中，投资者的身份是委托人兼受益人，将资金委托给受托人，受托人以自己的名义进行股权投资运作。信托制私募股权投资基金可以利用一家信托投资公司作为受托人发行信托进行融资，基金管理人则作为受托人雇佣的投资顾问公司参与投资管理，也可以由基金管理人直接作为受托人。

信托制私募股权投资基金有如下优点：第一，信托本身不是应税主体，不需要缴纳所得税，只有投资者需要对取得的信托收益缴纳所得税，因此，信托制避免了双重纳税。第二，信托制中，投资者只以信托资金为限承担责任，因此，投资者承担有限责任。第三，信托制实质上是一种契约式法律关系，因此，信托各方可以通过契约进行相关约定，因此在管理人激励机制方面比较灵活。第四，信托制中，资金一步到位，因此，保证了资金的稳定。

但信托制私募股权投资基金也存在以下不足：第一，资金一步到位，同样存在资金闲置问题。第二，信托制不具备法人资格，因此无法通过借款筹集资金。第三，信托制中，投资者基本处于被动状态，基本上难以干预到受托人和基金管理人的决策。

③有限合伙制私募股权投资基金。有限合伙制私募股权投资基金中，投资者作为合伙人参与投资，依法享有合伙企业财产权。基金发起人作为普通合伙人代表基金对外行使民事权利，并对基金债务承担无限责任，其他投资者作为有限合伙人以其认缴的出资额为限对基金承担有限责任。

有限合伙制私募股权投资基金的一个简单结构见图4.2。

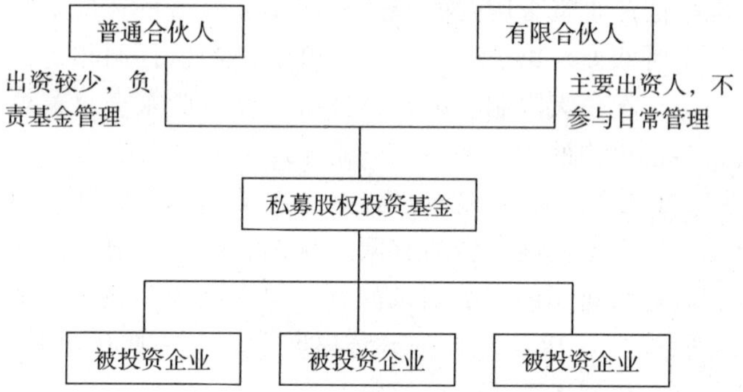

图4.2 有限合伙制私募股权投资基金的结构

目前，有限合伙制是私募股权投资基金主流模式，这主要由有限合伙制私募股权投资基金的如下优势所决定。

第一，各合伙人权利义务分明。有限合伙制私募股权投资基金中，有限合伙人与普通合伙人承担的责任不同，这也就决定了他们对有限合伙企业的权利也不相同，有限合伙人承担有限责任，因此仅需按照有限合伙协议约定按期、足额缴纳认缴出资，普通合伙人承担无限责任，主要负责基金投资等重大事项的管理与决策，对合伙企业的责任最主要的是尽职地执行基金事务。

第二，有效的激励机制。一般情况下，有限合伙人的投入往往占基金资金总额的99%，而普通合伙人的资金只占1%。普通合伙人作为基金的管理者，其报酬包括两个部分：一是管理费，通常占已投资金额的1%～3%；二是投资收益的提成，该部分通常占基金投资收益的10%～30%。在有限合伙制下，基金能够通过契约关系实现上述的激励机制安排。

第三，避免资金闲置问题。有限合伙企业没有公司注册资本的约束，只需要在设立时约定投资者的投资规模，因此，能够根据基金的投资进程逐步出资，避免资金闲置问题。

第四，避免双重纳税。有限合伙企业并不是独立的法人，不能独立于合伙人而存在，必须依附于各合伙人的契约关系，因此，有限合伙企业不是纳税主体，只能在合伙人环节征税，这就避免了双重征税问题。

(3) 独立型基金、附属基金和半附属基金

根据基金管理人的独立性不同，私募股权投资基金可以分为独立型基金、附属基金和半附属基金。

①独立型基金。独立型基金是PE中最为普遍的一种形式，这类基金以富有经验的基金管理人凭借信誉和业绩从各种渠道筹集资本，包括养老基金、教师退休基金、保险公司、富裕家族和大型公司等。基金管理人具体负责基金的管理，并取得相应的报酬。他们是最专业的PE的管理机构，全球最著名的几大PE，如KKR、凯雷、百仕通和红杉资本都属于此类。

②附属基金。附属基金与独立型基金不同，附属基金是一些有实力投资独立型基金的大型投资机构，如大财团、商业银行、年金基金、保险公司和捐赠基金等，为了获取更高的收益，不投资到独立型基金，而是自己成立独立的基金来进行投资，他们一般不需要对外募集资金，多数作为大型机构的分支机构，他们只管理母机构的资金。此类机构的代表为淡马锡、英特尔投资、IBM VC、迪斯尼思伟投资等。

③半附属基金。半附属基金处于独立型基金和附属基金之间，它们不仅管理母公司的资金，而且将基金管理作为母公司一项业务和重要收入来源，通过对外募集来成立更大规模的基金。虽然在机构上仍然隶属于母机构，但是所管理基金的资金来源中，来自母公司的仅占一部分。典型的如花旗、高盛、摩根士丹利、美林等旗下的直接投资基金。

(4) 国有资本为主的基金、民间资本为主的基金和国外资本为主的基金

中国的私募股权投资基金由于其发展的独特性，又可以分为国有资本为主的基金、民间资本为主的基金和国外资本为主的基金。

①国有资本为主的基金。国有资本为主的基金，主要是政府或国有企业主办的产业投资基金和创业投资公司，其特点是资金规模较大，组织结构及投资决策程序复杂，多专注于基础设施、大型水电工程等重大项目。这类基金的典型代表如渤海产业基金、中国节能投资公司、深圳市创新科技投资有限公司、中科招商基金管理有限公司等。

②民间资本为主的基金。民间资本为主的基金主要是一些民营创业投资公司、有限合伙制和信托制 PE。早期的此类基金一般采取公司制，规模都比较小，管理和运作相对灵活，创新活跃，资金多来源于国内的个人、民营企业等。新的合伙企业法和信托法出台后，这类基金较多地采用合伙制或信托制形式。随着多年的发展，这些以民间资本为主的 PE 在中国逐渐成长壮大，业务领域和实力也大大拓展。这类基金的典型代表如南海成长创业投资合伙企业、温州东海创业投资有限合伙企业、太平洋深蓝一号股权投资集合资金信托计划等。

③国外资本为主的基金。国外资本为主的基金至今仍然是中国 PE 的主角。不同于国有资本和民间资本为主的基金，在国内他们大多是只成立管理公司进行运作，但是基金都成立在海外，完全按照国外成熟的 PE 运作模式进行运作，加之基金管理人普遍具有国内外的双重背景和丰富的实际运作经验，因此，迅速地占领了大部分的中国 PE 市场。这类基金的典型代表如 IDG 技术创业投资基金、赛富投资、弘毅投资、鼎晖投资基金等。

§3 私募股权投资基金的募集与设立

(1) 私募股权投资基金的融资渠道

私募股权投资基金的融资渠道主要有：政府和其他公共机构、养老金、金融机构、基金会和富有个人。

①政府和其他公共机构。政府机构对于 PE 的投资，在 PE 的融资总额中并不占有主要地位。在欧美，这个比例通常为 7% ~8%。我国的中国投资公司对百仕通集团 30 亿美元的投资就属于这一类。尽管这一类投资者在出资比例上并不重要，但由于其具有的公共权力，对于 PE 而言往往有指标性的意义。

②养老金。养老金包括企业养老金和政府养老金两类，但实质上差不多。这一部分的资金在 PE 的融资中占有大宗。在欧洲，养老金占有 PE 融资总额的 20% 以上，而在美国更是占有 50% 以上的份额。养老基金的资金数量庞大，投资期限长，要求的回报率也不高，也是 PE 们最喜欢争取的资金来源。我国的社保基金投资于鼎晖和弘毅就是属于这一类。

③金融机构。金融机构主要包括商业银行、保险公司和其他金融机构。这些机构现金充裕，可以为 PE 提供大笔的资金。在美国，金融机构为 PE 提供了 20% 以上的资金；而在欧洲，金融机构提供了近 50% 的资金。目前，我国的商业银行不能直接投资于 PE，但银行理财资金可以投资

PE。保险公司投资PE也正在逐步放开。

④基金会。通过投资PE，很多基金会也获得了丰厚的回报。在美国这类资金占PE融资额的不到10%，在欧洲大概在15%左右。

⑤富有个人。富有个人投资占PE的资金一般只有6% ~7%，主要原因是PE的融资规模很大，但融资对象较少，单笔融资额很高，很多富人并不足以富到可以成为PE的出资人。富有个人也是我国PE的资金来源之一。

（2）私募股权投资基金设立形式

前面我们讲到，PE有公司制、信托制和有限合伙制三种组织形式，不同的组织形式在资金募集上有不同利弊，在设立的时候，应该综合考虑三种组织形式的利弊，从而选择一种最优的组织形式。

下面我们具体分析不同组织形式PE的利弊。

①资金募集的难易程度。

公司制PE往往先有投资者的投资意向，再确定组织形式，因此不存在资金募集问题。

信托制PE通过专业信托公司推介和募集，其融资渠道比较成熟，投资者对信托公司也有相对信任，相对比较容易募集资金，但关键在于基金发起人的投资能力能否获得信托公司的信任。

有限合伙制PE主要依靠普通合伙人的业绩和品牌，如果普通合伙人缺乏业绩和品牌，资金募集就比较困难。

②资金利用效率。

公司制PE要求在设立时需要资金首期到位20%，其余资金也要在3年内逐步到位。

信托制PE要求资金一次性到位，因此资金利用效率最低。

有限合伙制PE采取承诺出资制，投资者根据投资进度逐步拨付资金，因此资金利用效率最高。

③管理人的权责利。

公司制PE中，管理人本身就是投资者自身，在其出资范围内承担有限责任，投资决策权属于股东会或董事会，高管仅有提供决策建议的权利。在公司制PE中，高管的激励机制非常不充分。

信托制PE中，作为管理人的信托公司所承担的责任比较低，无需对信托运作所产生的债务承担责任，由其聘请的投资顾问也无须承担相应的法律责任，除非信托公司或投资顾问在投资过程中存在违反信托契约的行为。信托制PE通过约定确定决策委员会，虽然主要由投资顾问和信托公司参与其中，但也允许部分投资者参与决策。在激励机制上，信托制PE可以通过契约约定对管理人进行充分的激励。

有限合伙制PE中，管理人的投资决策权最大，一般基金的投资决策权仅属于普通合伙人。在激励机制上，有限合伙制PE可以通过契约约定对管理人进行充分的激励。

④税收。

公司制PE双重纳税，不仅公司需要缴纳企业所得税，投资者分配收益时还要缴纳所得税，因此税收成本最高。

信托制PE对信托本身不征税，仅在投资人分配收益时征收所得税，避免了双重纳税。

有限合伙制PE对有限合伙企业本身也不征税，仅在投资人分配收益时征收所得税，避免了双重纳税。

§4 私募股权投资基金的投资

私募股权投资基金投资一个企业，一般流程包括五个主要步骤：项目初审、签署投资意向书、尽职调查、签署正式投资协议、完成投资。

（1）项目初审

项目初审是私募股权投资基金投资流程的第一步，包括书面初审和现场初审两个部分。

①书面初审。PE对拟投资企业的书面初审，主要方式是审阅企业的商业计划书。PE通过商业计划书了解企业的相关情况，包括企业的定性和定量两个方面情况。

定性方面，PE重点关注企业的市场、商业模式和管理团队。

定量方面，PE关注企业的融资要求、预期回报率和现金流预测等数字内容。

②现场初审。现场初审，也叫初步的尽职调查。PE在仔细审查过商业计划书后，如果认为初步符合投资要求，一般会到企业现场实地走访。在这一过程中，PE的主要目的是将书面初审得出的信息与现场调查相互印证。

（2）签署投资意向书

通过项目初审，如果符合基本的投资要求，PE一般会与企业进行谈判。这轮谈判的目的在于签署投资意向书。

在整个私募股权投资基金的投资过程中，最重要的部分是投资意向书 (Term Sheet)。投资意向书囊括了与投资有关的所有关键内容，是私募股权投资基金与企业就可能达成的投资交易所作的原则性约定，也是双方未来将签订的正式投资协议的主要条款。

从理论上讲，投资意向书并没有法律约束力，但一般从信誉角度考虑，私募股权投资基金和企业双方都会遵守诺言。私募股权投资基金和企业签署了投资意向书，就意味着双方已经对投资条件的框架达成一致意见，如果接下来的尽职调查结果满意，正式投资协议只是对投资意向书的条款做进一步的细化，不会对这些条款做重大调整，否则也就失去了投资意向书的意义。

因此，我们这里对投资意向书中的重要条款进行分析。

①投资工具。尽管私募股权投资基金投资对象是股权，但投资工具并不单单就是普通股，有时候也会采取优先股或者可转债的形式。

普通股投资是一种最简单的方式，也就是 PE 向企业投资并持有相应股权。

优先股投资也就是 PE 向企业投资并持有相应股权，但 PE 所持有的股权含有一定优先权，即创始股东是企业的普通股股东，而 PE 是企业的优先股股东。这里的优先权常见的两种：优先分红权和清算优先权。

可转债（convertible loan）是私募股权投资基金的一种常见投资工具，是指 PE 认购公司发行的一种可转换为股票的债权，首先通过债务的方式向公司投资，在适当的实际，或基于一定的条件和程序，PE 有权但无义务选择转换为公司的股票。PE 之所以选择可转债，而不是直接选择股权，主要是从防范风险的角度考虑，因为，从级别上来讲，可转债属于债权，在公司经营状况不理想的情况下，优先于股权得到偿付。同时，PE 采取可转债，就有了一个可进可退的空间，如果投资人不想继续投资，要求公司偿还本金即可，如果想成为公司的股东，可行使转换权。

②清算优先权。清算优先权（liquidation preference）是指 PE 在公司清算时，有权优先于普通股股东获得约定金额的优先偿付。这里所说的清算，不单单指破产清算，以下情况视为清算：公司合并、被收购、出售控股股权以及出售主要资产，从而导致公司现有股东在占有存续公司已发行股份的比例不高于 50%。

PE 之所以要求清算优先权，首要的原因是在投资不成功走到清算的地步时，至少有一个回报的保障。其次，在公司合并、被收购、出售控股股权以及出售主要资产等视为清算的情况下，能够有一个比较理想的回报。

③优先分红权。优先分红权（dividends preference）是指作为PE的优先股股东享有的在公司宣告分派股息时，有权优先取得约定比例的股息。

PE之所以要求优先分红权，其目的并不在于通过股息收回投资及取得投资回报，而首先在于打消创始股东分红的动力，限制公司分红，从而把更多的资本留存到企业中，用于企业的后续发展。

④对赌协议。对赌协议，也叫做基于业绩的调整协议（adjustment based on performance），是一种基于公司业绩而在PE和创始股东（或管理层股东）之间进行股权调整的约定。

一般来说，对赌协议是一种双向的约定：如果达到预先设定的业绩指标，则PE向创始股东无偿转让一定股份；相反，如果达不到预先设定的业绩指标，则创始股东向PE无偿转让一定股份。

PE之所以与创始人股东签订对赌协议，其主要目的是通过一种直接跟利益挂钩的激励与惩罚机制，刺激创始股东或管理层为公司创造出更好的业绩从而也为PE带来更大的回报，同时还是锁定投资风险的一种手段。

对赌协议既可能激发公司超常规的快速增长，如蒙牛的案例，同时也可能使企业因为迫于业绩压力而陷入困境，如永乐电器的案例。

（3）尽职调查

PE在与企业达成初步投资意向后，经协商一致并签署保密协议后，PE对企业进行尽职调查（due diligence）。

PE通过尽职调查主要达到两个目的：第一，价值发现，PE只有在全面了解企业的各种情况时才能真正了解和发现企业的价值；第二，风险发现，PE只有全面了解企业，才能更好地化解目前存在或未来可能出现的各种风险。

尽职调查所涉及的主要内容包括：财务、法律、业务和管理团队。

①财务调查。财务调查主要是调查企业提供的财务数据是否真实。如果财务数据和财务报表相一致，那么当然没有问题，如果财务数据同最开始双方交流时的数据不一致，就需要进一步分析，是因为双方的理解问题，还是别的如财务造假等其他更加严重的问题。

有些项目，PE选择自己内部的财务专家进行调查，有些项目，PE会聘请专门的会计师进行调查，这取决于项目需要。

②法律调查。法律调查主要包括如下内容：

第一，股权合法性，以股权为脉络对企业的历史沿革进行调查，看股权是否存在瑕疵。

第二，资产完整性，以业务流程为主线对企业的资产进行调查，看资产的所有权是否存在问题。

第三，环保问题，即企业有没有获得相应的环保批准，或者在未来能不能拿到这些批准。

第四，法律诉讼，即调查企业是否存在诉讼或潜在诉讼。

③业务调查。业务调查不像财务调查和法律调查那样有共性，因为每个公司的业务都比较有个性。

业务调查不但要通过公司的人调查，还要向企业的客户和合作伙伴进行调查，有时甚至要向行业专家、竞争对手进行调查。

④管理团队调查。管理团队是 PE 是否投资企业的一个关键因素，从某种程度上来说，PE 投资就是投“人”，因此，管理团队的调查非常重要。

PE 会从综合素质、行业经验、管理能力、团队合作等方方面面对管理团队进行调查。

（4）签署正式投资协议

正式投资协议往往比较复杂，除了商业条款外还有复杂的法律条款。正式投资协议的商业条款，当然是以投资意向书为基础确定的。正式投资协议和投资意向书最大的不同在于，正式投资协议具有正式的法律效力，PE 和企业必须遵守。

在收购协议中，PE 和企业会确定投资模式。PE 投资中国企业，主要有三种投资模式：红筹架构、公司架构、中外合资架构。

①公司架构。所谓公司架构，就是 PE 直接投资于实际进行业务运营的国内公司。这种投资模式适用于人民币 PE。

②中外合资架构。所谓中外合资架构，就是 PE 直接投资于实际进行业务运营的国内公司，投资后，国内公司变成中外合资企业，应遵守中外合资企业法。这种投资模式适用于外币 PE。

③红筹架构。所谓红筹架构，即先由企业的创始股东在开曼群岛等地注册一家离岸公司，然后利用这家离岸公司控制实际进行业务运营的国内公司，国内公司成为外商独资企业，然后 PE 再投资于这家离岸公司，离岸公司再将钱转投入国内公司。这种投资模式适用于外币 PE。

（5）完成投资

签署正式投资协议后，就需要完成与投资相关的一系列工作，包括：

签署董事会及股东会的决议、签署新公司章程、变更董事会组成、PE出资、工商变更等。

§5 私募股权投资基金的投资后管理

私募股权投资基金从投资到退出尚有一段距离，因此，投资后管理对PE而言至关重要。一般来说，私募股权投资基金的投资后管理包括两个内容：一是参与被投资企业的管理，二是为被投资企业提供增值服务。

（1）参与企业管理

私募股权投资基金作为金融投资者，一般不会直接参与被投资企业的具体经营管理，但往往会通过以下途径获得对企业的部分管理参与权：参加董事会和监事会、推荐高级管理人员、财务监控等。

①参加董事会。PE在投资后，一般会要求在企业董事会中至少占一个董事席位，以保证其有效参与公司的经营决策，及时了解公司的经营情况。PE通过董事会，积极参与企业在发展战略、年度经营目标、对外投资、资产重组、重大资产收购、企业经营层选择及薪酬制度等重大事项的决策。

②参加监事会。监事会作为公司专门行使监督权的内部监督机构，是公司治理结构的重要组成部分。一些PE要求在公司监事会中占有主导地位，比如成为公司的监事会主席，对公司的经营管理进行监督。

③财务监控。PE在投资以后，作为外部投资者，由于信息的不对称以及资本的高风险性，其在财务方面面临较大的风险，因此一般会要求被投资企业定期提供财务报表进行审查，监控企业的财务情况。

④推荐高级管理人员。经理层是企业具体经营事务的执行者，对公司的发展起着重要作用。PE在投资后，往往会根据自己掌握的资源，向被投资企业推荐合适的高级管理人员，帮助被投资企业提高管理水平。

（2）提供增值服务

PE不是单纯的资金投资者，并不是简单向企业提供资金以后，等待回报。PE在提供资金的同时，往往会根据自身优势为企业提供增值服务，从而为企业创造价值。

PE能够为企业提供很多的增值服务，以下介绍一些主要的增值服务。

①帮助企业制定发展战略。很多被投资企业，特别是初创企业，往往不会制定中长期发展战略。而PE有着自身的优势，对于企业发展的深刻认识、拥有具有企业管理经验的专业高端人才，因此能够为被投资企业制

定各方面的中长期发展战略，帮助企业对自身的市场定位、资源整合、措施都有一个清晰的认识。

②完善公司管理。很多被投资企业往往是家族式管理甚至是江湖式管理，缺乏一套规范的、适合自身运营特点的公司治理结构和管理制度。

在 PE 投资时，往往非常注意企业的公司治理结构和管理制度，因此 PE 在投资时会向企业提供公司治理结构和管理制度方面的建议与意见，并帮助其逐步完善。

③再融资服务。一般来说，被投资企业会经历不止一轮的融资，而每一次融资都需要专业化的团队进行运作。

PE 投资企业后，一般都会帮助企业进行接下来的融资。由于投融资本来就是 PE 的本行，因此，为企业提供再融资服务对于 PE 来说是驾轻就熟的事。私募股权投资基金利用自己的经验和市场资源，帮助被投资企业筛选并找到合适的投资者。有些 PE 甚至在投资以后，要求被投资企业只能聘请其担任再融资顾问。

④并购顾问服务。企业获得投资以后，除了内部发展之外，往往还通过并购实现企业发展。而企业主要专注于自身业务经营，对在并购等资本市场能力比较薄弱，而 PE 由于长期在资本市场打拼，并购是其专长能力。因此，为被投资企业提供并购顾问协议对于 PE 而言义不容辞。

⑤帮助上市。上市是 PE 退出的首选方案，由此，熟悉上市运作是 PE 必备的能力。而对于企业来说，上市是一件复杂而困难的事情，因此，PE 往往在上市方面给企业提供大量帮助。

PE 提供的上市帮助，有些是间接的，如向企业提供一些增强自身规范运作的服务，其目的是让企业符合上市的标准，有些是直接的，如选择上市机会和中介机构、协调上市前各方的工作等。

§6 私募股权投资基金的退出

私募股权投资基金是“以退为进、为卖而买”的金融投资者，因此，PE 在投资之前就设置了退出机制，如果找不到退出渠道，就不会投资。

私募股权投资基金的退出方式主要有：上市、出售、回购、清算。

(1) 上市

上市是私募股权投资基金退出的首选方案。上市可以获得高对价，这意味着 PE 的投资获得了高回报，并且上市也说明被投资企业在 PE 的投资下已经成长为比较成熟的公众公司，有利于 PE 知名度的提高，从而也有利于以后新基金的融资和投资。

PE上市退出有国内A股上市和境外上市两类选择：

第一，国内A股上市有上海证券交易所主板和深圳证券交易所创业板选择。

第二，境外上市有境外直接上市和红筹上市两种模式。境外直接上市一般只适用于战略性的大型国有企业，红筹上市由于目前受到法律的限制并不可行，直接影响了PE的退出。

（2）出售

出售是指PE将所持有的企业股份出售给其他投资者，这种方式能使风险投资基金迅速获得现金，完全退出，因此对风险投资基金有一定的吸引力。但是创业者一般不欢迎这种做法，因为这通常意味着企业被他人收购而失去独立性。

出售退出与上市退出相比，有以下几个不同：

第一，收益不同。一般来说，出售退出的收益要低于上市退出的收益。

第二，难度不同。上市都有严格的条件，因此，并不是所有的企业都能够符合上市条件顺利上市，但出售是由企业的买卖双方决定，因此交易比较容易。

第三，速度不同。与上市相比，出售比上市程序简单，因此能够快速收回现金和投资回报。

第四，整合。上市退出，企业继续保持独立，因此不存在整合问题，但是出售退出，企业需要与收购方进行整合，这是一项复杂的工作，而且许多并购都是因为未能成功整合而失败。

（3）回购

回购是指在投资期届满时，如果被投资企业未能达到某约定条件，如未能上市或未能达到某项财务指标，私募股权投资基金有权要求被投资企业的创始股东回购PE所持有的股权，并支付一定的补偿金。

PE当然希望选择上市或者出售退出，但并不是所有的被投资企业都能够上市或出售的。回购从客观上讲也是保证PE投资收益的一种方式，虽然属于保守的退出方式，但回购给PE带来的收益也未必低，一般而言，PE要求的回购的补偿金比例会在每年15%～25%之间。

（4）清算

当公司经营状况不好且难以扭转时，清算可能是最好的减少损失的办法。PE 投资于一个糟糕的项目并不可怕，可怕的是知道糟糕后仍执迷不悟，越陷越深。

清算包括破产清算和解散清算两种。PE 退出的清算，更多的是解散清算，PE 一旦认定被投资企业陷入经营困难、财务恶化的状况，不能达到预期的回报，即果断地解散企业进行清算，从而达到撤资止损的目的。

本章重要提示

证券投资基金、对冲基金和私募股权投资基金的运作。

本章总结

1. 证券投资基金是一种利益共享、风险共担的集合投资方式，即通过公开发行基金份额，集中投资者的资金，由基金管理人管理，由基金托管人托管，以集合投资的方式进行证券投资。

2. 证券投资基金有以下六个特点：集合理财，专业管理；组合投资，分散风险；利益共享，风险共担；独立托管，资产安全；买卖方便，易于变现；监管严格，信息透明。

3. 根据基金份额是否可增加或减少，证券投资基金可分为开放式基金和封闭式基金。根据组织形式的不同，证券投资基金可分为公司型基金和契约型基金。根据投资对象的不同，证券投资基金可分为股票基金、债券基金、货币市场基金和混合基金。

4. 证券投资基金的当事人主要包括：基金持有人、基金管理人和基金托管人。

5. 证券投资基金的运作包括：基金的设立、基金的发行与交易、基金投资管理、信息披露、基金终止。

6. 对冲基金是一种私募的投资基金，以各种公开交易的有价证券和金融衍生工具为投资对象，其投资策略包括一般投资基金所不具备的对冲套利操作，即具备多空双向运作机制，可灵活运用各种衍生金融产品、杠杆工具进行避险或套利。

7. 对冲基金有以下四个特点：投资活动的复杂性；投资效应的高杠杆性；筹资方式的私募性；操作的隐蔽性和灵活性。

8. 私募股权投资基金（private equity，PE）是指以非公开发行股权为投资对象的私募基金。私募股权投资基金通过私募形式募集设立，然后投资于非公开发行股权，参与被投资企业的管理并提供增值服务，最后通过上市、并购等方式退出并获利。

9. 根据主要投资对象所处的企业发展阶段不同，私募股权投资基金可以分为创业投资基金、成长基金和收购基金。根据组织形式的不同，私募股权投资基金可以分为公司制基金、信托制基金和有限合伙制基金。根据基金管理人的独立性不同，私募股权投资基金可以分为独立型基金、附属基金和半附属基金。中国的私募股权投资基金由于其发展的独特性，可以分为国有资本为主的基金、民间资本为主的基金和国外资本为主的基金。

10. 私募股权投资基金的融资渠道主要有：政府和其他公共机构、养老金、金融机构、基金会和富有个人。

11. 私募股权投资基金投资一个企业，一般流程包括五个主要步骤：项目初审、签署投资意向书、尽职调查、签署正式投资协议、完成投资。

12. 私募股权投资基金的投资后管理包括两个内容：一是参与被投资企业的管理，二是为被投资企业提供增值服务。

13. 私募股权投资基金的退出方式主要有：上市、出售、回购、清算。

本章需要掌握的内容和概念

证券投资基金　开放式基金　封闭式基金　公司型基金
契约型基金　股票基金　债券基金　货币市场基金
混合基金　对冲基金　私募股权投资基金

思考题

1. 什么是证券投资基金，有哪些主要分类？
2. 试述证券投资基金的运作。
3. 什么是对冲基金？
4. 什么是私募股权投资基金？
5. 试述私募股权投资基金的运作。

第5章
衍生证券市场

本章概要

本章对四类衍生证券及其市场进行了介绍，即远期市场、期货市场、互换市场和期权市场；其中重点对期货市场和期权市场进行了分析。

学习目标

掌握远期、期货、互换和期权这四种衍生证券的概念、定价和运作。

假如一名现代的范文格在20 年前，甚至只是10 年前睡着了，那么今天当他醒来，将惊异于金融市场所发生的变化。他将发现，高度统一的市场、一系列广泛应用的融资工具和应付市场风险的新办法代替了分割的国内资本市场和占绝对比重的固定利率融资。

——亨利·考夫曼

第1节　远期市场

§1　远期的基本概念

远期（forward），又可称作远期合约，是一个在将来确定的时间按确定的价格购买或出售某项资产的合约，它通常是在两个金融机构之间或金融机构与其公司客户之间签署的，且不在规范的交易所内交易。因此，远期合约市场属于场外交易市场。

下面是关于远期的一些重要概念：

（1）多头（long position）和空头（short position）

当远期合约的一方同意在将来某个确定的日期以某个确定的价格购买标的资产时，我们称这一方为多头；另一方同意在同样的日期以同样的价格出售该标的资产，这一方就称为空头。

（2）交割价格（delivery price）

在远期合约中规定的合约双方交易标的资产的价格称为交割价格。

（3）远期价格（forward price）

某个远期合约的远期价格定义为使得该合约价值为零的交割价格。

（4）远期的损益（payoff）

我们以 K 代表交割价格，S_T 代表标的资产的即期价格，则一单位标的资产的远期合约，多头的收益是（$S_T - K$），对应的，空头的收益是（$K - S_T$）。由于 K 和 ST 的大小关系是不确定的，因此这些损益的正负也是不确定的。图 5.1 表示了远期的损益。

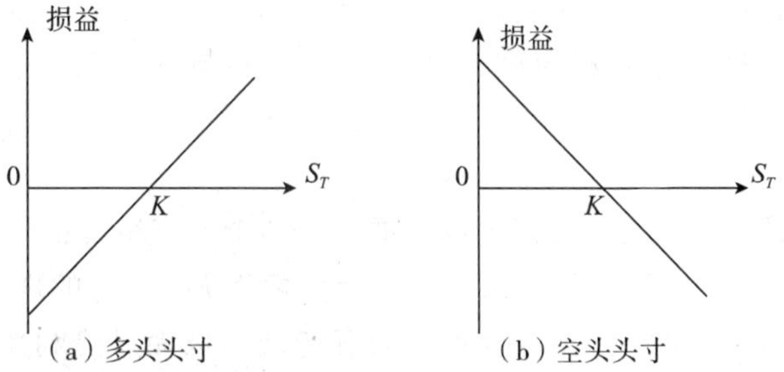

图 5.1 远期合约的损益

§2 远期的价格

（1）无收益资产的远期合约

最简单的远期合约是基于无收益资产的远期合约。

由于没有套利机会，对无收益资产而言，该远期价格 F 与资产现价 S 之间关系应该是：

$$F = Se^{r(T-t)} \tag{5.1}$$

式中 F——时刻 t 时的远期价格；

S——远期合约标的资产在时间 t 时的价格；

T——远期合约到期的时间（年）；

t——现在的时间（年）。

为了证明以上公式，我们可以考虑如下两个资产组合：

组合 A：一个远期合约多头加上一笔数额为 $Ke^{-r(T-t)}$ 的现金。

组合 B：一单位的无收益资产。

在组合 A 中，假设现金以无风险利率投资，则到时刻 T 时，现金数额将达到 K。在远期合约到期时，这笔资金刚好可用来购买该标的资产。在时刻 T，两个组合都将包含一单位的标的资产。根据无套利原则可得，在 T 时刻之前，如时刻 t 时，两个组合的价值也应该相等，因此有：

$$f + Ke^{-r(T-t)} = S \tag{5.2}$$

式中 f——时刻 t 时远期合约多头的价值。

当一个新的远期合约生效时，远期价格等于合约规定的交割价格，且使该合约本身的价值为0。因此，远期价格 F 就是公式（5.2）中令 $f=0$ 的 K 值，由此可推导出公式（5.1），即

$$F = Se^{r(T-t)}$$

（2）已知现金收益资产的远期合约

我们规定 I 为资产在远期合约的有效期内所得收益的现值，折现率为无风险利率。根据无套利原则，该远期价格 F 与资产现价 S 之间关系应该是：

$$F = (S - I)e^{r(T-t)} \tag{5.3}$$

为了证明以上公式，我们可以考虑如下两个资产组合：

组合A：一个远期合约多头加上一笔数额为 $Ke^{-r(T-t)}$ 的现金。

组合B：一单位的已知现金收益的资产加上以无风险利率借入的数额为 I 的现金。

组合A在时刻 T 时与一单位资产的价值相等。组合B中由于资产的收益刚好可以用来偿还借款，因此在 T 时刻，这个组合与一单位的资产具有相同的价值。根据无套利原则，在时刻 t 时两者价值也是相等的，因此

$$f + Ke^{-r(T-t)} = S - I \tag{5.4}$$

远期价格 F 就是使 $f=0$ 时的 K 值，可得公式（5.3）：

$$F = (S - I)e^{r(T-t)}$$

（3）已知收益率资产的远期合约

我们假设已知收益率资产的收益率是按照年率 q 连续支付。为了确定远期合约的价值，我们考虑如下两个资产组合：

组合A：一个远期合约多头加上一笔数额为 $Ke^{-r(T-t)}$ 的现金。

组合B：$e^{-q(T-t)}$ 个收益率为 q 的资产并且所有的收入都再投资于该资产。

组合A在时刻 T 时与一单位资产的价值相等。组合B到时刻 T 时拥有资产的数量刚好是一单位，因此在时刻 T 时，组合A和组合B价值相等。根据无套利原则，在时刻 t 时两者价值也是相等的，因此

$$f + Ke^{-r(T-t)} = Se^{-q(T-t)} \tag{5.5}$$

远期价格 F 就是使 $f=0$ 时的 K 值，因此：

$$F = Se^{(r-q)(T-t)} \tag{5.6}$$

注意，如果在远期合约有效期间收益率是变化的，公式（5.6）仍然是正确的，此刻 q 等于平均收益率。

（4）一般结论

对所有的资产，下式都是正确的：

$$f = (F - K)e^{-r(T-t)} \tag{5.7}$$

式中 f——时刻 t 时远期合约多头的价值；

F——时刻 t 时远期价格；

K——远期合约中的交割价格。

为了证明公式（5.7），我们来比较两个除了交割价格不同的远期合约A、B，合约A的交割价格为 F，合约B的交割价格为 K。这也就是说在时刻 T，合约A和B现金流出量的差为（$F-K$），则在时刻 t 时的差为（$F-K$）$e^{-r(T-t)}$。因此，合约A的价值比合约B的价值小（$F-K$）$e^{-r(T-t)}$。我们规定合约时刻 t 时的远期价格为 F，则合约A的价值为0，于是合约B的价值为（$F-K$）$e^{-r(T-t)}$。这样就证明了公式（5.7）。

§3 远期利率协议

（1）基本概念

远期利率协议（forward rate agreement，FRA）是交易双方为规避未来利率波动风险，或者为在未来利率波动上进行投机的目的而达成的一份协议，交易双方在订立协议时商定，在将来的某一特定日期，按规定的币种、数额、期限和利率进行交割的一种协议。这种交易的一个重要特点是并不涉及到协议本金的收付，而只是在某一特定的日期，即清算日，由一方向另一方支付利息差额。支付的利息差额由协议本金、合约利率和参考利率三者共同确定，先得出合约结算日的参考利率与合约利率之间的差，然后将这个差与协议本金相乘。

参考利率是交易双方选择的在合约到期时的市场利率，如伦敦银行间同业放贷利率（LIBOR）。合约利率是合约到期日名义利率的隐含远期利率的期望值，如 $m \times n$ 的合约利率表示的是在 m 个月后，期限为 n 个月利率的期望值。

（2）实际交割额的计算

对于合约买方，实际交割额的计算公式是：

$$交割额 = \frac{(R_T - R_f) \times A \times \frac{D}{B}}{1 + (R_T \times \frac{D}{B})} \tag{5.8}$$

式中 A——协议本金数额；

R_f——合约利率；

R_T——参考利率；

D——协议期限的天数；

B——计算天数的基础（如美元是360天，英镑是365天）。

对于合约卖方，实际交割额的计算公式是：

$$交割额 = \frac{(R_f - R_T) \times A \times \frac{D}{B}}{1 + (R_T \times \frac{D}{B})} \tag{5.9}$$

注意，公式（5.8）和（5.9）计算出的值可能是正数或负数，也就是说，如果协议参考利率低于合约利率，合约买方要向卖方支付补偿；而如果参考利率高于合约利率，合约买方将得到补偿。

第2节　期货市场

§1　期货的概念

像远期一样，期货是一个在将来确定的时间按确定的价格购买或出售某项资产的合约。

与远期合约的不同，期货合约具有如下特征：

第一，集中交易。期货交易必须在法定的期货交易所内，在严格的组织与管理下遵循特定的交易规则进行。价格以公开竞价的方式决定，而不是一对一签订合约。

第二，合约标准化。期货合约对标的物的品种、规格、数量、质量、交割方式都已经标准化，所以在交易过程中只有价格一个因素是可变的，交易双方只需就价格达成协议即可成交。

第三，杠杆性。投资者进行期货交易时，只需交纳少量的保证金和佣金费用即可，用少量的资金做成大量的交易，是期货投资的一大特点。

第四，高信用。在期货市场上，期货合约的履行，由结算所或专门的保证公司负责并提供信用保证，这样，投资者既可以节省调查、了解对方资信状况的交易费用，也可避免对方违约所造成的风险。

第五，公开化。期货交易的市场行情是完全公开的，并且不允许有任何的虚假、误导和其他不实信息的传播，这使得期货投资者可以根据自己对行情变化趋势的判断与预测来决定自己的交易策略。

§2 期货的价格

(1) 无风险利率确定的情形

当无风险利率为常数，且所有到期日都不变时，两个交割日相同的远期合约和期货合约有相同的价格。我们证明如下。

假设一个持续 n 天的期货合约，F_i 为第 i 天末（$0<i<n$）的期货价格，定义 σ 为每天的无风险利率（常数）。考虑如下策略：

①在第 0 天末，买入期货合约 e^{δ}（即：在合约开始生效时买入）。

②在第 1 天末，增加多头头寸至 $e^{2\delta}$。

③在第 2 天末，增加多头头寸至 $e^{3\delta}$。

依此类推。表 5.1 即为上述策略的总结。

表 5.1 用以体现期货价格与远期价格相等的投资策略

日期	0	1	2	…	$n-1$	n
期货价格	F_0	F_1	F_2	…	F_{n-1}	F_n
期货头寸	e^{σ}	$e^{2\sigma}$	$e^{3\sigma}$	…	$e^{n\sigma}$	0
利润/损失	0	$(F_1-F_0)\ e^{\sigma}$	$(F_2-F_1)\ e^{2\sigma}$	…	…	$(F_n-F_{n-1})\ e^{n\sigma}$
计复利至第 n 天的利润/损失	0	$(F_1-F_0)\ e^{n\sigma}$	$(F_2-F_1)\ e^{n\sigma}$	…	…	$(F_n-F_{n-1})\ e^{n\sigma}$

在第 i 天的开始，投资者拥有多头头寸 $e^{\delta i}$。第 i 天的利润（可能为负）为：

$$(F_i - F_{i-1})e^{\delta i} \tag{5.10}$$

假设这个盈利以无风险利率计算复利至第 n 天末，它在第 n 天末的价值为：

$$(F_i - F_{i-1})e^{\delta i}e^{(n-i)\delta} = (F_i - F_{i-1})e^{n\delta} \tag{5.11}$$

整个投资策略的第 n 天末的价值为：

$$\sum_{i=1}^{n}(F_i - F_{i-1})e^{n\delta} \tag{5.12}$$

即有

$$[(F_n - F_{n-1}) + (F_{n-1} - F_{n-2}) + \cdots + (F_1 - F_0)]e^{n\delta} = (F_n - F_0)e^{n\delta} \tag{5.13}$$

由于 F_n 与最终的资产价格 S_T 相等，由此整个投资策略的最终价值可写为：

$$(S_T - F_0)e^{n\delta} \tag{5.14}$$

将 F_0 投资于无风险债券中，将这项投资与上述策略混合可得到其在时刻 T 的收益为：

$$F_0 e^{n\delta} + (S_T - F_0)e^{n\delta} = S_T e^{n\delta} \tag{5.15}$$

由于上述所有的多头期货头寸并不需要任何资金，由此可见，投资 F_0 能够在 T 时刻得到 $S_T e^{n\delta}$。

下面假设第0天末的远期价格为 G_0。通过将 G_0 投资于无风险债券并购买 $e^{n\delta}$ 个远期合约，在时刻 T 仍然保证具有 $S_T e^{n\delta}$ 的资产。因此就有两种投资策略：一个要求初始投资 F_0；另一个要求初始投资 G_0。两个投资在 T 时刻都得到 $S_T e^{n\delta}$。从而在无套利机会的情况下：

$$F_0 = G_0 \tag{5.16}$$

由此证明了期货价格与远期价格是相等的。

（2）无风险利率不确定的情形

当利率变化无法预测时（现实世界也正是如此），远期合约价格和期货合约价格从理论上来讲就不一样了。两者之间关系的证明已经超出本书的范围，但是我们对两者之间的关系可以有一个感性认识。

考虑如下情形：标的资产价格 S 与利率高度正相关。当 S 上升时，一个持有期货多头头寸的投资者会因每日结算而立即获利。由于 S 的上升几乎与利率的上升同时出现，获得的利润将会以高于平均利率的利率进行投资。同样当 S 下跌时，投资者立即亏损，亏损将以低于平均利率水平的利率融资。持有远期多头头寸的投资者将不会因利率变动而受到与上面期货合约同样的影响，因此，期货多头比远期多头更具有吸引力。

所以，我们可以得到下述结论：当 S 与利率正相关时，期货价格要比远期价格高。当 S 与利率负相关时，类似上面的讨论可知远期价格比期货价格要高。

（3）小结

有效期仅为几个月的远期合约价格与期货合约价格之间的理论差异在大多数情况下小得可以忽略不计。随着合约有效期的增加，这个差异开始变大。实际上，许多没有反映在理论模型中的因素使得远期和期货价格不一样，这些因素包括：税收、交易费用、保证金的处理方式等。同时，在某些情况下，期货合约比远期合约流动性更强、更易于交易。

但是，尽管有以上这些因素，在大多数情况下，假定远期和期货价格相等仍是合情合理的。

§3　金融期货市场

根据标的物属性的不同，期货可以分为商品期货和金融期货两大类。商品期货是指标的物为实物商品的期货合约，金融期货是指以金融工具为标的物的期货合约，与此相对应，期货市场也可以划分为商品期货市场和金融期货市场[①]。

金融期货市场产生于 20 世纪 70 年代的美国市场。1972 年，美国芝加哥商业交易所的国际货币市场开始国际货币的期货交易，1975 年芝加哥商业交易所开展住房抵押贷款支撑证券的期货交易，标志着金融期货交易的开始。现在，芝加哥商业交易所、纽约期货交易所和纽约商品交易所等都进行各种金融工具的期货交易，货币、利率、股票指数等被作为期货交易的对象。目前，金融期货交易在许多方面已经走到商品期货交易的前面，占整个期货市场交易的 80%。与金融相关联的期货合约品种很多，目前已经开发出来的品种主要有三大类：货币期货、利率期货、股票指数期货。

（1）货币期货市场

①货币期货。货币期货又称外汇期货，它是以汇率为标的物的期货合约。

货币期货是适应各国从事对外贸易和金融业务的需要而产生的，目的是借此规避汇率风险。1972 年美国芝加哥商业交易所的国际货币市场推出第一张期货合约并获得成功。其后，英国、澳大利亚等国相继建立货币期货的交易市场，货币期货交易成为一种世界性的交易品种。

目前国际上货币期货交易所设计的货币主要有英镑、美元、日元、瑞士法郎、加拿大元、澳大利亚元等。

---

① 本书只对金融期货及金融期货市场进行研究。

②货币期货市场的交易程序和特点。在货币期货市场上，货币期货交易是在交易所内，按照交易规则，通过公开竞价方式进行。买卖货币期货合约的一般程序和特点是：

第一，买卖货币期货合约的人把买卖委托书交给经纪商或交易所成员公司，然后由他们传递到交易大厅，经过场内经纪人之间的“公开喊价”或电子计算机自动撮合，决定货币期货合约的价格，使货币期货合约能在公开竞争的条件下买进或卖出。

第二，买卖期货合约时，并不需要实际付出买入合约面值所标明的外汇，而只需支付手续费。合约生效后，按照当天收市的实际货币期货市价作为结算价，进行当日盈亏的结算。如果结算价高于该期货合约交易时的成交价格则为买方盈利，反之，而买方亏损，卖方盈利。

第三，货币期货价格实际上是预期的现货市场价格，在投机者的参与下，期货价格会朝预期的现货市价移动，两个市场价格具有趋同性。

第四，货币期货是以外币为交割对象的，到期未对冲掉的合约，卖方必须从现货市场购入即期外汇，交给买方以履行交割义务。

（2）利率期货市场

①利率期货。利率期货是指以债券类证券为标的物的期货合约。

世界上最先推出的利率期货是于1975年由美国芝加哥商业交易所推出的美国国民抵押协会的支撑证券期货。利率期货主要包括长期利率期货和短期利率期货。

②短期国库券期货市场。短期国库券具有流动性大、安全性强、能满足各种类型和各种层次的投资者的需求等特点，所以成为最受欢迎的投资工具。以美国短期国库券为例，一般期限分为3个月、6个月和1年，面值最低为1万美元。它以折扣方式出售，投资者的回扣就是购买价格与到期面值之差。如面值为1万美元的6个月国库券以9550美元售出，到期时的回扣就是450美元。

在美国，短期国库券的主要购买者的银行、公司企业、州和地方政府、联邦储备银行、各种信托基金和私人投资者，其中，联邦储备委员会成员银行和各种政府信托基金是最大的短期国库券拥有者。

短期国库券期货交易一般面值多为100万美元，90天到期的具体到期交货月份分别为3月、6月、9月和12月。由于短期国库券期货合约的投资者可以在交割期之前对冲该合约，因此，到期实际交割的合约很少。

假定如果年收益率为8%的100元短期国库券，在国际货币市场的报价是 92 元。则 6 个月期的短期国库券价格等于 100 元 - 100 元 ×8%/12 个月 ×6 个月 =96 元。美国短期国库券合约最小价格波动幅度为一个基数点即 0.01%，那么 3 个月期限的国库券合约的基数点是 100 万美元 ×0.01% ×3 个月/12 个月 =25 美元。

③中期国库券期货。中期国库券是可以转让的美国政府债务凭证，期限由 1 至 10 年不等。中期国库券以拍卖方式出售，但不是按折扣价发行，而是以面值或相近的价格发行，偿还时以面值为准。中期国库券和期货市场的主要参与者是政府证券的交易商，他们主要通过回购协议融通资金，中期国库券交易单位为 10 万美元，交割方式是通过联储电子过户簿记系统。

④长期国库券期货。长期国库券是指美国政府为筹集长期资金而向公众发行的可转让的债务凭证，期限 10 至 30 年不等。长期国库券具有竞争性强、还本付息及时、市场流动性好等特点，通过拍卖可以从国内外筹集到巨额资金。长期国库券期货合约与中期国库券合约相似，也是以相对于面值的百分比方式报价。1977 年 8 月，芝加哥期货交易所创设了美国长期国库券期货合约，它满足了金融机构和公司企业进行套期保值的需要。

（3）股票指数期货市场

①股票指数期货。股票指数期货，简称股指期货，是以股票指数为标的物的期货合约。股票指数期货是目前金融期货市场最热门和发展最快的期货交易。

在金融期货的品种中，股票指数期货是唯一用现金结算的期货品种，这是它的特殊性。在股票指数期货市场上，人们买卖的不是以实物（即各种证券）作基础的标准化合约，而是以股票价格指数为基础的合约。股票指数是通过选择若干种具有代表性的上市公司的股票，经过计算而编制出的一种指数，它反映的是股票市场平均的涨跌变化的情况和幅度。

②股票指数期货的交易特点。股票指数期货与其他种类的金融期货不同，主要是这种期货是唯一一种不以实物（即股票）交割，而是以现金进行结算。参与股票价格指数价格期货的交易者不一定要持有股票，股指期货解决了投资者在购买股票时经常遇到的难题，即虽然知道整个股票市场总的趋势，但还不能真正把握购买哪一种股票好的问题。股票指数期货交易具有以下方面的特点：

第一，股指期货具有期货和股票的双重性。在期货市场上，股指期货的交易者要承担股票市场价格波动的风险，波动的幅度大小以指数的升跌幅度来衡量。交易者必须对股票市场的走势作出预先的判断，期货交易与股票交易密切相关，当预计股指将上升，则可先买入股指期货合约，然后在比较高的价格上出售股指期货而获利。当预测股指价格将下跌，可以先卖出指数合约，并以较低的价格买入期货合约达到获利目的。

第二，股指期货不仅可以防范非系统性风险，而且可以防范系统性风险。这是因为股指本身是对应经过选择的、具有代表性的一组股票，买卖股指就相当于进行一种组合投资，相当于参与整个股市，而不必考虑购买个别股票而带来的非系统性风险。此外，股指期货交易还为那些准备长期持有股票的投资者提供了防范股票价格系统性风险和进行保值的条件。

第三，进行股指期货交易时，实际上只是把股票指数按点换算成现金进行交易。股指期货合约的价值是由交易单位乘以股价指数计算的。合约到期时，以股票市场的收市指数作为结算的标准，合约持有人只须支付或收取按购买合约时的股票指数的点数与到期的实际指数的点数计算点数之差折合成的现金数，即完成交割手续。实际交易中，真正到期交割的合约，只占该期货合约的1%～2%，绝大多数合约基本上在合约到期前对冲了。

第四，股指期货具有高杠杆作用。一般的股票投资，投资人必须存有不低于股票价值50%的保证金，而股指期货合约只需要10%左右的保证金，这种高杠杆作用可以使投资者以小博大获取更多利益。此外，股票指数期货还有交易成本低、流动性强等特点。

③股票指数期货市场的运作。股指期货的交易不是在股票交易所而是在期货交易所进行。股指期货的市场结构，主要由期货交易所、结算公司和会员公司三个组织组成。它们各司其责，发挥各自的市场功能。期货交易所主要负责市场的操作，如提供交易场所，维持市场秩序，制定和修正买卖规则等等；结算公司和会员公司主要负责期货合约的结算，并承担保证每笔交易的清算和保证合约买卖双方的合法权利的担保责任。

以香港恒生股票指数期货为例，参加股指期货交易的成员主要有五类：通用结算会员、结算会员、非结算会员、本户会员和一般客户，其中通用结算会员、结算会员、非结算会员和本户会员都是期货交易所的会员，可以直接进场进行期货合约的买卖，同时，除本户会员外，其他会员还可以代理一般客户委托交易，这些会员作为期货经纪公司代理客户履行期货交易。一般情况下，期货经纪公司通过电话通知在交易所内的出市代表，按客户指令进行一定价格和数量的交易。恒生股票指数期货合约采用上牌和公开喊价相结合的方式进行交易，由于大多数合约持有人在实际交收日之前就以对冲方式结算了手中的合约，所以在交易中买卖双方主要考虑价格，其次才是合约的具体月份和合约数量。

股指期货市场的结算会员拥有直接与结算公司结算的结算权，非结算会员进行结算则没有结算权。非结算会员、本户会员及一般客户只能通过通用结算会员间接与结算公司发生关系。股指期货市场通过这种结算体系确保买卖双方交易利益和履约义务。

§4　金融期货市场的功能

概括来讲，金融期货市场的基本功能主要表现为以下四个方面：

第一，增强了证券市场的流动性，稳定了现货市场。金融期货对资本形成没有明显的负面影响，但加强了一些现货市场特别是美国财政部证券市场的流动性，例如美国国库券和普通股市场的流动性，由于期货市场的存在而得到改善，实际上对现货市场起了稳定的作用。

第二，提供了一种转移风险的手段，即把经济活动中固有的风险（如市场、利率、汇率等风险）从较不愿意承担风险的公司或个人转移给较愿意承担者。金融期货市场可以把与价格波动相关的风险同其他类型的商业风险分离开，并可使套期保值者向投机者转移风险，把这种风险调节到可以接受的水平。由于金融风险能够转移，期货市场因而提高了资本运用程度和效率。虽然新的资本并不直接从期货市场筹集，但期货市场的风险转移机制增强了资本的流动性。

第三，形成了一种发现价格的机制。由于该市场可自由进入，因而汇集了众多的参与者的各种信息和不同的买卖意见，通过公开竞价使价格形成相对容易。通过期货市场，减少了找到一种价格和一个交易对象所花费的寻找成本。由于期货合约也提供了各种现货工具和衍生产品的套利机会，这样使所有相关金融市场的活跃性和流动性都得到刺激。

第四，为金融机构提供了利益机遇。正确地运用金融期货还能给金融机构带来一些好处。期货市场不但提供了参与利率汇率转换和股份转换的有效且易于利用的工具，还提供了实现风险管理的工具而不需生产水平发生较大变化，也不影响资本搭配比率。此外，期货的应用还能导致金融产品的改进和创新。

第3节　互换市场

§1　互换的基本概念

互换（swap）又称掉期，是指交易双方约定在未来某一时期相互交换资产的协议。更为准确地说，互换是当事人之间约定在未来某一期间内相互交换现金流的协议。互换可以被当作一系列远期合约的组合，因此对互换的研究就很自然地成为对远期和期货合约研究的扩展。

直接在两个最终用户之间安排互换是很困难的，一般都有一个互换交易商作为中介。互换交易商从加在互换息票上的买卖差价赚取利润。

典型的互换结构由图5.2表示，其中，图5.2（a）表示初始的名义本金交换，这个交换并不是必须的，可以有也可以没有；图5.2（b）表示周期性的支付；图5.2（c）表示了名义本金的换回，这个交换也并不是必须的。

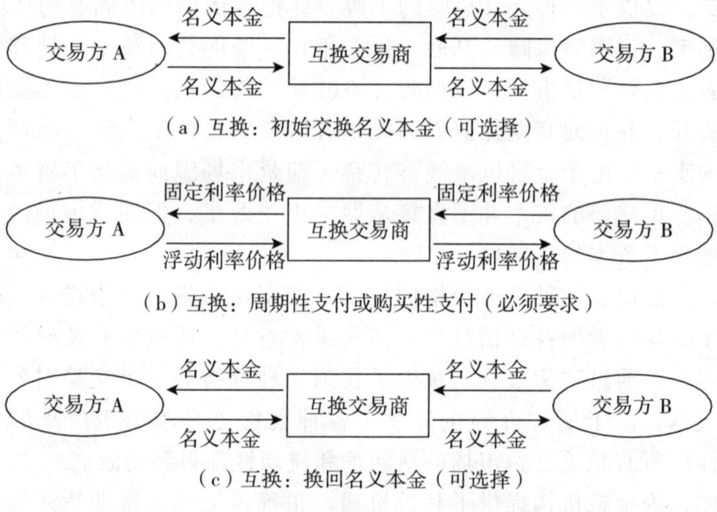

图5.2　互换的基本结构

一般来说，单个的互换本身意义不大，事实上互换也并不是孤立存在的，它们总是与相应的现货市场头寸或交易结合起来使用。有三种基本的交易：①从现货市场获得“实物”；②支付给现货市场（或从现货市场接收）；③提供“实物”给现货市场。这些可能的交易概括在图5.3中，图中两个现货市场可以相同，也可以不相同。

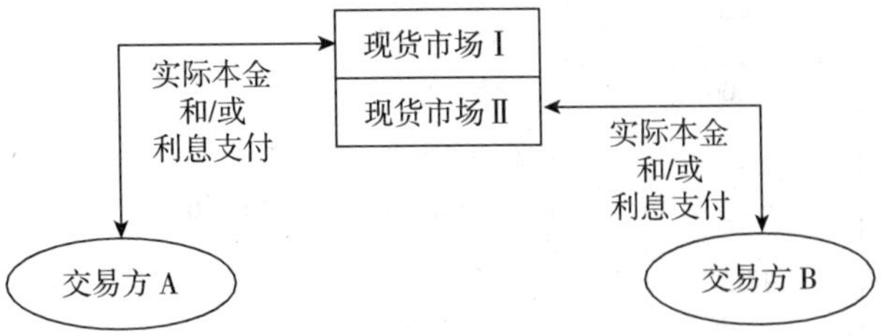

图 5.3 现货市场交易

将现货市场交易和适当结构的互换相结合，我们可以构造出许多不同的结果。接下来我们将主要对利率互换和货币互换各自的机制和定价进行介绍。

§2 利率互换市场

(1) 利率互换的机制

利率互换常常是由减少融资成本的愿望所推动的。在这种情况下，一方有以相对便宜的固定利率筹集资金的机会，但希望以浮动利率筹集资金；而另一方有以相对便宜的浮动利率筹集资金的机会，但希望以固定利率筹集资金。通过与互换交易商的交易，双方可获得它们所希望的融资形式，同时发挥它们各自相对的融资优势。

我们通过一个具体例子来说明。假设 A 和 B 都希望筹集期限为 10 年的债务资金 1000 万美元，且 A 公司希望按浮动利率筹集资金，B 公司希望按股东利率筹集资金。A 和 B 面临的利率如下：

	固定利率	浮动利率
A	10.00%	6 个月期 LIBOR +0.30%
B	11.20%	6 个月期 LIBOR +1.00%

显然，B 面临的固定利率和浮动利率都比 A 高，这说明 B 的信用等级低于 A 公司。但 A 和 B 面临的利率报价的关键点是：两个固定利率的差值大于浮动利率的差值。在固定利率市场 B 比 A 多付 1.20%，但在浮动利率市场只比 A 多付 0.7%。B 看起来在浮动利率市场有比较优势，而 A 在固定利率市场有比较优势。这种明显的差异将产生可获得利润的互换，于是互换交易商开始加入。如图 5.4 所示。

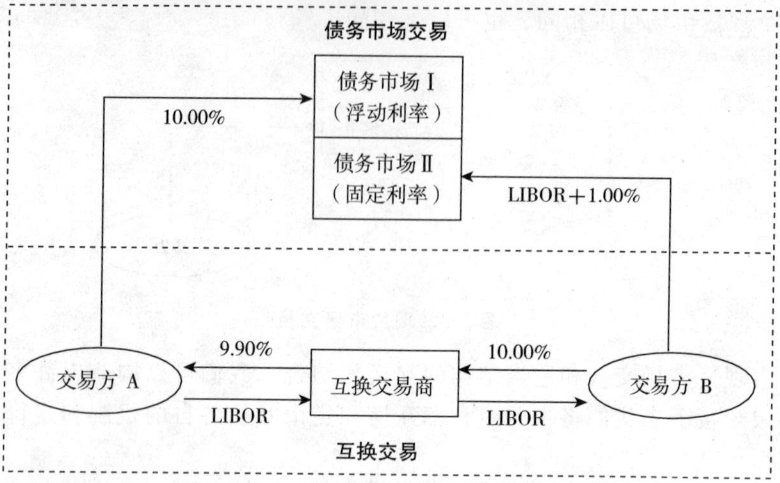

图 5.4 利率互换

这时，A 有三项现金流：

①支付给外部贷款人年利率为 10.00% 的利息。

②从互换交易商处得到年利率为 9.90% 的利息。

③向互换交易商支付利率为 LIBOR 的利息。

这三项现金流的净效果为 A 支付年利率为 LIBOR +0.10% 的利息，它比直接在浮动利率市场筹资利率减少了 0.20%。

B 也有三项现金流：

①支付给外部贷款人利率为 LIBOR +1.00% 的利息。

②从互换交易商处得到利率为 LIBOR 的利息。

③向互换交易商支付年利率为 10.00% 的利息。

这三项现金流的净效果为 B 支付年利率为 11.00% 的利息，比直接在固定利率市场筹资利率减少了 0.20%。

互换交易商有四项现金流：

①向 A 支付年利率为 9.90% 的利息

②从 A 处得到利率为 LIBOR 的利息。

③向 B 支付利率为 LIBOR 的利息。

④从 B 处得到年利率为 10.00% 的利息。

这四项现金流的净效果为互换交易商得到年利率为 1.00% 的利息收入，这也是互换交易商进行交易的报酬。

注意，互换交易商分别签署了两份互换合约，一份与A，一份与B①。如果其中某个客户（A或B）违约，互换交易商仍要履行与另一个客户的协议。在大多数情况下，A和B都不知道对方与互换交易商签署了互换合约。

（2）利率互换的定价

在上例中，我们可以把B和互换交易商之间的交换看作如下的债券买卖：

互换交易商发行1000万美元的浮动利率（6个月LIBOR）债券，B买入；

B发行1000万美元的固定利率（10.00%）债券，由互换交易商买入。

这样，互换某部位（多头或空头）的价值可以看作是两张债券的价值之差。通常假设互换的初期价值为0，并假设在互换条件下，互换交易商在时间 t_i 收到固定收入 k，同时以浮动利率支付，定义：

V = 互换的价值；

B_1 = 互换中固定债券的价值；

B_2 = 互换中浮动债券的价值；

Q = 互换协议中的名义本金价值。

于是：

$$V = B_1 - B_2 \tag{5.17}$$

下面我们计算 B_1 和 B_2。

先看 B_2，债券的价值应等于今后一系列还本付息的货币流量的现值之和，关键在于贴现率如何计算。在估计债券价值时所使用的贴现率应反映现金流的风险性。这里，我们使用与以互换为基础的浮动利率相对应的风险水平作为贴现率，因此，有 $B_2 = Q$。由于互换初期价值 $V = 0$，由公式（5.17）可知，$B_1 = Q$，即经贴现率折现后，固定利率债券现值 B_1 就等于名义本金价值。

定义 r_i 为与到期时间 t_i 相应的贴现率，既然 B_1 是固定利率债券未来现金流的现值，即

$$B_1 = \sum_{i=1}^{n} ke^{-r_i t_i} + Qe^{-r_n t_n} \tag{5.18}$$

其中：k = 按固定利率计算每期支付的利息

① 当然，例子中合约规定的利率是人为假设的，在现实中，是互换交易商之间的竞争结果。

再考虑浮动利率债券的价值 B_2。在每次支付利息刚结束时，B_2 总是等于互换本金价值 Q，因为浮动利率经市场重新调整到资金的机会成本或贴现率。但浮动利率并非追随市场利率随时调整，6个月的 LIBOR 只是每6个月调整一次，在两个利息支付日之间，B_2 未必等于 Q。假定下一次利息支付日为 t_1，支付的浮动利率利息额为 k^*，那么，B_2 可用上述同样的折现原则计算出来：

$$B_2 = Qe^{-r_1 t_1} + K^* e^{-r_1 t_1} \tag{5.19}$$

计算出 B_1 与 B_2 后，通过 $V = B_1 - B_2$，即可计算出某一时期金融机构对 B 的互换合约部位价值（金融机构对 A 的部位价值同理）。互换初期价值为0，随后的时间价值可正可负。

在互换交易商支付固定利率并收取浮动利率利息的情况下，B_1 与 B_2 按同样方式计算，并且

$$V = B_2 - B_1 \tag{5.20}$$

在互换开始签订时互换的价值为零，在期间，互换价值可能为正也可能为负。

§3 货币互换市场

（1）货币互换的机制

另一种普通的互换类型是货币互换，最简单的形式里，它将一种货币贷款的本金和固定利息与几乎等价的另一种货币的本金和固定利息进行交换。

货币互换交易一般有3个基本步骤：

第一步，本金的初期互换。互换交易之初，双方按协定的汇率交换两种不同货币的本金，以便将来计算应支付的利息再换回本金。

第二步，利率的互换。交易双方按协定的利率，以未偿还本金为基础，进行互换交易的利率支付。

第三步，到期日本金的再次互换。在合约到期日，交易双方通过互换，换回期初交换的本金。

上述3个步骤，能够把一种货币的债务有效转变为另一种货币而得到充分保值。图5.5以美国公司与德国公司之间美元与马克的互换交易为例，说明货币互换的机制。

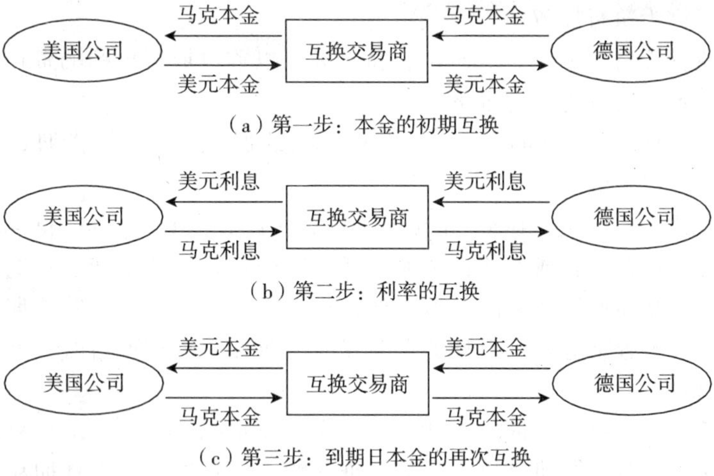

（a）第一步：本金的初期互换

（b）第二步：利率的互换

（c）第三步：到期日本金的再次互换

图5.5 货币互换

（2）货币互换的定价

与利率互换一样，货币互换也可以分散成两份债券。因此，互换的价值 V 可以通过下式来计算：

$$V = SB_F - B_D \tag{5.21}$$

式中 B_F——互换中以外币衡量的债券价值；

B_D——互换中以本币衡量的债券价值；

S——即期汇率。

第4节 期权市场

§1 期权的基本概念

期权是一种选择权，期货的买方向卖方支付一定数额的权利金后，就获得这种权利，即拥有在一定时间内以一定的价格（执行价格）出售或购买一定数量的标的物的权利。期权的买方行驶权利时，卖方必须按期权合约规定的内容履行义务。相反，买方可以放弃行驶权利。即期权的买方拥有执行期权的权利，无执行的义务；而期权的卖方只有履行期权的义务，为此，投资者购买期权合约必须交付期权费。

下面是关于期权的一些重要概念：

①执行期权（exercising the option）。通过期权合约购进或售出标的资

产的行为称为执行期权。

②执行价格（exercise price）。持有人据以购进或售出标的资产的期权合约的固定价格成为执行价格。

③到期日（expiration date）。期权到期的那一天称为到期日，在那一天之后，期权失效。

④美式期权（American options）和欧式期权（European options）。美式期权可以在到期日或到期日之前的任何时间执行；欧式期权只能在到期日执行。在交易所中交易的大多数期权为美式期权，但是，欧式期权通常比美式期权更容易分析，而且美式期权的一些性质总是可由欧式期权的性质推导出来。

⑤看涨期权（call option）和看跌期权（put option）。看涨期权的持有人有权在某一确定时间以某一确定的价格购买标的资产；看跌期权的持有者有权在某一确定时间以某一确定的价格出售标的资产。

⑥每一期权合约都有两方，一方是持有期权多头头寸的投资者（即购买期权的一方）；另一方是持有期权空头头寸的投资者（即出售或承约期权的一方）。因此，就有了4种基本的期权头寸：①看涨期权多头（long call）：持有或买进看涨期权；②看跌期权多头（long put）：持有或买进看跌期权；③看涨期权空头（short call）：卖出看涨期权；④看跌期权空头（short put）：卖出看跌期权。

§2　期权的损益

经常使用到期日期权损益状态来描绘欧式期权投资者的头寸情况。在计算时，并不包括初始的购买期权所费的成本。我们以 X 代表执行价格，F_T 代表标的资产的到期日价格。

对于欧式看涨期权多头来说，如果标的资产的到期日价格低于或等于期权的执行价格（$F_T \leqslant X$），则期权持有人按市场价格购买资产更为有利，即不执行期权，此时期权的损益为0。相反，如果标的资产的到期日价格高于期权的执行价格（$F_T > X$），则期权持有人按执行价格购买资产更为有利，即执行期权，这时期权的期权的损益正好等于标的资产的到期日价格与执行价格之差（$F_T - X$）。我们可以用下面的公式来表示欧式看涨期权多头的损益：$\max(F_T - X, 0)$。

对于欧式看跌期权多头来说，如果标的资产的到期日价格高于或等于期权的执行价格（$F_T \geqslant X$），则期权持有人按市场价格出售资产更为有利，即不执行期权，此时期权的损益为 0。相反，如果标的资产的到期日价格低于期权的执行价格（$F_T < X$），则期权持有人按执行价格出售资产更为有利，即执行期权，这时期权的损益正好等于执行价格与标的资产的到期日价格之差（$X - FT$）。我们可以用下面的公式来表示欧式看跌期权多头的损益：$\max(X - F_T, 0)$。

当然，期权只是一种转移风险的安排，而不是消除风险。如果说期权多头持有者是持有一种权利而不附有相应的义务[①]，那么，期权空头持有者则是持有一种义务而不附有相应的权利。换句话说，价格波动的风险从期权多头持有者转移到期权空头持有者。因此，期权空头的损益正好与期权多头的损益相反。

因此，欧式看涨期权空头的损益为：$-\max(F_T - X, 0)$，或 $\min(X - F_T, 0)$。

欧式看跌期权空头的损益为：$-\max(X - F_T, 0)$，或 $\min(F_T - X, 0)$。

图 5.6 表示了上述期权的损益。

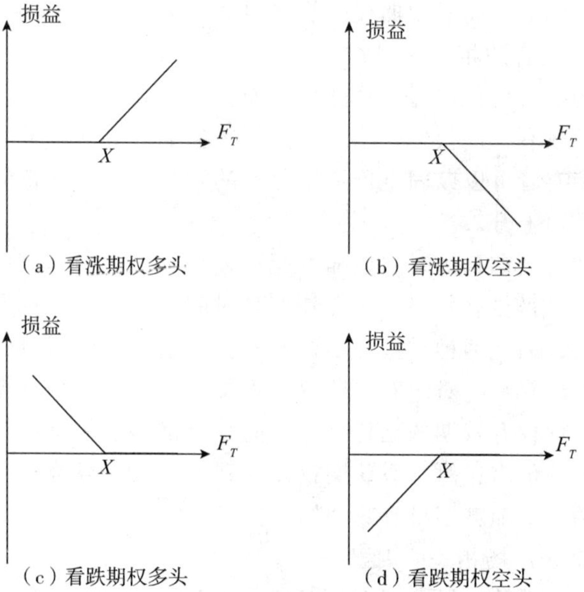

图 5.6　欧式期权的损益

① 注意前面说的，我们不考虑初始的购买期权所费的成本。

§3 期权价格的决定因素

期权的价格由标的资产、期权合约和金融市场相关的一些因素决定。

（1）与标的资产相关的因素

①标的资产的当前价格。标的资产当前价格的变化会影响该资产期权的价格。由于看跌期权提供了以固定价格购买标的资产的权利，因此标的资产当前价格的上升能够增加看涨期权的价格；而看跌期权则恰好相反，随着标的资产当前价格的上升，期权价格将减少。

②标的资产价格变化。标的资产价格变动的幅度越大，期权的价格越高，这一点对看涨和看跌期权都是成立的。虽然风险（方差）增加导致期权价格上升这一点在直观上不易理解，但是我们应当注意到，期权与其他证券不同，期权购买者的损失最多不会超过其购买期权所支付的价格，但却能从标的资产剧烈的价格波动中获得相当显著的利益

③标的资产支付的红利。在期权有效期内，如果标的资产支付红利，则标的资产的价格就可能下跌。所以，该资产看涨期权的价格是预期红利支付额的递减函数，而看跌期权的价格则是预期红利支付额的递增函数。

（2）与期权合约相关的因素

①期权的执行价格。对于看涨期权而言，持有者获得了以固定价格购买标的资产的权利，期权的价格随着执行价格的上升而降低。而对于看跌期权，因为持有者可以以固定价格出售标的资产，所以期权的价格随着执行价格的上升而上升。

②距离期权到期日的时间。随着距离期权到期日时间的增加，看涨和看跌期权都将变得更有价格。距离到期日时间越长，标的资产价格可以变动的时间越长，因此两种类型的期权价格都会上涨。到期时间对期权的价格还存在附加的影响，对于看涨期权，购买者需要在到期日支付一个固定的价格，随着期权有效期的延长，这个固定价格的现值是递减的，从而增加了看涨期权的价格；对于看跌期权，在到期日以执行价格卖出标的资产所获得收益的现值随着期权有效期的延长而减少。

（3）与金融市场相关的因素

期权有效期内的无风险利率。期权购买者预先需要支付期权费，而期权费是存在机会成本的，该机会成本的大小取决于利率水平和距离期权到期的时间，因为期权的执行价格在执行期权时才需要支付，所以要计算执行价格的现值，进而导致利率在另一方面影响期权的价格。利率的升高将使看涨期权的价格上涨，使看跌期权的价格下降。

(4) 期权价格决定因素总结

表 5.2 总结了影响看涨期权和看跌期权价格的因素及其影响效果。

表 5.2　期权价格的决定因素总结

因素	看涨期权价格	看跌期权价格
标的资产价格上涨	上升	下跌
执行价格上升	下跌	上升
标的资产价格变动方差	上升	上升
距期权到期日的时间增加	上升	上升
利率上升	上升	下跌
红利支付额增加	下跌	上升

§4　期权的定价

自从期权交易出现以来，尤其是标准期权交易出现以来，学者们就一直致力于期权定价问题的探讨。在这方面作出里程碑似贡献的是布莱克—舒尔斯模型（Black - Scholes Model），它于 1973 年由芝加哥大学教授费雪·布莱克（Fischer Black）与斯坦福大学教授梅隆·舒尔斯（Myron Scholes）提出，布莱克—舒尔斯模型为期权定价奠定了一个总体性的框架，当在各式各样的实际情况中运用时，模型需要进行进一步的修正。期权定价的另一个模型：二项式期权定价模型（binomial option pricing model，BOPM），其理论要点主要取自考克斯（Cox）、罗斯（Ross）和鲁宾斯坦（Rubinstein）等学者的研究成果。

关于二项式期权定价模型和布莱克—舒尔斯模型的详细内容我们将在第 10 章第 7 节中进行讲述。

§5　期权的种类

期权按不同的标准划分为不同的种类。按期权合约性质可分为看涨期权、看跌期权和双重期权；按执行方式可分为美国式和欧洲式期权；按期权的标的物划分，可分为指数期权、外币期权、利率期权和期货期权。

(1) 指数期权

指数期权是以股票指数为标的物的期权。1983 年美国芝加哥期权交易所最先创立指数期权，该期权交易所推出了标准普尔 100 指数期权，该标准普尔 100 指数是由标准普尔 500 股票指数中最热门股票构成的，随后，又相继出现了纽约证券交易所综合指数期权，由于股票指数期权可紧随股票市场，所以发展很快。

（2）外币期权

外币期权又称外汇期权。是指以汇率为标的物的期权。外币期权是防止外汇风险的一种重要手段，外币期权合约在执行时，以外币实物交割，也可以交割价差。

外币期权的交易原理与其他期权交易相同，以相同的交易价买进看涨期权和卖出看跌期权，即可构成一笔假设的远期买进。购进看涨期权，当汇率上浮时则盈利；而卖出看跌期权，在汇率下浮时则面临亏损。

外汇期权发展十分迅速，交易额也越来越大，最早的外币期权合约，是1982年11月份在加拿大的蒙特利尔交易所开始的加拿大元期权合约。随后，该交易所又成功地引进了英镑、德国马克、瑞士法郎和日元等货币期权，1985年荷兰又引入了欧洲货币单位期权，外汇期权数量达200亿美元。1988年在全世界交易上市的货币期权合约有1800万个。外汇期权成为灵活的防止外汇风险和套期保值的金融工具。

（3）利率期权

利率期权是以债券类证券为标的物的期权。

利率期权是以标准化的金融凭证为交割对象，交易双方以协议价格就未来是否购买或出售该金融凭证的选择权而进行的交易。债券类证券包括国库券、政府中长期债券、大额可转让存单等等，这些金融凭证是一种生息资产，和其他商品一样，可以在市场上出售，与利率水平的高低密切相关，因此称为利率期货，相应的期权交易称为利率期权交易。

（4）期货期权

期货期权是以期货为标的物的期权，包括商品期货期权和金融期货期权。1984年10月，美国芝加哥期货交易所首次成功地将期权交易方式应用于政府长期国库券期货合约的买卖，从此便产生了期货期权。

期货期权的交易对象是商品期货合约，它赋予期权购买人在规定时间选择是否买卖期货合约的权利，期货期权在实施时，要求交割的并不是期货合约所代表的商品，而是期货合约本身，但实际上，很少交割期货合约，而是由期权交易双方结算期货市价与该期货期权协议价之间的价差。

§6 世界主要期权交易市场

20世纪80年代以来，期权市场获得了异常迅猛的发展，目前世界上股票期权的有形市场有八个，兼营期权业务的其他市场和期权无形市场则数不胜数。本节仅就主要的西方国家，如美国、荷兰、英国的期权市场作概括的介绍。

（1）美国的期权市场

美国是期权交易的首创地，期权交易主要集中在一些大的交易所。股票期权和指数期权的交易主要在著名的芝加哥期权交易所、美国股票交易所、费城股票交易所、太平洋股票交易所以及纽约股票交易所中进行。外币期权的交易主要在费城股票交易所和芝加哥期权交易所。利率期权的交易主要集中在美国股票交易所和芝加哥期权交易所。期货期权则主要集中在芝加哥期货交易所、芝加哥商品交易所、纽约期货交易所、堪萨斯谷物交易所等商品交易所中上市。

芝加哥期权交易所是美国最大的期权交易所，同时也是世界最大的期货交易所。该交易所成立于 1973 年 4 月 26 日，开始只做看涨期权交易，1977 年 6 月起增设看跌期权交易业务，该交易所是目前美国唯一的一家只做期权交易的交易所。

美国期权市场主要以股票期权为主，期权交易对基础股票的选择也十分严格。一般地，所有挂牌上市的期权，都是公众最为熟悉、且交易最为活跃的著名公司的股票，期权交易都是以这些股票为基础股票。美国期权市场上保值者与投机者的活跃程度很高。由于美国期权交易在到期日之前可以对冲，实际上执行合约的比例很小，因而期权的交易量很大，很多著名公司股票的期权的未平仓量，甚至大大超过这些公司发行的股票数量，如果期权合约都付诸实施，则会引发股票价格发生巨大动荡。

（2）荷兰的期权交易所

荷兰建立了欧洲第一个期权交易所，即欧洲期权交易所（EOF），该交易所中的上市期权有一个特点，即期权的基础股票不只限于一个国家的股票，而是包括六个国家的股票，这使期权交易者要根据多个国家的股票市场价格的变化情况进行交易，给保值者和投机者提供了更多的机会。同时，也使欧洲期权交易所成为一种国际性很强的期权市场。

欧洲期权交易所成立于 1978 年，业务经营制度严格依照美国芝加哥期权交易所的方式。协议价格、满期月份都和芝加哥期权交易所规定相同。一般的股票期权每份含 100 股基础股票，只有英国股票的看涨期权是一个例外，每份含基础股票 1000 股。

欧洲期权交易所采用会员制，交易所的会员为经纪公司，经纪公司代理投资人买卖期权，从中赚取佣金，同时欧洲期权交易所设立清算业务，以保证期权交易的安全、可靠。

（3）英国的期权交易所

英国的期权交易最早是伦敦股票交易所在1978年开始经营的，比欧洲期权交易所挂牌营业稍晚一些。该交易所的名称为伦敦期权交易所，至1981年1月共有45种不同基础证券的期权在此挂牌。交易所也采用会员制，主要以经纪公司为中介，但证券交易商也可以作为经纪人参加期权交易。伦敦期权市场也有一个清算公司，开展每日的期权交易清算业务，期权交易的合约规定基本上照搬美国芝加哥期权交易所的模式。

由于英国存在相当规模的期权柜台市场，从而形成了与有组织的伦敦期权交易市场的竞争状况，这是伦敦期权市场面临的特殊问题。

本章重要提示

理解远期、期货、互换、期权在资本市场运作和发展中的重要性；理解远期市场、期货市场、互换市场、期权市场的运作。

本章总结

1. 远期合约是一个在将来确定的时间按确定的价格购买或出售某项资产的合约，它通常是在两个金融机构之间或金融机构与其公司客户之间签署的，且不在规范的交易所内交易。因此，远期合约市场属于场外交易市场。

2. 无收益资产的远期合约的价格为 $F=Se^{r(T-t)}$；已知现金收益资产的远期合约的价格为 $F=(S-I)\ e^{r(T-t)}$；已知收益率资产的远期合约价格为 $F=Se^{(r-q)(T-t)}$。

3. 远期利率协议（FRA）是交易双方为规避未来利率波动风险，或者为在未来利率波动上进行投机的目的而达成的一份协议，交易双方在订立协议时商定，在将来的某一特定日期，按规定的币种、数额、期限和利率进行交割的一种协议。对于合约买方，实际交割额的计算公式是：$交割额=\dfrac{(R_T-R_f)\ \times A\times\dfrac{D}{B}}{1+\ (R_T\times\dfrac{D}{B})}$；对于合约卖方，实际交割额的计算公式是：交割额 $=\dfrac{(R_f-R_T)\times A\times\dfrac{D}{B}}{1+\left(R_T\times\dfrac{D}{B}\right)}$。

4. 期货合约是一个在将来确定的时间按确定的价格购买或出售某项资产的合约。与远期合约不同，期货合约通常在规范的交易所内交易。为了交易能够进行，交易所详细规定了期货合约的标准化条款。

5. 当无风险利率为常数，且所有到期日都不变时，两个交割日相同的远期合约和期货合约有相同的价格。当标的资产价格与利率正相关时，期货价格要比远期价格高。当标的资产价格与利率负相关时，远期价格比期货价格要高。

6. 期货市场也可以划分为商品期货市场和金融期货市场。根据交易的期货合约种类，金融期货市场相应地分为货币期货市场、利率期货市场和股票指数期货市场。

7. 金融期货市场的基本功能主要有：增强证券市场的流动性，稳定了现货市场；提供转移风险的手段；形成价格发现的机制；为金融机构提供利益机遇。

8. 我国金融期货市场尚处于试点起步阶段。主要品种有人民币货币期货、国债期货、股票指数期货，这些有益的试点工作开创了我国建国以后金融期货的先例，为我国金融期货市场建设积累了许多宝贵的经验教训。

9. 互换是交易双方之间私下达成的协议，以按照事先约定的公式在将来交换现金流。一般来说，单个的互换本身意义不大，事实上互换也并不是孤立存在的，它们总是与相应的现货市场头寸或交易结合起来使用。有三种基本的交易：从现货市场获得“实物”；支付给现货市场（或从现货市场接收）；提供“实物”给现货市场。

10. 期权是这样一种权利，其持有人在规定的时间内有权按约定的价格买入或卖出某项资产。欧式看涨期权多头的损益为 $\max(F_T-X,0)$；欧式看涨期权空头的损益为 $-\max(S_T-X,0)$，或 $\min(X-S_T,0)$。

11. 期权的价格由标的资产和金融市场相关的一些因素决定。与标的资产相关的因素包括标的资产的当前价格、标的资产价格变化、标的资产支付的红利；与期权合约相关的因素包括期权的执行价格、距离期权到期日的时间；与金融市场相关的因素主要指期权有效期内的无风险利率。

12. 按期权的标的物划分，可分为指数期权、外币期权、利率期权和期货期权。20 世纪 80 年代以来，期权市场获得了异常迅猛的发展，目前世界上股票期权的有形市场有八个，兼营期权业务的其他市场和期权无形市场则数不胜数。

本章需要掌握的内容和概念

远期合约　远期利率协议　期货合约　货币期货市场
利率期货市场　股票指数期货市场　互换　期权
指数期权　外币期权　利率期权　期货期权

思考题

1. 远期合约的价格如何确定？
2. 期货合约的价格如何确定？
3. 如何计算利率互换和货币互换的价值？
4. 如何计算期权的损益？
5. 期权价格的决定因素有哪些？

第6章
资产证券化市场

本章概要

本章首先阐述了资产证券化的基本原理，包括资产证券化概念、运作、特征和意义；在此基础上，重点对资产证券化的核心——破产隔离进行了分析；最后介绍了资产证券化的几种主要形式。

学习目标

理解资产证券化的原理，了解资产证券化的具体形式。

（资产）证券化很可能是现代金融中影响最为深远的发展，它改变了金融市场的性质以及市场行为的特点，……堪称造就了当代金融史上最有影响和最有前途的变革。

——亨利·考夫曼

第1节　资产证券化的概念

§1　资产证券化的定义

资产证券化（asset securitization）是指将资产通过结构性重组转化为证券的金融活动。

要进一步理解这个定义，有以下三个要点：第一，资产具体是指哪些资产？第二，什么是结构性重组？第三，转化成什么样的证券？

§2　被证券化资产

被证券化资产也被称作基础资产，那么，什么样的资产才能够被证券化呢？在资产证券化过程中，最重要的“第一是现金流，第二是现金流，第三还是现金流”，资产证券化一个不可或缺的要素就是现金流。从理论上说，任何能够产生现金流的资产都有被证券化的可能；相反，不能够产生现金流的资产就无法被证券化。现实中，被证券化资产往往是缺乏流动性的资产，通过证券化将流动性低的资产转化为流动性高的证券。

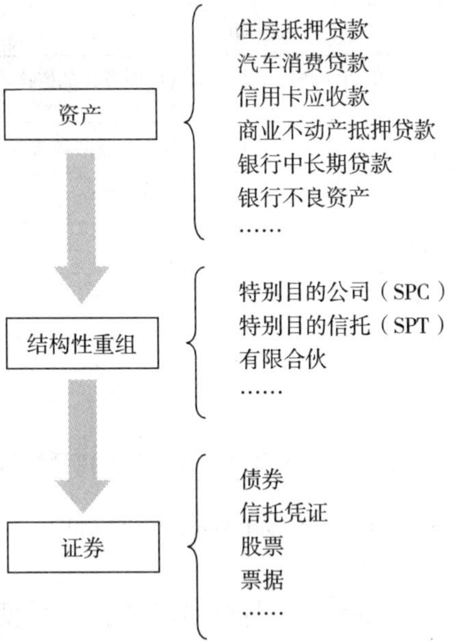

图6.1　资产证券化的定义

从资产证券化的可操作性来说，最容易被证券化的资产是住房抵押贷款，美国的资产证券化就是从住房抵押贷款证券化（MBS）成功运作起步的。

进而，将MBS领域内发展起来的金融技术应用到其他资产上，就产生了其他资产证券化（ABS）。ABS的被证券化资产从汽车消费贷款到信用卡应收款、商业不动产抵押贷款、银行中长期贷款、银行不良资产等等，实际上涉及各种各样的资产。一个比较典型的例子就是摇滚歌手知识产权证券化。

资产证券化的难易程度往往取决于被证券化资产的现金流能否容易地被预测。

总结多年来资产证券化实践经验发现，具有下列特征的资产比较容易实现证券化：

①资产可以产生稳定的、可预测的现金流收入；

②原始权益人持有该资产已有一段时间，且信用表现记录良好；

③资产应具有标准化的合约文件，即资产具有很高的同质性；

④资产抵押物易于变现，且变现价值较高；

⑤债务人的地域和人口统计分布广泛；

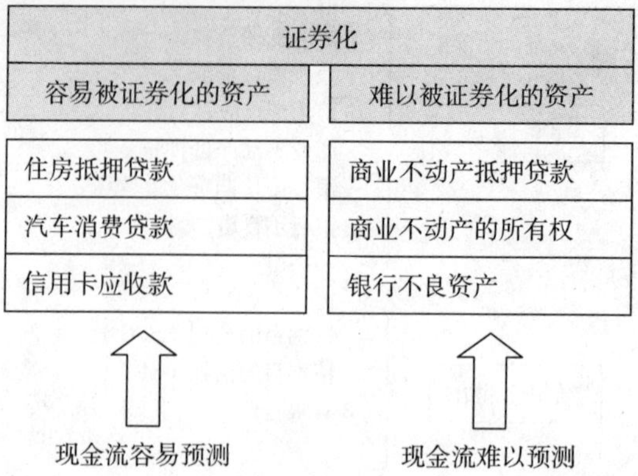

图6.2　资产证券化的难易程度取决于现金流预测的难易

⑥资产的历史记录良好，即违约率和损失率较低；

⑦资产的相关数据容易获得。

一般来说，那些现金流不稳定、同质性低、信用质量较差、且很难获得相关统计数据的资产一般不宜于被直接证券化。

§3　结构性重组

结构性重组是资产证券化的关键所在，正是通过结构性重组，资产证券化才得以具有某种“神奇性”，因此，资产证券化也被称为结构性融资（structured finance）。

所谓结构性重组，就是将基础资产转移给特别目的载体（SPV）以实现破产隔离，此后通过基础资产的现金流重组，以证券的形式出售给投资者的过程。

特别目的载体、资产转移和破产隔离的概念，我们将在后面进行详细阐述，这里介绍基础资产的现金流重组。

基础资产的现金流重组，可以分为过手型（pass-through）重组和支付型（pay-through）重组两种。两者的区别在于：支付型重组对基础资产产生的现金流进行重新安排和分配以设计出风险、收益和期限等不同的证券；而过手型重组则没有进行这种处理。

§4　资产支持证券

资产证券化将资产通过结构性重组转化为证券，这种证券叫做资产支持证券（asset backed securities）。

资产支持证券是有价证券的一种，也是证明持有人有权取得收入、可自由转让和买卖的所有权或债权凭证。有价证券与其他融资工具除了期限性、收益性、风险性等相同特征之外，最大的不同就是标准化和高流动性。资产支持证券也具有标准化和高流动性的特征。

资产支持证券有股权类证券和债券类证券两种，但是各国一般都不直接将资产支持证券归入作为企业证券化的产品股权类证券或债券类证券的相关法律监管，而是对资产支持证券制订特别的法律或条款来进行监管。这是因为，作为一项创新性金融技术的最终产品，资产支持证券本身正是资产证券化融资本质的外化性表现，与股票、企业债券等企业证券化产品之间存在较大区别。

专栏6.1 **两种证券化**

证券化（securitization）分为两个大方向：企业证券化和资产证券化。

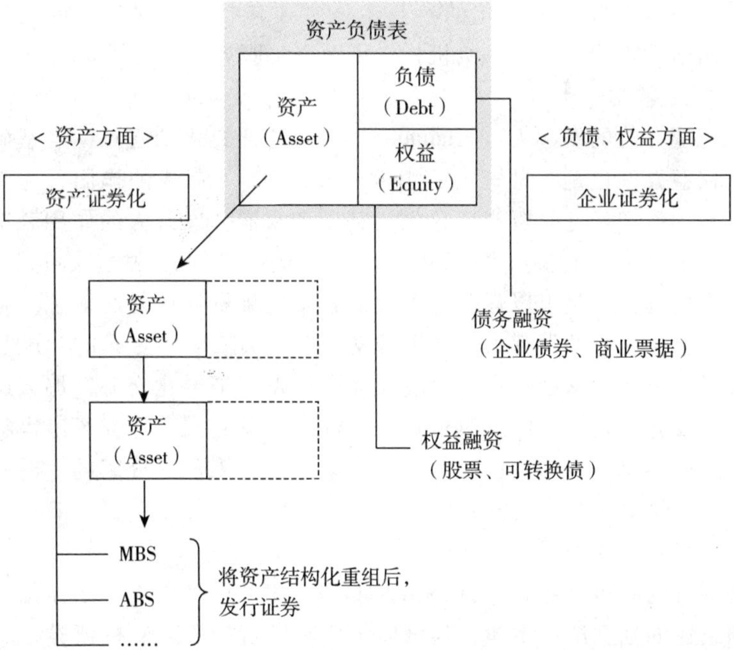

企业证券化是指企业的资金筹措，不向银行等金融中介机构借入，而是通过发行各种证券来实现。公司股票、债券就是这种证券化的典型代表。资产证券化是指资产所有者将拥有的资产与其他资产分离后，以该资产为支持，来发行证券从而筹措资金。

这两种证券化的共同点是都为直接融资，而从投资者的角度来看，却是完全不同类型的两种证券化。

企业证券化是根据发行证券的企业的价值来判断证券的价值，而资产证券化并不评估资产所有人的价值，而是根据被证券化资产本身的价值来决定证券的价值。

资料来源：井出保夫：《证券》，科学出版社2004年版。

第2节　资产证券化的运作

§1　参与主体

一般而言，资产证券化的参与主体主要包括：发起人、特别目的载体、信用增级机构、信用评级机构、承销商、服务商和受托人。

（1）发起人

资产证券化的发起人（originator）是资产证券化的起点，是基础资产的原始权益人，也是基础资产的卖方（seller）。发起人的作用首先是发起贷款等基础资产，这是资产证券化的基础和来源。发起人的作用其次在于组建资产池（asset pool），然后将其转移给SPV。因此，发起人可以从两个层面上来理解：一是可以理解为发起贷款等基础资产的发起人，二是可以理解为证券化交易的发起人。这里的发起人是从第一个层面上来定义的。

一般情况下，基础资产的发起人会自己发起证券化交易，那么这两个层面上的发起人是重合的，但是有时候资产的发起人会将资产出售给专门从事资产证券化的载体，这时两个层面上的发起人就是分离的。因此，澄清发起人的含义还是有一定必要的。

（2）特别目的载体

特别目的载体（special purpose vehicle，SPV）是以资产证券化为目的而特别组建的独立法律主体，其负债主要是发行的资产支持债券，资产则是向发起人购买的基础资产。SPV是介于发起人和投资者之间的中介机构，是资产支持证券的真正发行人。SPV是一个法律上的实体，可以采取信托、公司或者有限合伙的形式。

(3) 信用增级机构

信用增级可以通过内部增级和外部增级两种方式，对应这两种方式，信用增级机构（credit enhancer）分别是发起人和独立的第三方。第三方信用增级机构包括：政府机构、保险公司、金融担保公司、金融机构、大型企业的财务公司等。

国外证券化发展初期政府机构的担保占据主要地位，后来非政府担保逐渐发展起来，包括银行信用证、保险公司保函等，以后又产生了金融担保公司。

(4) 信用评级机构

现在世界上规模最大、最具权威性、最具影响力的三大信用评级机构（rating agency）为：标准普尔（Standard & Pool's）、穆迪公司（Moody's）和惠誉公司（Fitch）。有相当部分的资产证券化操作会同时选用两家评级机构来对证券进行评级，以增强投资者的信用。

(5) 承销商

承销商（underwriter）为证券的发行进行促销，以帮助证券成功发行。此外，在证券设计阶段，作为承销商的投资银行一般还扮演融资顾问的角色，运用其经验和技能形成一个既能在最大程度上保护发起人的利益又能为投资者接受的融资方案。

(6) 服务商

服务商（servicer）对资产项目及其所产生的现金流进行监理和保管：负责收取这些资产到期的本金和利息，将其交付予受托人；对过期欠账服务机构进行催收，确保资金及时、足额到位；定期向受托管理人和投资者提供有关特定资产组合的财务报告。服务机构通常由发起人担任，为上述服务收费，以及通过在定期汇出款项前用所收款项进行短期投资而获益。

(7) 受托人

受托人（trustee）托管资产组合以及与之相关的一切权利，代表投资者行使职能。包括：把服务机构存入SPV账户中的现金流转付给投资者；对没有立即转付的款项进行再投资；监督证券化中交易各方的行为，定期审查有关资产组合情况的信息，确认服务机构提供的各种报告的真实性，并向投资者披露；公布违约事宜，并采取保护投资者利益的法律行为；但服务机构不能履行其职责时，替代服务人担当其职责。

表6.1概括了上述各个参与主体在资产证券化中的主要职能。

表6.1　　参与主体的主要职能

参与主体	主要职能
发起人	选择拟证券化资产，并进行打包，然后将其转移给SPV，从SPV处获得对价
SPV	以资产证券化为目的而特别组建的独立法律主体，其负债主要是发行的资产支持证券，资产则是被证券化的基础资产。SPV介于发起人和投资者之间，是资产支持证券的真正发行人
信用增级机构	对SPV发行的证券提供额外信用支持。信用增级机构由发起人或独立的第三方来担任
信用评级机构	对SPV发行的证券进行信用评级。除了初始评级以外，信用评级机构在该证券的整个存续期内往往还需要对其业绩情况进行“追踪”监督，及时发现新的风险因素，并作出升级、维持或降级的决定，以维护投资者的利益
承销商	为证券的发行进行促销，以帮助证券成功发行。此外，在证券设计阶段，作为承销商的投资银行还扮演着融资顾问的角色，运用其经验和技能形成一个既能在最大程度上保护发起人的利益又能为投资者接受的融资方案
服务机构	对资产项目及其所产生的现金流进行监理和保管：负责收取这些资产到期的本金和利息，将其交付予受托人；对过期欠账服务机构进行催收，确保资金及时、足额到位；定期向受托管理人和投资者提供有关特定资产组合的财务报告。服务机构通常由发起人担任，为上述服务收费，以及通过在定期汇出款项前用所收款项进行短期投资而获益
受托人	托管资产组合以及与之相关的一切权利，代表投资者行使职能。包括：把服务机构存入SPV账户中的现金流转付给投资者；对没有立即转付的款项进行再投资；监督证券化中交易各方的行为，定期审查有关资产组合情况的信息，确认服务机构提供的各种报告的真实性，并向投资者披露；公布违约事宜，并采取保护投资者利益的法律行为；但服务机构不能履行其职责时，替代服务人担当其职责

资料来源：参见姜建清、李勇：《商业银行资产证券化：从货币市场走向资本市场》，中国金融出版社，2004年版。

§2　一般流程

图6.3概括了资产证券化的运作流程，具体来说，完成一次资产证券化交易，需完成如下运作步骤。

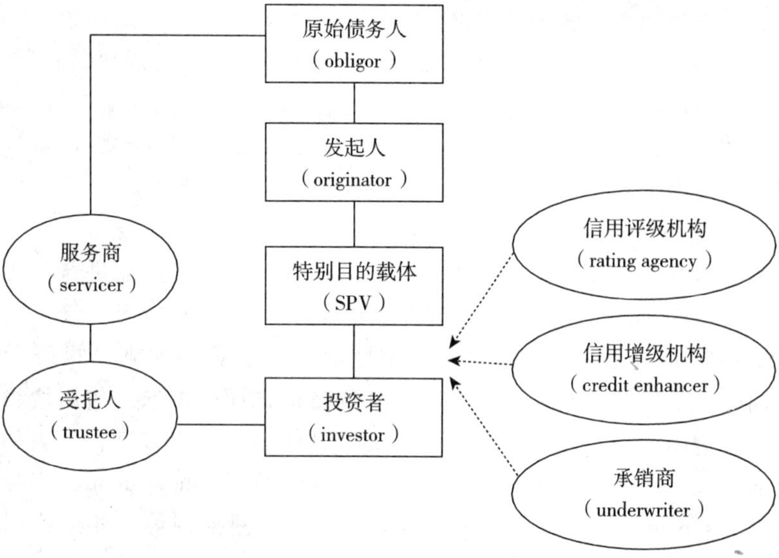

图6.3 资产证券化的运作流程

（1）确定基础资产并组建资产池

资产证券化的发起人（即资产的原始权益人）在分析自身融资需求的基础上，通过发起程序确定用来进行证券化的资产。

（2）设立特别目的载体

特别目的载体（SPV）是专门为资产证券化而设立的一个特别法律实体，它是结构性重组的核心主体。SPV被称为是没有破产风险的实体，对这一点可以从两个方面理解：一是指SPV本身的不易破产性；二是指发起人将基础资产转移给SPV，必须满足真实出售的要求，从而实现了破产隔离。

SPV可以是由证券化发起人设立的一个附属机构，也可以是专门进行资产证券化的机构。设立的形式可以是特别目的信托、特别目的公司以及有限合伙。从已有的证券化实践来看，为了逃避法律制度的制约，有很多SPV是在有“避税天堂”之称的百慕大群岛、开曼群岛等地方注册的。

（3）资产转移

基础资产从发起人的地方转移给SPV是结构性重组中非常重要的一个环节。这个环节会涉及许多法律、税收和会计处理问题。资产转移的一个关键问题是，这种转移必须是真实出售（true sale），其目的是为了实现基础资产与发起人之间的破产隔离，即发起人的其他债权人在发起人破产时对已基础资产没有追索权。

真实出售的资产转移要求做到以下两个方面：第一，基础资产必须完全转移到 SPV 手中，这既保证了发起人的债权人对已转移的基础资产没有追索权，也保证了 SPV 的债权人对发起人的其他资产没有追索权；第二，由于资产控制权已经从发起人转移到了 SPV，因此应将这些资产从发起人的资产负债表上剔除，使资产证券化成为一种表外融资方式。

（4）信用增级

为吸引投资者并降低融资成本，必须对资产证券化产品进行信用增级（credit enhancement），以提高所发行证券的信用级别。信用增级可以使证券在信用质量、偿付的时间性与确定性等方面能更好地满足投资者的需要，同时满足发行人在会计、监管和融资目标方面的需求。信用增级可以分为内部信用增级和外部信用增级两类，具体手段有很多种，如内部信用增级的方式有：划分优先/次级结构（senior/subordinate structure）、建立利差账户（spread account）、开立信用证、进行超额抵押等。外部信用增级主要通过担保来实现。

（5）信用评级

在资产证券化交易中，信用评级机构通常要进行两次评级：初评与发行评级。初评的目的是确定为了达到所需要的信用级别必须进行的信用增级水平。在按评级机构的要求进行完信用增级之后，评级机构将进行正式的发行评级，并向投资者公布最终评级结果。信用评级机构通过审查各种合同和文件的合法性及有效性，给出评级结果。信用等级越高，表明证券的风险越低，从而使发行证券筹集资金的成本越低。

（6）发售证券

信用评级完成并公布结果后，SPV 将经过信用评级的资产支持证券交给证券承销商去承销，可以采取公开发售或私募的方式来进行。由于这些证券一般具有高收益、低风险的特征，所以主要由机构投资者（如保险公司、投资基金和银行机构等）来购买。这也从一个角度说明，一个健全发达的资产证券化市场必须要有一个成熟的、达到相当规模的机构投资者队伍。

（7）向发起人支付资产购买价款

SPV 从证券承销商那里获得发行现金收入，然后按事先约定的价格向发起人支付购买基础资产的价款，此时要优先向其聘请的各专业机构支付相关费用。

（8）管理资产池

SPV 要聘请专门的服务商来对资产池进行管理。一般地，发起人会担任服务商，这种安排有很重要的实践意义。因为发起人已经比较熟悉基础资产的情况，并与每个债务人建立了联系。而且，发起人一般都有管理基础资产的专门技术和充足人力。当然，服务商也可以是独立于发起人的第三方。这时，发起人必须把与基础资产相关的全部文件移交给新服务商，以便新服务商掌握资产池的全部资料。

（9）清偿证券

按照证券发行时说明书的约定，在证券偿付日，SPV将委托受托人按时、足额地向投资者偿付本息。利息通常是定期支付的，而本金的偿还日期及顺序就要因基础资产和所发行证券的偿还安排的不同而异了。当证券全部被偿付完毕后，如果资产池产生的现金流还有剩余，那么这些剩余的现金流将被返还给交易发起人，资产证券化交易的全部过程也随即结束。

需要特别说明的是，这里只阐述了资产证券化运作的最一般或者说最规范的流程，实践中每次运作都会不同。尤其是在社会经济环境不同的国家或地区，这种不同会更明显。因此，在设计和运作一个具体的证券化过程时，应以既存的社会经济环境为基础。

第3节　资产证券化的特征和意义

§1　资产证券化的特征

通过对资产证券化概念和运作的分析，我们可以总结出资产证券化的特征。资产证券化的特征主要有如下几个方面。

（1）资产证券化是资产支持融资

银行贷款、发行证券等传统融资方式，融资者是以其整体信用作为偿付基础。而资产证券化支持证券的偿付来源主要是基础资产所产生的现金流，而与发起人的整体信用无关。

当构造一个资产证券化交易时，由于资产的原始权益人（发起人）将资产转移给SPV实现真实出售，所以基础资产与发起人之间实现了破产隔离，融资仅以基础资产为支持，而与发起人的其他资产负债无关。投资者在投资时，也不需要对发起人的整体信用水平进行判断，只要判断基础资产的质量就可以了。

（2）资产证券化是结构融资

资产证券化作为一种结构性融资方式，主要体现在如下几个方面。

第一，成立资产证券化的专门机构SPV。特别目的载体（special purpose vehicle，SPV）是以资产证券化为目的而特别组建的独立法律主体，其负债主要是发行的资产支持债券，资产则是向发起人购买的基础资产。SPV被称为是没有破产风险的实体。SPV是一个法律上的实体，可以采取信托、公司或者有限合伙的形式。

第二，“真实出售”的资产转移。基础资产从发起人的地方转移给SPV是结构性重组中非常重要的一个环节，资产转移的一个关键问题是，这种转移必须是真实出售（true sale）。其目的是为了实现被基础资产与发起人之间的破产隔离，即发起人的其他债权人在发起人破产时对已基础资产没有追索权。

第三，对基础资产的现金进行重组。基础资产的现金流重组，可以分为过手型（pass-through）重组和支付型（pay-through）重组两种。两者的区别在于：支付型重组对基础资产产生的现金流进行重新安排和分配以设计出风险、收益和期限等不同的证券；而过手型重组则没有进行这种处理。

（3）资产证券化是表外融资

在资产证券化融资过程，资产转移而取得的现金收入，列入资产负债表的左边——“资产”栏目中。而由于真实出售的资产转移实现了破产隔离，相应地，基础资产从发起人的资产负债表的左边——“资产”栏目中剔除。这既不同于向银行贷款、发行债券等债权性融资，相应增加资产负债表的右上角——“负债”栏目；也不同于通过发行股票等股权性融资，相应增加资产负债表的右下角——“所有者权益”栏目。

由此可见，资产证券化是表外融资方式，且不会增加融资人资产负债表的规模。

§2 资产证券化的意义

资产证券化自1970年代在美国问世以来，短短三十余年的时间里，获得了迅猛发展。从某种意义上说，证券化已经成为当今全球金融发展的潮流之一。资产证券化之所以取得如此迅速的发展，根本原因在于资产证券化能够为参与各方带来了好处。

（1）从发起人的角度

①增加资产的流动性，提高资本使用效率。资产的流动性是指资产变现的能力，我们知道货币是流动性最高的资产，而贷款、应收款等则是流动性较差的资产。如果将贷款、应收款保留在资产负债表中作为资产，那

么能够获得的收益是有限的，而且如果因此而放弃了其他投资机会，那么机会成本可能就会非常大。

资产证券化最基本的功能是提高资产的流动性。发起人可以通过资产证券化将贷款出售获得现金，或者以贷款为支持发行债券进行融资。不管通过哪种方式，资产证券化使得拥有贷款等流动性差的资产的主体可以将流动性较低的贷款变成具有高流动性的现金，从而为他们提供一条新的解决流动性不足的渠道。

资产流动性的提高，意味着资本利用效率的提高。资产证券化作为一种融资手段，再获得资金的同时并没有增加负债。如果资产所有者是出售资产，那么他减少了贷款这一资产，但是同时增加了现金这一资产，所以负债并没有增加。因此，资产证券化再不增加负债的前提下，使得发起人获得了资金，促进了资金的周转，从而提供了资本的利用效率。

②提升资产负债管理能力，优化财务状况。资产证券化对发起人的资产负债管理的提升作用体现在它可以解决资产和负债的不匹配性。以银行为例，银行的资产和负债的不匹配性主要表现在两个方面：一是流动性和期限的不匹配；而是利率的不匹配。银行的资产和负债的流动性和期限不匹配，主要是因为银行的资产主要是贷款等中长期、流动性较差的资产，而其负债则主要是活期贷款等期限短、流动性较高的资产，因而两者不能很好地匹配起来。如果发生挤兑等特殊情况，银行就无法支付，此时就会发生支付危机。而资产证券化可以将长期的、流动性差的贷款转化为流动性高的现金，从而解决流动性和期限匹配上的问题。同时，如果银行的贷款为长期固定利率贷款，而存款为短期变动利率，则银行将承受利率风险。每当短期利率相对于长期利率升高时，银行所赚取的利差（interest rate spread）将会受到侵蚀，而使银行利益受损甚至亏损。通过证券化，银行的贷款就会大大减少，从而降低了在利率上升时被迫以高利率负债支持低利率资产的风险。

由于证券化采用了表外融资的处理方法，发起人将被证券化资产转移到资产负债表外，从而达到改善资产负债表结构，优化财务状况的目的。这一点对于银行等金融机构尤其具有意义。自1988年以来，巴塞尔委员会关于银行监管的准则已为越来越国家的金融管理当局所接受，银行等金融机构的资本充足状况成为各国金融监管的焦点，银行为达到资本充足率要求不得不保有与其所持资产相对应的资本。如果银行开展资产证券化交易，不但可以提前收回现金，从而可相应缩减负债，同时由于将基础资产移到表外，银行可以释放相应的资本——资产证券化的这种双重释放功能是其越来越受到银行青睐的主要原因。此外，资产证券化还可以使公司把未来服务费收入流提前兑现为现期盈利，如果不进行证券化，通常这种收入要在贷款的整个期限那才能逐步实现。

③实现低成本融资。传统的融资方式一般是以融资方的整体信用为支持的，但是资产证券化是一种结构性融资而非产权融资，其信用基础是一组特定资产（抵押类或非抵押类），而非发行人的整个资产。贷款、企业债券、股票等方式都是以发行人的全部资产和信用为支持的，投资者进行投资必须考虑发行人的整体信用和经营状况，而在资产证券化融资中，投资者只需考虑基础资产的质量就行。资产证券化可以通过破产隔离机制的设计，再辅以信用增级等手段，使得发行的证券的信用级别独立于融资方的信用级别，大大提高证券的信用级别。也就是说，即使融资方的信用级别并不高，资产证券化后的证券也可有比较高的信用级别。信用级别的提高必然使得投资者的要求回报率降低，所以融资成本就得到了节约。

另外，由于资产证券化可以使得证券的信用级别高于原有融资人的整体信用级别，原来可能因为信用级别不够而无法融资的融资人也可以获得融资的机会，这就使其融资渠道得到了拓宽。信用增级通常还会带来一个差额收益，这个收益一般都是属发起人所得。这样对发起人来说，既能获得收益，又能留住客户，是一个很大的吸引。

④增加收入来源。在资产证券化中，服务商通常由发起人担任，使得发起人可以通过收付款服务等途径收取费用，增加新的收入来源。

（2）从投资者的角度

①提供多样化的投资品种。资产证券化产品根据投资者对风险、收益和期限等的不同偏好，对基础资产组合产生的现金流进行了重新安排和分配，使本金与利息的偿付机制发生了变化。具体而言，资产证券化交易中的证券一般不是单一品种，而是通过对现金流的分割和组合，可以设计出具有不同档级的证券。不同档级的证券具有不同的优次偿付次序，以“熨平”现金流的波动。这就为投资者提供了风险和收益多样化的产品品种，为各种类型投资者分散风险，提高收益，创造新投资组合提供和巨大空间。同时，对特定领域资产的证券化，其产品的标准化设计为投资者提供了进入原本不可能进入的投资领域的可能性。

②提供更多的合规投资。由于组成资产池的是优质资产，且有完善的信用增级，因此所发行证券的风险通常很小（多数能获得AA以上的评

级)，而收益却相对比较高，并且在二级市场上具有很高的流动性。资产支持证券可以为那些在投资品种上受到诸多限制的机构投资者（如养老基金、保险公司、货币市场基金）提供新的合意投资品，成为它们投资组合中的合规投资。

③降低资本要求，扩大投资规模。一般而言，资产证券化产品的风险权重比基础资产本身的风险权重低得多，比如，在美国，住房抵押贷款的风险权重为 50%，而由联邦国民住房贷款协会发行的以住房抵押贷款为支持的过手证券却只有 20% 的风险权重，金融机构持有这类投资工具可以大大节省为满足资本充足率要求所需要的资本金，从而可以扩大投资规模，提高资本收益率。我们可以看一个保险公司的例子：当一家保险公司购入一笔不动产，按照美国有关法规的规定，它必须保持相当于投资额 3% 的资本金来支持这笔投资；但如果保险公司购入的是一笔信用等级不低于 BBB 级的抵押证券，则其对资本金可以用来支持基础资产的数额将 10 倍于支持非证券化的不动产。

（3）从金融市场大环境的角度

资产证券化能够让整个金融市场乃至整个经济体的资源实现更有效、更优化的配置。资本的优化配置包括几个方面：一是让资本的需求者在尽可能短的时间内花费尽可能少的成本找到资本，让供给者在短时间内出让资本并获得尽可能高的收益；二是让这个过程有效地进行；三是让这个过程能够持续地进行。资产证券化很好地满足了资本优化配置的三个方面要求。

①提供新的投融资途径。资产证券化是一种金融创新工具，通过这种新的金融安排，在资金的供需双方建立了新的沟通桥梁，提供了新的选择。对资金的供需双方和整个金融市场和经济体而言，这无疑是一种帕累托改进。资产证券化的这部分优点在分析发起人和投资者部分时已有详尽分析，在此不累牍。

②提高资本配置的有效性。资本优化配置的一层含义就是能够在整个经济体范围内实现资源的优化配置，很难想象一个缺乏流动性的金融资产能够在大范围内实现优化配置。资产证券化通过自身独特的流动性设计和标准化证券产品设计，使得市场流动性增强，资金来源大大拓展。一个集中表现是资产证券化能为社会的各种需求提供源源不断的贷款资金：不论是住房抵押贷款、汽车贷款还是信用卡的借款人，都希望能够获得充裕而低利率的贷款，以维持其消费理财的需要，资产证券化正是解决贷款资金

来源不足的最好方法。资产证券化后，发起人可以将其债权出售换取现金，并以新取得的现金从事新的业务，如此周而复始，金融机构能不断由资金提供贷款。因此通过证券化，可以缩短资金周转周期，提高资金利用效率。

除了提高流动性，资产证券化的另一个优点是促使金融市场的各个参与主体专业化分工，各参与主体根据自身的比较优势各司其职。以银行的贷款资产证券化为例，在传统的金融体制下，商业银行、储蓄机构等向社会公众吸收存款并发放贷款，承担贷款的管理和服务工作。但是在当今融资渠道多样化，银行与其他金融机构界限日益模糊的经济背景下，银行的比较优势不再是来自通过持有非流动性的贷款为经济提供流动性，而是来自对那些无法在公开市场有效传播的有关借款人信息的收集、分析和持续跟踪。因此通过资产证券化，银行收集借款人信息、评估借款人发放贷款，但是银行并不长期持有而是适时出售，此外管理持有贷款组合的受托人，组合证券的承销人、担保人、评级人，贷款抵押的评估人等也都在自己的专业领域实现专业化的分工，这样资产证券化就可以取得较传统融资方式更为有效的资源配置效率。

③提高金融系统的安全性。通过资产证券化，能够将积压在银行体系的房地产贷款、不良资产等风险合理配置到社会中各个层次的投资者去，可以有效地避免诸如经济周期影响房地产贷款质量等风险。

此外，通过资产证券化的流动性设计，解决了金融机构流动性风险问题。由于金融机构将流动性差的资产证券化，这些金融机构可以很容易地变现资产，在面临挤兑或者经营不善时，金融机构可以维持需要的流动性。

整个金融系统的安全性有了保障，提供高效优化配置资本的这些安排也就能够持续不断地进行了。

第4节　资产证券化的核心

§1　破产隔离是资产证券化的核心

从资产证券化的概念和运作可以看到，资产证券化实质上是围绕实现破产隔离而展开的金融活动。从资产证券化的特征可以看到，这些特征正是为了实现破产隔离而进行的各种设计和架构所导致的。从资产证券化的意义可以看到，资产证券化之所以能够给参与各方带来好处，关键之处是通过破产隔离实现了风险和收益的重组。

因此，破产隔离（bankruptcy remote）是资产证券化的核心。

资产证券化中的破产隔离涵义包括两个方面：一是资产转移必须是真实销售的；二是SPV本身是破产隔离的。

§2 实现破产隔离的两种方式

破产隔离的实现，有特殊目的信托（special purpose trust，SPT）方式和特殊目的公司（special purpose company，SPC）方式两种。

（1）SPT方式

在SPT方式下，资产转移是通过信托实现，即发起人将基础资产信托给作为受托人的SPT，成立信托关系，由SPT作为资产支持证券的发行人发行代表对基础资产享有权利的信托受益凭证。在这样一个信托关系中，委托人为发起人；作为受托人的SPV是法律规定的营业受托人，即有资格经营信托业务的信托机构；信托财产为基础资产；受益人则为受益凭证的持有人——投资者。

在信托关系的法律构造下，发起人将其基础资产信托给SPT后，这一资产的所有权就属于SPT，发起人的债权人就不能再对不属于发起人的基础资产主张权利，从而实现了基础资产与发起人的破产隔离。

以信托方式实现资产转移，具体的运作思路如下：

第一，发起人作为信托财产的委托人，与受托人订立信托契约，将资产证券化的基础资产设定为信托财产，信托给受托人（一般为经营信托业务的信托机构），受托人向发起人发放以信托财产的未来现金流为基础的信托受益凭证。即这是一个自益信托。

第二，发起人向投资者出售信托受益凭证，信托受益凭证的购买者成为信托财产的受益人，有权获得信托财产产生的现金流。

第三，发起人作为信托财产的管理服务人，归集现金流，管理、经营、处置证券化基础资产，所获得的现金收入转入受托人指定的账户。

第四，信托财产产生的现金流按信托受益凭证规定的方式分配给投资者（即优先级受益凭证的持有人）。

第五，信托受益凭证可以在约定的交易市场进行流通、交易。

（2）SPC方式下

在SPC方式下，专门设立作为资产证券化SPV的公司SPC，发起人将基础资产以出售的形式转移给 SPC，SPC 以基础资产为支持向投资者发行证券。

由于发起人已经将基础资产出售给 SPC，这一资产的所有权就属于 SPV，发起人的债权人就不能再对不属于发起人的基础资产主张权利，从而实现了基础资产与发起人的破产隔离。

SPC 方式实施资产证券化具体又可以分为“独立公司模式”和“子公司模式”。

在独立公司模式下，发起人把基础资产真实出售给跟自己没有控股权关系的 SPC，SPC 购买资产后，重新组合建立资产池，以资产池为支持发行证券。真实出售意味着资产离开发起人的资产负债表，从而实现破产隔离。

在子公司模式下，发起人成立全资或控股子公司作为 SPC，然后把资产出售给子公司（SPC），同时，子公司不但购买母公司的资产，还可以购买其他的资产。子公司组成资产池并依此为支持发行证券。因为子公司的利润要上缴给母公司，且报表都要并入母公司资产负债表，子公司（SPC）的资产最终要体现在母公司资产负债表上。但是，由于母公司与子公司是两个法人，因此，母公司的破产并不会直接导致子公司的破产，从而实现了破产隔离。

§3 真实出售的资产转移

通过资产转移实现基础资产与发起人的破产隔离，一个关键就是这种资产转移必须是真实出售（true sale）。

对资产转移的真实出售判断，主要包括资产转移时和资产转移后两方面。

(1) 资产转移时真实出售的判断

资产转移被判断为真实出售，在资产转移时必须符合如下条件。

第一，发起人在其资产转移合同中表明真实出售资产的意图。应注意的是，当事人关于资产转移的真实意思表示构成了“真实出售”的必要条件而非充分条件，对资产转移的性质判断，还应综合其他因素从交易的实质上加以分析。如在美国，资产转移的法律特征和经济实质将会成为判断资产转移是否是真实出售的主要因素，而不是当事人表明的意图，当事人不能仅仅通过在交易上贴上真实出售的标签就将资产转移断定为真实出售。

第二，资产的价格以确定的方式出售给SPV，并且资产的定价是公平的市场价格。由于资产证券化包含着操作流程的费用、付给各个服务人的费用及考虑到债务人违约导致的资产损失，因此资产转移给SPV的对价往往有一定的折扣。但这样的折扣应该是确定的，限于必要的费用和预期的违约损失估计，而不能涵盖将来资产的实际损失，不然将损害资产真实出售的认定。

第三，资产转移的完成意味着有关资产的一切权利及其他利益都已转移给了SPV，基础资产从发起人的资产负债表上剔除。

（2）资产转移后真实出售的判断

资产转移后资产转移性质的判断，是资产转移时的延伸，是资产转移是否真实出售的判断的又一个要点，主要包括如下几点。

第一，对发起人的追索权问题。无疑，其他条件满足的前提下，没有带对发起人追索权的资产转移，是真实出售，但是否一旦附加追索权，就意味着否定了真实出售？一般来说，追索权的存在并不必然破坏真实出售，只是追索权的多少决定了资产转移的性质。一般认为，对发起人的追索权如果没有高于以资产的历史记录为基础合理预期的资产违约率，就是适度的。

第二，基础资产剩余利润抽取的问题。真实出售的一个实质内涵是SPV在资产转移后获取资产收益和承担资产损失。如果一开始并没有确定发起人对资产的责任，而是若资产发生损失，发起人就予以弥补，资产在偿还投资者权益后有剩余，发起人就予以获取，这样就常被认为SPV对发起人有追索权，发起人并没有放弃对资产的控制，真实出售的目的就难以达到。

第三，发起人担任服务商的问题。由于发起人对基础资产情况的熟悉，一般由其来担任服务商，对资产项目及其所产生的现金流进行监理和保管。但不可否认，发起人担任服务商，存在着基础资产与发起人其他资产混合的风险，严重的还会被认为发起人并没有放弃对基础资产的控制，从而使破产隔离的目的落空。为了有效解决这一问题，就必须保证SPV对收款账户有控制权，为此，SPV拥有对所购买资产的账簿、会计记录和计算机数据资料的所有权，SPV有权控制服务商收款相关的活动并可自主随时更换服务商。同时，作为服务商的发起人，必须像任何其他可能的服务商一样按约定的标准行事，收取在正常情况下提供这些服务的费用，随时可被由SPV自主任命的另一个服务商取代。

第四，各种期权的影响问题。在资产证券化中常存在着一些期权，这些期权将会影响到对真实出售的判断。一方面，如果存在发起人的回购期权，即发起人有权从SPV处重新买回资产，事实上这意味着发起人还保有资产的利益，并没有放弃对资产的控制，因此这样的资产转移被认为不是真实出售。另一方面，如果存在SPV的出售期权，即发起人有义务从SPV处购回资产，事实上这意味着发起人承担了资产的风险责任，因此，这样的资产转移会被认为不是真实出售。

§4 破产隔离的SPV

资产证券化实现破产隔离的另外一个关键是，SPV本身是破产隔离的。SPV的破产风险来自于SPV的自愿破产和强制破产，因此，SPV破产隔离，也就是制约SPV自愿破产和强制破产。

（1）对SPV自愿破产的制约

完全禁止SPV自愿破产是不太可能的，原因在于有关禁止自愿破产的事先措施，可能会被法院认为违反了公共政策而无效。

在实践中，对SPV自愿破产的制约措施主要表现在SPV的治理结构、章程或者其他成立文件中的条款。最常用的措施之一，是规定在SPV被发起人控制时，要求SPV必须具有一名或者一名以上独立董事。并在SPV的章程中规定，除非处于资不抵债的情况，并且经过全体董事或者至少包括一名独立董事的同意，SPV才可以提出自愿破产申请。

还有一种措施是，SPV的结构由两类股票组成，规定必须在这两类股票的持有人都同意时才能提出自愿破产申请，而其中一类股票被抵押给SPV证券的持有人或者由他们控制。

另一种措施是SPV与发起人没有任何关系，发起人既不持有SPV的股权也不控制SPV，SPV由一个独立的第三方控制。

（2）对SPV强制破产的制约

对SPV强制破产的制约，就是限制SPV的债权人和债权。常见措施有以下两种。

第一，SPV在章程或其他组织文件中将其经营范围限定于资产证券化业务，规避其他业务活动产生的求偿权导致SPV破产的风险。

第二，限制非资产证券化及其相关的负债和担保。SPV除了履行证券化交易中确立的债务和担保义务外，一般不应再发生其他债务，也不应为其他机构或个人提供担保。

专栏6.2　　国家开发银行资产证券化

2005年12月15日，“2005年第一期开元信贷资产支持证券”通过中央国债登记结算有限责任公司的招标系统正式发行。

(1) 交易主体

本案例涉及的交易主体包括：

国家开发银行，在本案例中，担任“发起人”和“服务商”的角色。

中诚信托，全称中诚信托投资有限责任公司，在本案例中，担任“特别目的载体”角色。

承销团，包括相关的银行和证券公司，在本案例中，担任“承销商”角色。

中诚信国际，全称中诚信国际信用评级有限公司，在本案例中，担任“信用评级机构”角色。

中国银行，全称中国银行股份有限公司，在本案例中，担任“受托人”角色。

(2) 交易结构

国家开发银行资产证券化交易结构见下图。

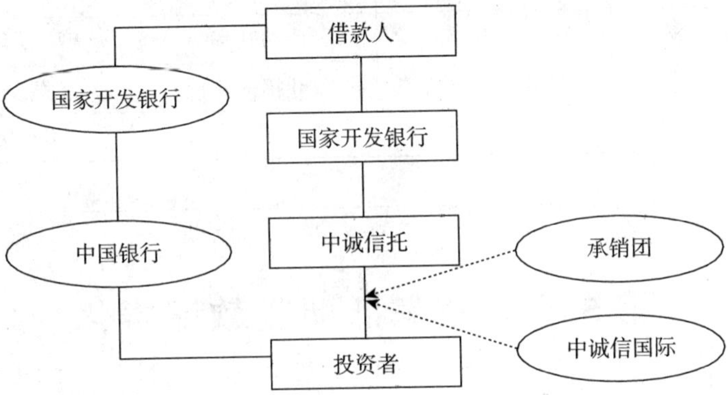

国家开发银行资产证券化交易结构

(3) 基础资产

国家开发银行在选择纳入资产池的基础资产时，充分考虑了以下两个因素：第一，入选的基础资产应具有较高的同质性，均为针对基础设施项目所发放的中长期贷款，并且均将于2007年7月1日前到期；第二，基础资产项下的借款合同对于还款时间都做出了明确的规定，基础资产项下能够产生可预测的现金流收入。

由此，国家开发银行从总行各局、营业部和全国31个分行所上报的数百笔优质信贷资产中挑选出共51笔贷款构成资产池，纳入资产池的基础资产的借款人绝大部分为财务实力较强的国有特大型、大型企业或其控股子公司以及国家事业单位，普遍拥有良好的信用记录。全部信贷资产涉及29名借款人向发起机构借用的51笔贷款，截止于2005年12月21日全部未偿债权本金总额为41.7727亿元。

（4）资产支持证券

各档证券的利息和本金依下列顺序偿还：优先A档利息、优先B档利息、优先A档本金、优先B档本金，最后为次级档证券的利息和本金。

	优先级		次级
	A级资产支持证券	B级资产支持证券	次级资产支持证
发行量	29.24亿	10.03亿	2.51亿
法定最终到期日	2006年12月31日	2007年7月1日	2007年7月1日
发行利率	固定利率	浮动利率	无票面利率
发行方式	公开招标发行	公开招标发行	私募发行
评级结果	AAA	A	不评级

第5节　住房抵押贷款证券化

§1　住房抵押贷款证券化和资产支持证券化

根据产生现金流的证券化资产的类型不同，资产证券化可分为住房抵押贷款证券化（mortgage - backed securitization，简称MBS）和资产支持证券化（asset - backed securitization，简称ABS）两大类。其区别在于：前者的基础资产是住房抵押贷款，而后者的基础资产则是除住房抵押贷款以外的其他资产。

本节介绍住房抵押贷款证券化，下节介绍资产支持证券化。

§2 住房抵押贷款证券化的发展历程

住房抵押贷款证券化诞生于20世纪70年代的美国。70年代后期，美国利率开始大幅上升，利率上升的结果，一方面使得实行短存长贷、浮动利率存款固定利率贷款的银行和储蓄贷款机构面临着日益严重的资产负债不匹配问题，存款利率反而高于贷款利率；另一方面，一些新兴的货币市场工具以较高的利率将资金从银行存款账户上吸收过去，使得银行发生周转困难。于是出现了专门向银行收购住房抵押贷款的金融机构，银行出售期限较长的住房贷款，既可以改善资产负债结构，又可以获得急需的流动性，而这些新金融机构购买了住房贷款后，便转售给政府信用机构或者以贷款为支持发行债券。于是住房抵押贷款支持证券便诞生了。

住房抵押贷款证券化是由私人部门创新的，但推动其迅速发展的，则是美国的政府部门。为了促进住房贷款的发放，美国政府一直积极发展住房贷款的二级市场。MBS出现之前，就成立了联邦国民住房贷款协会（Fannie Mae）、政府国民住房贷款协会（Ginnie Mae）和联邦家庭住房贷款协会（Freddie Mac）三家机构，这三家机构向银行和储蓄贷款机构购买了大量的住房贷款。80年代初，这三家机构开始对其拥有的住房抵押贷款进行证券化，在政府部门的推动下，MBS迅速发展起来。MBS的发展使得证券化的对象由住房抵押贷款扩展到了工商业贷款、信用卡应收款、商业应收账款、汽车贷款等领域，证券化这一金融创新技术也由美国推广到欧洲、美洲、亚洲和大洋洲国家。至1999年底，美国6万亿美元的住房抵押贷款余额中有50%（即3万亿美元）已经证券化，住房抵押贷款支持证券占美国债券市场份额的30%，是债券市场最大组成部分。1998年底欧盟住房抵押贷款债券余额占住房贷款余额的比重也达到了19%。可以说，住房抵押贷款支持证券为发放住房贷款提供了重要的资金来源。

§3 住房抵押贷款支持证券类型

住房抵押贷款支持证券，即住房抵押贷款证券化产品，根据对抵押贷款池内住房抵押贷款组合现金流的处理方式和证券偿付结构的不同，住房抵押贷款支持证券的类型主要可以分为三类：抵押贷款传递证券（mortgage pass-through securities）、担保抵押贷款证券（collateralized mortgage obligation，CMO）和切块抵押贷款证券（stripped MBS）。

（1）抵押贷款传递证券

抵押贷款传递证券是最简单的住房抵押贷款支持证券产品。它的基本设计思路是：SPV 在收到借款人偿还的本金和利息后，就将其直接“传递”给支持证券的投资者。采用这种证券，可以有效地分散 SPV 持有这些住房抵押贷款所面临的风险，但对投资者来说，基础资产的风险完全由它们承担。此外，这种证券的品种比较单一，不需要对基础资产产生的现金流进行特别处理。因此，如果将支持证券设计为这种产品，操作起来是比较简单的，其技术处理也不太复杂，但不能很好地满足投资者的需求。

抵押贷款传递证券交易结构如图 6.4 所示。

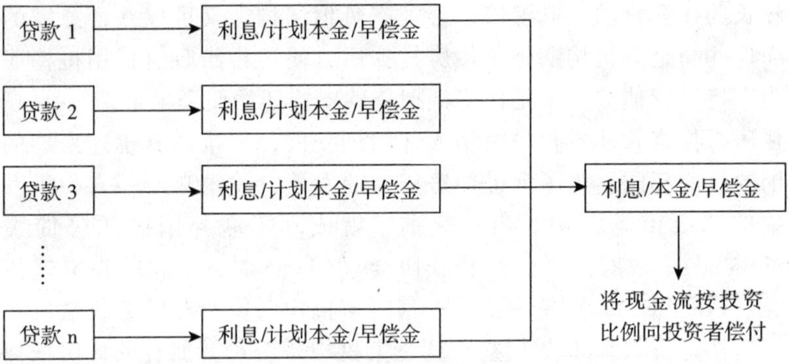

图 6.4 抵押贷款传递证券的交易结构

（2）担保抵押贷款证券

担保抵押贷款证券是对抵押贷款传递证券的发展。它的一大特征就是较好地解决了过手证券品种单一、期限较长和提前偿付风险较大的问题。分档技术的采用使 CMO 能够为投资者提供更多不同期限、风险和收益特征的产品，从而更好地满足投资者的需要，可以扩大 MBS 市场的投资者队伍。

在采用 CMO 的证券化交易中，基础资产（即资产池内的住房抵押贷款）产生的现金流按不同的优先顺序重新分配给 CMO 的各档证券。根据基础资产的特征和投资者需要的不同，CMO 还可以有很多不同种类，并没有一个可以适用于一切情况的不变模式。在实际操作中，设计者要根据投资者的特殊需要为投资者“量身定做”，但需要遵循如下基本原则：为了满足投资者对期限、利率、风险和收益的不同偏好，可以通过将基础资产产生的现金流重新分配给各档不同类别的证券来实现。因此，架构 CMO

的基本思路是采用分档技术将基础资产产生的现金流按一定顺序重新分配给不同档证券，从而将基础资产所面临的风险和收益在 CMO 的不同档证券之间进行非均衡的再安排，以满足各种投资者的需要。但值得注意的是：CMO 的创造本身并不能使 CMO 各档证券所面临的基础资产的风险减少，它只是将风险在 CMO 的各档证券之间进行重新分配。因此，如果 CMO 结构中的某档证券的风险比基础资产的低，那么同一个 CMO 结构中肯定存在着风险高于基础资产的证券。

图 6.5 我们举例说明了担保抵押贷款证券的交易结构。

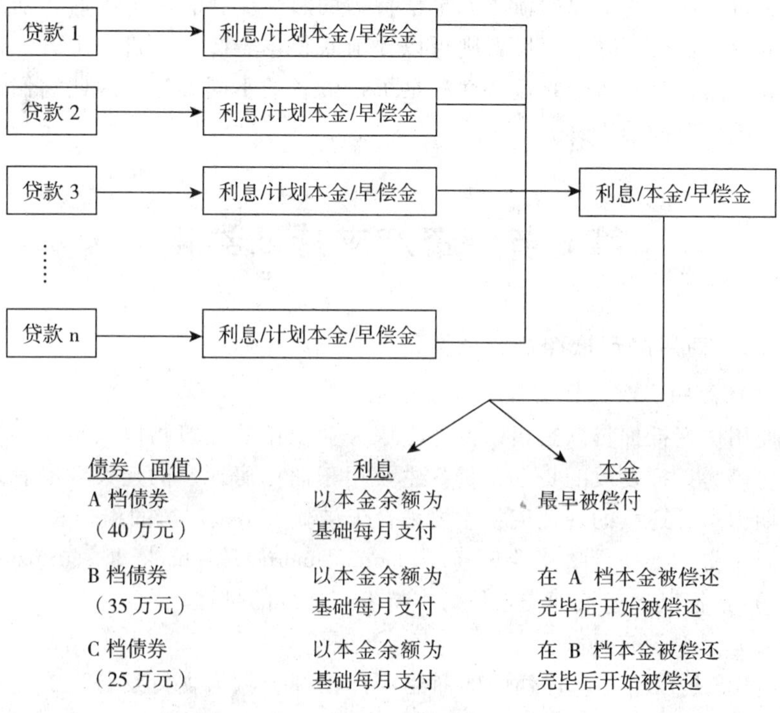

图 6.5 担保抵押贷款证券的交易结构

（3）切块抵押贷款证券

切块抵押贷款证券也是对抵押贷款传递证券的发展。抵押贷款传递证券区别于其他固定收益证券的关键，在于其现金流会随利率的变化而改变，更进一步而言，也就是现金流中利息部分的总量是不确定的。这使得抵押贷款传递证券有可能在利率下降时出现负的凸性，甚至是负的久期。将传递证券现金流中的利息与本金进行分割与组合，由此衍生而成的金融产品在凸性、久期等方面就具有更加鲜明的投资特色，这就是我们将要进行探讨的切块抵押贷款证券。

最早的切块抵押贷款证券是合成折价抵押贷款证券（synthetic discount MBS）及合成溢价抵押贷款证券（synthetic premium MBS），目前，美国抵押贷款二级市场上的切块抵押贷款证券是合成折价、溢价抵押贷款证券的一种极端情况，被称为付息证券（Interest Only，IO）和付本证券（Principal Only，PO）。付息证券的投资者只收到源于基础资产组合产生的利息收入，而付本证券的投资者只收到源于基础资产组合产生的本金收入。付息证券和付本证券均受原始债务人早偿行为的影响。在利率下降时，前者的收入减少，价格下降，而后者则可以提前获得本金收入，价格上升。这两种债券截然相反的风险收益特性满足了投资者的不同偏好，因此它们经常被用作风险对冲的工具。

第6节　资产支持证券化

§1　商用房产抵押贷款证券化

（1）商用房产抵押贷款及其证券化

商用房产抵押贷款是指以商贸、服务业使用的建筑物以及写字楼、标准厂房等为抵押发放的贷款，贷款主要用于商用房地产的建设或购置，以中长期为主，还款的现金流将主要来自于借款人出租房产的租金收入。

商用房产抵押贷款证券化（commercial mortgage－backed securitization，CMBS）是指以上述抵押贷款作为支持发行证券的过程。

（2）基础资产池

CMBS是以不动产贷款中的商用房产抵押贷款为支持发行证券的，在证券化比较发达的国家，可以作为证券化基础资产的贷款种类有很多，涉及的房产主要包括多家住宅、零售房产、宾馆、办公用房、工业用房、库房和自助储存设施等。由于房地产市场发展的限制，目前我国主要的商用房产抵押贷款主要有办公楼、写字楼、商业营业用房以及其他商用房等。

①资产池构造的原则。实施资产证券化的前提条件是基础资产的违约率和损失情况必须能相当精确的预测出来，即资产的预期收益必须是确定的。对商用房产抵押贷款证券化资产池的构造也要求综合历史数据和信息能够对资产池内贷款的未来现金流做一预测。

②资产的选择。相对住房抵押贷款来说，不同的商用房产抵押贷款之间同质性较差，贷款人通常会根据具体交易确定贷款的各种条件。因此，构造基础资产池时对贷款的标准化程度要求会降低。但为了提高资产池的质量，进而保证交易的信用级别，选择资产时应考虑以下几个方面的问题。

第一，与贷款所对应的项目阶段。在我国现阶段，商用房产抵押贷款的借款人主要是从事房地产建设的开发商，在项目的建设期由于没有现金流入，因此贷款的偿还并没有保证。项目建成后，租金收入短期内不能马上弥补所有成本，因此在最初的贷款到期时借款人偿还部分本金后一般会申请续贷，并以租金收入作为还款的来源。考虑到证券化的现金流要求，应该以最初贷款的后期（借款人有租金收入后）或续贷阶段的贷款为主。

第二，房屋或楼宇的空置程度。商品房的空置程度是影响借款人租金收入的重要因素。空置程度越高，借款人的租金收入越没有保证，还款现金流越不稳定。不同商品房的空置程度除了与经济周期等宏观因素有关之外，还受其所在的地理位置、商品房用途等因素的影响。贷款人可以根据历史数据对具体贷款所涉及项目的出租情况做出预测，选择出租水平相对比较高而且稳定的贷款项目组成资产池。

第三，贷款占项目总投资的比率。房地产开发商的项目建设资金主要来自于四部分：企业自筹资金、贷款、外资利用以及其他资金。随着我国房地产业逐渐成熟以及银行对项目审批的加强，银行贷款在总投资中的比率已经下降。据统计，2001 年上半年我国房地产开发投资中国内贷款所占的比重为 24.6%。银行贷款在偿还顺序上优于其他投资，因此，贷款的比率越低，还款越有保障。为了保证资产池的质量，贷款人应该设定最高的贷款/项目总投资比率，以低于该比率的贷款作为构造资产池的考虑对象。

此外，除了交易的发起人即贷款人在资产选择过程中的主导作用之外，目前正有一种新的趋势，允许 BBB 级以下证券的投资者参与资产池的构造。因为这类投资者多为房地产专业投资机构，他们承担的风险更大，因此也更谨慎。

③资产池的结构。在住房抵押贷款证券化交易中，资产池一般是由数量众多的贷款构成，而在 CMBS 交易中，单笔商用房产抵押贷款的规模比较大，因此资产池内贷款数量也相对较少，资产池的结构一般分为三种情形：多个借款人，多种资产（贷款）；单个借款人，多种资产（贷款）；单个借款人，一种资产。

（3）贷款的转让及SPV

CMBS的SPV可以是由拥有大规模商用房产抵押贷款的银行设立的子公司或者在银行内部新设的部门来担任。银行汇总其所属各分支行的合规资产通过真实出售或者担保融资的方式转让给证券化交易的SPV。

中小银行的资产规模难以达到证券化的要求，因此他们可以将所属资产出售给其他银行外部的SPV，采取表外方式融资。

§2 贸易应收款证券化

（1）贸易应收款及其证券化

当卖方向制造商、分销商、零售商或消费者提供商品或服务，根据双方交易合同，买方在交易完成后的一定时期内向卖方付款。买方付清所有应付款前，这笔交易在卖方的资产负债表上就表现为对买方的应收款，它代表了卖方对已出售货物或已提供服务的求偿权，是卖方资产的重要组成部分。

随着市场竞争日趋激烈，卖方为了取得市场优势，在付款方式上也越来越多地采取赊销和分期付款等策略，而且付款期限也不断延长。但对卖方来说，如果企业债务管理不善，很容易造成应收款结构不合理，从而产生流动性问题。

应收款证券化是指借助于证券化的工具，将未来的应收款现金流转化为当期出售资产的收益。

（2）基础资产池

作为贸易应收款证券化基础资产的可以是已经发生的或将来发生的应收款。二者对证券化交易的不同影响在于如果基础资产是已经发生的应收款，则证券化交易的评级仅与原始权益人售出的应收款有关，而与其经营状况等因素无关，因此可以通过信用增级等各种手段使证券化交易的信用级别高于原始权益人的信用级别。如果发行证券时产生应收款的交易尚未实际发生，则资产池的质量不仅仅与应收款本身有关，还与原始权益人的经营状况和信用水平有关，因此证券化交易通常不会高于原始权益人的信用级别。

由于每笔应收款所包含的风险会影响到资产池的质量，因此在选择应收款时应遵循一定的标准。

第一，应收款的拖欠、违约。拖欠和违约指债务人无法在合同规定的付款期内偿付或全部偿付应付款项。相对于其他证券化资产而言，贸易应收款中拖欠账户的存续时间可能较长。原始债务人的违约与交易双方的关系、销售合同的信用条件、收款政策的宽紧和收款程序、行业竞争的性质以及原始债务人的经营状况等因素有关。一般来说可以通过历史数据对应收款的回收的拖欠和违约情况做出预测，构建资产池时应尽量选择还款记录良好的客户的应收款。

第二，债务人集中度。证券化交易一般要求应收款的分布尽量分散，来自同一债务人和同一地区的应收款不得高于资产池中应收款总价值的一定百分比，具体比例会因特定债务人的信用评级不同而有所差异，信用级别较高的特定债务人所占的比例的最高限可以稍高些，而信用级别较低的债务人所占的比例的最高限相对较低。

(3) 资产的转让

在贸易应收款从原始债权人资产负债表中向发起人账户，以及从发起人账户向特殊目的机构账户转移的过程中，双方一般会选择折价出售，折扣部分应收款可以保证有充足的现金流支付各种费用和本金利息。

(4) 循环期、摊还期和提前摊还

贸易应收款的期限一般都比较短。在资产池中原有的应收款逐渐回收的同时，可以通过循环购买的方式，不断向资产池中注入新的应收款，以维持资产池的规模，从而保证证券化交易可以长达2~5年。

由于多数证券化交易都采取了循环购买的方式，开始阶段回收的应收款除了向投资者支付利息之外并不支付本金，而是用来购买新的合规应收款，这一阶段称为证券化交易的循环期，期限一般为几年。与循环购买相对应的是要求发起人必须有能力持续产生或购买到应收款。

循环期之后是1~4个月的摊还期，在这一阶段，不再有新的应收款注入资产池，债务人的还款主要用来向投资者摊还本金。摊还期的设计可以比应收款的平均偿付期延长一些，以防应收款回收时拖欠时间超出预期期限。

证券化交易的循环期和摊还期是事先规定的，但如果在循环期内发生触发事件，则循环期可能提前结束，发生提前摊还。触发事件的规定在不同的证券化交易中有所不同，一般来说包括以下两类：一类是与资产池有关的，例如违约拖欠的增加、付款期限的变化、资产池没有通过抵押充足性测试等；另一类是与资产池无关的，例如发起人破产、发起人的交叉违约、发起人进入法律程序或其他突发事件，例如发起人的重要子公司的出售等。一旦触发事件发生，资金将被冻结在某一特定账户内，并同时寻求解决途径。如果在许可的时间内问题仍未解决，则立即进行提前摊还。

§3 信用卡应收款证券化

（1）信用卡应收款及其证券化

信用卡是银行或其他机构向申请人发行的用于在指定商户消费或在指定银行机构存取现金的特殊的信用凭证。信用卡除了为持卡人提供了一种便利的支付工具之外，其突出的特点是可以提供无担保的消费信贷。根据发卡人不同，信用卡可以分为：

第一，银行卡。是由银行发行的具有消费信贷、转账结算、存取现金等全部或部分功能的信用支付工具，也是最为普遍使用的信用卡。

第二，零售卡。是由零售商直接向消费者发行的用于购买其零售商品或服务的一种信用卡。与银行卡不同的是，零售卡的发行一般不以盈利为目的，而通常只是一种市场营销的手段，所以相对来说发放标准较松，月偿付率也更低。

第三，联名卡。是发卡机构与企业联合发行的一种信用卡，持卡人在联名企业可以享受优惠服务。

信用卡的运作是建立在发卡人、商户和持卡人三者信用关系基础之上的。一般来说，信用卡都采用循环信用的方式。当申请人向发卡人申请信用卡时，发卡人会根据申请人提供的财力证明和可获得的信用记录决定给予持卡人一定的信用额度，申请人的财力和信用记录越好，所获得的信用额度就越高。在信用额度内，持卡人到商户持卡消费时并不直接付款，而是由发卡人代为支付，持卡人在规定的付款日之前向发卡人支付应付的款项。持卡人无需每月缴清所有应付款项，只需付最低应缴金额即可，余下金额可据自己的意愿决定偿还金额和时间。最低应缴金额是根据持卡人的新消费额、未偿余额、发卡人垫付余额、融资费用和年费等因素决定的。

正是由于信用卡可以提供无担保的消费信贷，持卡人可以在发卡人提供的信用额度内延迟付款和分期付款，由此产生了对持卡人的应收款。发卡人出于各种考虑可能产生融资需求（如果发卡人是银行，这种考虑可能源于资本充足率的要求）。以发卡人的信用卡应收款为支持发行证券融资称为信用卡应收款证券化。

信用卡应收款证券化的交易过程与一般的证券化过程类似，也包括应收款的出售、资产池的构造、信用增级、信用评级、证券的发行以及将回收的应收款扣除各种费用后以事先约定的方式向投资者支付等。

（2）信用卡应收款的现金流分析

信用卡应收款的现金流主要来自以下几个部分：

第一，本金。指持卡人每月还款金额中用于偿付发卡人代为垫付的部分。

第二，融资费用。指发卡人因向持卡人提供资金融通所收取的费用，相当于是发卡人提供的消费信贷的利息。如果信用卡发放时该账户上没有任何资金，而且持卡人在偿付日之前将信用卡内所有金额全部偿还或者持卡人属于便利使用者，则发卡人不收取融资费用，否则，发卡人要对垫付的金额收取融资费用。融资费用根据收款期内平均每天的债务余额来计算，以日计息，起息日可以是发卡人垫款日、结账日或缴款截止日。

第三，其他费用。包括持卡人交纳的会员年费、逾期手续费和透支额度费等。

第四，商户的折扣。发卡人通过发放信用卡为商户提供了更多的销售机会并承担了信用风险，商户通常要将持卡人消费额的一定比例作为折扣让给发卡人。

当发卡人将信用卡应收款出售给发行证券融资的信托机构时，上述现金流也需相应地转付给信托机构。

（3）信用卡应收款的出售

为了做到破产隔离，发卡人会将应收款出售给特殊目的机构，但同时发卡人仍保留了对信用卡账户的某些权利，同时这一交易不需要通知持卡人。因此，在多数情况下发卡人也作为证券化交易的服务商。

（4）信用卡应收款证券化的交易结构

信用卡应收款是一种短期应收款，因此交易结构采取了“循环期 + 摊还期”的偿还期结构。在循环期内，只向投资者支付利息，持卡人偿付金额的其他余额则用来购买新的应收款。如果当时没有新的应收款可供购买，则可购买卖方/发卡人在应收款资产池中的权益或者将余额存入一超额融资账户直至卖方可以提供更多的应收款。循环期一般是 18 ~ 48 个月，之后便是向投资者支付本金的摊还期。摊还可以分次摊还或一次性摊还。在分次摊还的情况下，如果资产池产生的现金流扣除各种费用后仍多于向投资者支付的部分，则余额可用来购买新的应收款；在一次性摊还的交易中，资产池产生的现金流被存入一个本金累计账户直至到期日全部支付给投资者，但在本金累计结束之前，投资者仍会像在循环期那样每月得到利息收入。

（5）信用卡应收款支持证券的设计

几乎所有的应收款证券化都设计两种证券：投资者权益凭证和卖方权益凭证。

投资者权益凭证代表了投资者对应收款资产池收益的权利，其本金和利率在发行时即已确定，一般都经过评级机构的信用评级，公开发售，其偿付也优先于卖方权益凭证。

卖方权益凭证代表了信用卡应收款卖方对应收款资产池收益的权利，由卖方持有，一般不经过评级，不公开发售。实际上卖方权益总额相当于资产池应收款总价值减去投资者权益后的余额，因此随着应收款总值的波动而波动。卖方权益的存在可以有效激励卖方更好地维持应收款资产池的信用质量。

§4 汽车贷款证券化

（1）汽车贷款

像住房抵押贷款一样，汽车贷款也是一种与消费相关的分期付款的融资方式。借款人通过贷款可以购买各种类型的轿车、客车或货车。在汽车市场发达的国家，提供汽车贷款的机构主要分为三类：商业银行、汽车制造商附属的财务公司以及某些独立的财务公司。我国从1998年10月才开始汽车贷款业务，目前提供汽车贷款的机构主要是商业银行。

①汽车贷款的申请。任何一笔汽车贷款都开始于借款人的申请。我国银行对申请汽车贷款的借款人都规定了比较明确的条件，大致包括以下内容：有完全民事行为能力；有当地常住户口或有效居住身份，有固定的住所；有正当职业和稳定的收入来源，具备按期偿还贷款本息的能力；持有与贷款人指定经销商签订的指定品牌汽车的购买协议或合同；能提供贷款人认可的财产抵押、质押或第三方保证等。

借款人需要提供的申请材料包括：有效身份证件；贷款人认可的部门出具的借款人职业和经济收入的证明；与贷款人指定的经销商签订的购车协议或合同；不低于首期付款的银行存款凭证；抵押物或质押物清单、权属证明及有权处分人（包括财产共有人）同意抵押或质押的证明，有权部门出具的抵押物估价证明（以财产抵押或质押的）；保证人同意担保的书面文件，有关资信证明材料及一定比例的保证金（由第三方提供保证的）；在合法抵押登记和有关保险手续办妥之前贷款人指定经销商出具的书面贷款推荐担保函（以所购买车辆作抵押物的）；贷款人要求提供的其他资料。

贷款人收到申请人的贷款申请后，一般会根据贷款申请书中所提供的信息以及公共信用机构所提供的个人信用资料（但在我国目前这一信息还不可得）对材料的真实性、借款人的信用状况和偿债能力等进行评估。贷款人是否接受申请还取决于贷款人发放贷款的政策。

②贷款的额度和期限。汽车贷款的金额，除了与借款人申请的贷款数量有关外，还受到各银行规定的汽车贷款额度的限制。

第一，借款人以贷款人认可的质押方式申请贷款的或银行、保险公司提供连带责任保证的，首期付款额不得少于购车款的 20%，借款额不得超过购车款的 80%。

第二，以借款人或第三方不动产为抵押申请贷款的，首期付款不得少于购车款的 30%，借款额不得超过购车款的 70%。

第三，以第三方保证方式申请贷款的（银行、保险公司除外），首期付款不得少于购车款的 40%，借款额不得超过购车款的 60%。

相对于住房抵押贷款来说，汽车贷款的期限要短一些，各商业银行的最高期限略有不同，但都不超过 5 年。

③贷款的利率和贷款偿还。在成熟的汽车贷款市场，贷款的利率根据借款人的风险程度不同而有所差异，借款人风险越大，贷款的利率也越高。我国目前所采用的汽车贷款利率执行中国人民银行规定的中长期贷款利率，并随利率调整作相应调整。

贷款的偿还一般是按月等额偿还本金和利息，经贷款人同意，借款人可以（一次性地）提前偿还本息。

④保险。如前所述，汽车贷款可以用自有住房作抵押，但因为房产价值需由专业机构评估，评估报告有效期只有半年或一年，在汽车贷款有效期内需多次重新评估，成本很高。若用所购汽车作为抵押物，担保法规定，应在其主管部门办理抵押登记。但是我国尚未建立健全汽车抵押登记和产权证制度，只有部分城市交通管理部门办理汽车抵押登记；同时，由于缺乏汽车产权证书，即使办理了汽车抵押登记手续，也避免不了汽车转让、重复抵押给银行带来的风险。在消费者可提供的抵押物有限的情况下，保险公司开办的履约保证保险成为银行控制汽车消费贷款风险的主要手段。目前，在银行办理的汽车消费贷款中，大部分由保险公司提供履约保证保险。

（2）汽车贷款证券化的发起

发放汽车贷款的不同机构发起证券化交易有不同的动机：

第一，对商业银行来说，出售其部分或全部的汽车贷款可以释放部分资本金，以便支持银行开展其他业务，扩大客户群。而且，银行可以变以往的利差收入为费用收入，减少风险。

第二，如果证券化的发起人是汽车制造商的附属财务公司，则其母公司一般是规模较大的汽车制造商，例如美国的通用汽车、福特和克莱斯勒（现在是戴姆勒—克莱斯勒）的制造商。证券化交易的主要目的是为母公司及汽车制造商提供资金融通。通常这些财务公司的证券发行在很大程度上会受整个市场环境的影响，发行量很不稳定。此外，汽车制造商通过附属财务公司发起跨国证券化交易也是常见的融资手段，这样的财务公司以美国丰田财务公司、三菱汽车信贷（美国）公司、日产汽车承兑公司等为代表。

第三，对于少数不隶属于任何大的汽车制造厂商的独立财务公司来说，证券化是他们的主要融资渠道。

从证券化交易的需求方来说，汽车贷款的风险较小，因此是比较安全的投资工具；同时，发行的证券期限最长为5年（住房抵押贷款证券化的期限可以长达15～30年），对短期投资者很有吸引力。

（3）基础资产池

汽车贷款证券化基础资产池的信用状况会直接影响到证券化交易，因此构造资产池时需要遵循一定的标准，具体来说，应注意以下几个方面。

①首期付款/汽车价格，贷款总额/汽车价。这两个比例是贷款分析的重要指标。首期付款所占的比例越高，贷款总额相对于汽车价款越低，借款人违约的可能性越小，即使违约造成的损失也较少。为了提高资产池的信用质量，应尽量选择首期付款数额大，贷款总额占汽车价款比例低的贷款。

②长期贷款的比重。贷款期限的长短往往意味着不同的风险。贷款期限长的借款人中低收入者居多，他们通过延长还款期限来减少每月应偿付的贷款额，这一类贷款的违约率相对较高；而且贷款期限越长，本金的摊还就越慢，一旦借款人破产，损失也就越严重。因此从减少损失的角度出发要求限制长期贷款的规模。证券化交易一般会要求汽车贷款的期限不超过5年。如果资产池中包括超过5年期限的贷款，则其比重也必须很小。

③资产池中新旧汽车贷款的比重以及这一比重在整个证券化期限内的变化。根据经验分析，旧车贷款的违约和损失要比新车贷款严重，因此如果资产池中加入旧车贷款，则应该限制其比重。

④借款人的地理分布。如果借款人的地理分布过于集中，则地区性的经济衰退对资产池的影响就相对严重，因此应注意选择地理分布尽量分散的贷款。

⑤资产池的成熟度。汽车贷款的成熟度是指贷款合同已履约的时间。不同成熟度的贷款发生损失的概率是不同的。如果贷款人保存了足够长时期的历史记录，就可以通过分析以往借款人还款、拖欠和违约的资料，估计汽车贷款的损失多发期。国外资料表明，汽车贷款的损失多发生在贷款合同签订后的 6 ~ 18 个月期间，可见成熟度越高的贷款发生损失的可能性越小，越有利于提高资产池的质量。因此，选择贷款时应合理控制成熟的汽车贷款与新发放贷款之间的比例。

（4）SPV 与受托人、服务商

汽车贷款的贷款人将贷款以真实出售的方式转让给 SPV，以达到破产隔离的目的。然后 SPV 将抵押资产交由受托人管理，由受托人负责向投资者支付本金和利息。

服务商在汽车贷款证券化中主要履行收款职责，并将款项转移给受托人。汽车贷款证券化交易一般不要求有备用服务商。但如果证券化交易的信用级别下降或服务商破产，则应该考虑寻找备用服务商并使其参与证券化交易。并不是在所有交易的信用状况恶化或服务商提出破产申请时马上由备用服务商负责贷款本金利息的回收，这主要是因为更换服务商造成的服务中断会给证券化交易带来损失。服务商在收款和资金管理方面的能力也是证券化评级的参考因素之一。

在没有备用服务商的证券化交易中，一旦原服务商确实不能履行义务时，通常由受托人作为继任服务商，在这种情况下，受托人的服务能力和专业技能也就列入了证券化评级的考虑因素之列。

需要注意的是，受托人与服务商在证券化交易过程中都负有资金管理的职责，但他们在交易结构中所处的位置和面向的对象不同。服务商属于资金管理的上游环节，直接面向借款人，如果借款人违约，服务商要履行垫款的职责；而受托人一般由银行担任，面向投资者，向投资者支付本息并代表他们的利益，属资金管理的下游环节。

§5 基础设施收费证券化

（1）基础设施

基础设施是一国经济和社会发展的主要基础条件。它大致包括公路、铁路、航空等交通设施；通讯设施；市政设施（如供水、供电、和供气等设施）以及为国民经济和人民生活提供基本服务的设施。

基础设施通常可以分为两类：

第一，自然垄断行业，如电力、通讯、市政基础设施等。由于平均成本递减规律的作用，一定程度的垄断有利于提高效率、降低成本，因而政府通常采取严格地进入限制政策，除非获得特许经营权，一般私人部门很难进入。

第二，纯公共品，如市政公路、排污设施、环保设施等，所提供的产品和服务具有非排他性和非竞争性两个特性。

对于纯公共品，人们无法制定恰当的价格也不存在收费的可能（或收费成本太高，使之成为不可能）。并且这些纯公共品具有显著的外部正效应，任何私人部门都不愿进入该领域，因而只有采取政府公共生产的方式免费提供。因此，基础设施证券化针对的是前面一类。

（2）基础设施收费证券化

采取基础设施收费证券化的方式为基础设施建设融资是近几年来兴起的一种融资方式。基础设施收费证券化是指以基础设施的未来收费所得产生的现金流收入为支持发行证券进行融资的方式。由于基础设施的收费所得通常具有能在未来产生可预测的稳定的现金流、缴费拖欠的比例低等特点，是很适合采取证券化融资的资产。

本章重要提示

资产证券化的概念；资产证券化的主要类型。

本章总结

1. 资产证券化是指将资产通过结构性重组转化为证券的金融活动。

2. 结构性重组是资产证券化的关键所在，所谓结构性重组，就是将基础资产转移给特别目的载体以实现破产隔离，此后通过基础资产的现金流重组，以证券的形式出售给投资者的过程。

3. 资产证券化的参与主体主要包括：发起人、特别目的载体、信用增级机构、信用评级机构、承销商、服务商和受托人。

4. 完成一次资产证券化交易，需完成如下运作步骤：确定基础资产并组建资产池；设立特别目的载体；资产转移；信用增级；信用评级；发售证券；向发起人支付资产购买价款；管理资产池；清偿证券。

5. 资产证券化有以下三个特征：资产证券化是资产支持融资；资产证券化是结构融资；资产证券化是表外融资。

6. 资产证券化自 1970 年代在美国问世以来，短短三十余年的时间里，获得了迅猛发展。从某种意义上说，证券化已经成为当今全球金融发展的潮流之一。资产证券化之所以取得如此迅速的发展，根本原因在于资产证券化能够为参与各方带来好处。

7. 破产隔离是资产证券化的核心。资产证券化中的破产隔离涵义包括两个方面：一是资产转移必须是真实销售的；二是 SPV 本身是破产隔离的。

8. 根据产生现金流的证券化资产的类型不同，资产证券化可分为住房抵押贷款证券化和资产支持证券化两大类。其区别在于：前者的基础资产是住房抵押贷款，而后者的基础资产则是除住房抵押贷款以外的其他资产。

本章需要掌握的内容和概念

资产证券化　破产隔离　真实出售　信用增级　信用评级
住房抵押贷款证券化　抵押贷款传递证券　担保抵押贷款证券
切块抵押贷款证券　商用房产抵押贷款证券化　贸易应收款证券化
信用卡应收款证券化　汽车贷款证券化　基础设施收费证券化

思考题

1、如何理解资产证券化的定义？
2、试述资产证券化的参与主体和运作流程。
3、资产证券化有哪些特征？
4、试述资产证券化的意义。
5、如何理解破产隔离的含义？

第7章 企业并购市场

本章概要

本章介绍资本市场运作的重要方式——企业并购。分别对企业并购的含义和动因、企业并购的流程、杠杆收购和管理层收购、企业出售进行了阐述。

学习目标

对企业并购这一资本市场运作的重要方式有系统而全面的认识，并在此基础上能够对企业并购实践有更深的理解。

没有一个美国大公司不是通过某种程度、某种方式的并购而成长起来的。

——斯蒂格勒

第1节 企业并购概述

§1 企业并购的含义

企业并购是指能导致企业规模及经营范围扩大的行为，主要包括兼并、合并、收购及合营企业。

兼并（mergers）。是指一家企业吸收另外一家或几家企业的行为，被吸收企业的法人地位消失（称为被兼并公司），吸收的企业则存续（称为兼并公司），用公式表示是：A + B = A。兼并经常发生在实力比较悬殊的企业之间，兼并公司通常是优势企业。

合并（consolidation）。是指两家或两家以上企业结合后全部不存在，而在原来企业资产的基础上创立一家新企业，用公式表示是：A + B = C。

收购（acquisitions）。是指一家企业通过某种方式主动购买另一家企业的股权或资产的行为，其目的是获得该企业的控制权或资产的所有权。

§2 企业并购的动因

不同时期和不同市场条件下，企业扩张的动因是不同的，理论界从不同角度解释了企业扩张的动因，提出了许多理论。

（1）经营协同效应

所谓经营协同效应，是指通过企业扩张使企业生产经营活动效率提高所产生的效应，整个经济的效率将由于这样的扩张性活动而提高。经营协同效应的产生主要有以下几个原因：

第一，通过企业扩张，使企业经营达到规模经济。企业扩张使几个规模小的公司组合成大型公司，从而有效地通过大规模生产降低单位产品的成本。规模经济还体现在通过企业扩张从而扩大规模后市场控制能力的提高，包括对价格、生产技术、资金筹集、顾客行为等各方面的控制能力的提高以及同政府部门关系的改善。追求规模经济在横向兼并中体现得最为充分。

第二，企业扩张可以帮助企业实现经营优势互补。通过收购兼并能够把当事公司的优势融合在一起，这些有时既包括原来各公司在技术、市场、专利、产品管理等方面的特长，也包括它们中较为优秀的企业文化。

第三，可能获得经营效应的另一个领域是纵向一体化。将同一行业出于不同发展阶段的企业合并在一起，可以获得各种不同发展水平的更有效的协同。其原因是通过纵向联合可以避免联络费用、各种形式的讨价还价和机会主义行为。

（2）财务协同效应

财务协同效应是指企业扩张后，由于税法、证券市场投资理念和证券分析人士偏好等作用而产生的一种好处。它主要表现在以下三个方面：

第一，通过企业扩张可以实现合理避税的目的。企业可以利用税法中亏损递延条款来达到避税目的，减少纳税业务。因此，如果某企业在一年中严重亏损，或该企业连续几年亏损，企业拥有相当数量的累积亏损时，这家企业往往会被其他企业作为兼并收购对象来考虑，同时该亏损企业也会希望出售给一个盈利企业来充分利用它在纳税方面的优势。因为通过亏损企业和盈利企业之间的兼并收购，盈利企业的利润就可以在两个企业之间分享，这样就可以大量减少纳税义务。

第二，通过企业扩张来达到提高证券价格的目的。如果A公司的市盈率较高，B公司的市盈率较低，则A公司和B公司合并以后，证券投资者通常会以A公司的市盈率来确定合并后新公司的市盈率。这样，合并以后企业的证券价格就会上涨。

第三，通过企业扩张能提高公司的知名度。公司扩张性行为能更好地吸引证券分析界和新闻界对它的关注、分析和报道，从而提高公司的知名度和影响力。同时，扩张之后企业规模的扩大也更容易引起市场的关注。

(3) 企业快速发展理论

企业发展主要有两种基本方式，一是通过企业内部积累来进行投资，扩大经营规模和市场能力；二是通过兼并收购其他企业来迅速扩张企业规模。在现实生活中，通过企业兼并收购其他企业来迅速发展壮大是一种非常普遍的现象。比较而言，通过兼并收购来实现企业发展有如下几个优点：

第一，兼并收购可以减少企业发展的投资风险和成本，缩短投入产出时间。在兼并收购情况下，可以通过利用原有企业的原料来源、生产能力、销售渠道和已占领的市场，大幅度降低发展过程中的不确定性，降低投资风险和成本。同时，也大大缩短了投入产出的时间差。

第二，兼并收购有效地降低了进入新行业的障碍。公司在进入新行业寻求发展的时候，往往会面临很多障碍，如达到有效经营规模所需要的足额资金、技术、信息和专利，有效占领消费市场所需要的销售渠道等等，这些障碍很难由直接投资在短期内克服，但却能由兼并收购来有效地突破。再者，收购方式还能避免直接投资带来的因市场生产能力增加而引起的行业内部供需关系失衡，从而减少了价格战的可能性。

第三，兼并收购可以充分利用经验曲线效应。所谓经验曲线效应，是指企业的生产单位成本随着生产经验的增多而有不断下降的趋势。由于经验是在企业的长期生产过程中形成和积累下来的，企业与经验形成了一种固有联系，企业无法通过复制、聘请其他企业雇员、购置新技术和新设备等手段来取得这种经验。如果企业通过收购方式扩张，不仅获得了原有企业的生产能力，还将获得原有企业的经验。

(4) 代理问题理论

当管理者只拥有公司股份的一小部分时，便会产生代理问题。由于拥有绝大多数股份的所有者将承担大部分的成本，因此部分所有权可能会导致管理者的工作缺乏动力并且（或者）进行额外的消费（如奢华的办公室、公司汽车、俱乐部的会员资格等）。他们还认为在有广泛分散所有权的大公司中，个别所有者没有足够的动力为了监控管理者的行为而花费大量的财力和物力。许多报酬协议和管理者市场可能会使代理问题得到缓解。

解决代理问题的另一种市场机制是被收购的危险，被收购的危险可能会代替个别股东的努力来对管理者进行监控。收购通过要约收购或代理权之争，可以使外部管理者战胜现有的管理者和董事会，从而取得对目标企业的决策控制权。

代理问题理论的一个变形是自由现金流量理论，这种理论认为有些收购活动的发生是由于管理者和股东间在自由现金流量的支出方面存在冲突。所谓自由现金流量是指超过公司可进行的净现值为正的投资需求以外的资金，自由现金流量必须支付给股东，以削弱管理层的力量并且使管理者能够更经常地接受公共资本市场的监督。

（5）市场占有理论

市场占有理论认为，企业扩张的主要原因是提高企业产品的市场占有率，从而提高企业对市场的控制能力。因为企业对市场控制能力的提高，可以提高其产品对市场的垄断程度，从而获得更多的垄断利润。就兼并收购的形式来说，不论是横向兼并还是纵向兼并都会增强企业对市场的控制能力，从而获得更多的垄断利润。在横向兼并中，因为同行业的两个企业之间的兼并，必然会导致竞争对手的减少，从而扩大市场占有率。而纵向兼并，由于控制了原料供应和（或）产品销售渠道，能够有力地控制竞争对手的活动。

第2节　企业并购的流程

企业并购的流程一般包括以下七个步骤：自我评价；目标筛选；尽职调查；定价；评估并购风险；确定交易方案；整合。

§1　自我评价

自我评价是并购的第一步。企业自我评价的目的在于结合企业的战略安排和财务状况，分析企业并购需求、目标和能力。换言之，自我评价需要回答的问题主要是：企业经营处于哪个发展阶段？企业的发展潜力如何？企业竞争地位及变化趋势如何？企业将面临哪些机遇和挑战？企业的发展是否需要扩张到新的经营领域中去？有没有并购其他企业的必要？并购能不能增强企业的业务能力和竞争优势？企业有没有财力和管理能力并购其他企业？会不会因为并购而成为反并购的目标？

自我评价起着非常重要的作用，许多并购的经济效果不能令人满意，许多国际知名的大型公司因为不恰当的并购导致元气大伤，大大削弱了抵抗风险的能力和发展后劲，最后导致破产，都是因为自我评价不到位。并购一般需要花费很大的代价，因为并购需要占用大量的资金，从而使并购方的抗风险能力明显减弱。如果并购的目标企业不能产生利润，不能增加现金流，那么企业的资金周转就会遇到问题，最终陷入财务困境。许多企业因为并购而失败，这与事前缺乏正确的自我评价不无关系。

§2 目标筛选

并购的第二步是筛选目标企业。在目标企业筛选中，首先要考虑的是目标企业是否符合并购方的战略需要，考察的内容主要包括：

第一，目标企业所属的产业和产品的竞争力是否与并购方存在战略上的协调效应。

第二，目标企业的资产规模、销售量和市场份额是否适合并购方。分析的目的是，一方面了解目标企业的实力和并购以后对并购方在扩大市场份额和提升公司竞争力方面的贡献；另一方面分析目标企业的规模是否超出了并购方的支付能力。

第三，目标企业是否具有反并购的章程，目标企业进行反并购的可能性有多大。因为反并购可能会大大增加并购的成本，提高并购难度，增加并购失败机会。

一般而言，理想的目标企业应具备以下条件：

第一，具有某种可以利用的资源。并购是为了获得某种资源或为战略目标服务的，为了达到这一目的，目标企业必须具备某种并购方面的核心资源。例如目标企业具有一定的土地或自然资源（如矿山、油田等）、具有较好的融资能力、具有先进的技术和生产设备、具有良好的产品和销售渠道等。

第二，目标企业的规模大小适中。如果目标企业规模太大，对于并购方的资金需求太大，可能增加并购方的风险和并购后资源整合的难度，反而会遭受损失。如果目标企业规模太小，可能难以达到预期目标。

第三，行业具有较高的关联度。大量的研究表明，存在高度关联性的目标企业更可能提供并购方需要的资源，产生协同效应。高度关联性的目标企业是指和并购方处于相同或相近行业的企业，或处于上下游的企业。

第四，目标企业的股价较低或适中。目标企业较低的股价有利于降低并购成本，为并购后股票的升值预留一定的空间。

§3 尽职调查

信息不对称是并购中最重要的风险之一。尽职调查是降低并购过程中信息不对称的最主要的手段。所谓尽职调查，就是从资产、负债、财务、经营、战略和法律角度对目标企业进行的一系列深入的调查、核查与分析，了解目标企业真实的经营业绩和财务状况以及目标企业面临的机会和潜在的风险，以对目标企业作出客观评价，帮助并购方作出正确的并购决策。

并购尽职调查通常分为以下几个方面：

第一，业务和市场调查。主要了解目标企业的行业状况、产品竞争力、市场现状、市场前景等。

第二，资产情况调查。主要了解目标企业的资产是否账实相符，了解无形资产的大小、产权质押及是否存在产权归属不清的情况。

第三，财务方面的调查。主要了解目标企业的收支状况、内部控制、或有负债、关联交易、财务前景等。

第四，税务方面的调查。主要了解目标企业的纳税情况，了解是否存在拖欠税款的情形。

第五，法律事务调查。了解目标企业一切可能涉及法律纠纷的方面，包括目标企业的组织结构、产权纠纷、正在进行的诉讼事项、潜在的法律隐患等。

从历史经验来看，有相当多的并购方不能充分重视尽职调查，尽职调查流于形式的情况时有发生。埃森哲的一项非正式调查表明，只有10%的企业在尽职调查中利用了企业外部4个或更多的信息来源。对于并购金额动辄超过亿元的并购项目，仅仅把尽职调查的范围局限于小范围内，是不能称为尽职调查的。失败的并购案例多数是因为对目标企业的财务、资产和经营情况知之甚少，以及对并购的复杂性预计不足。

并购方在并购前的尽职调查中应特别注意：

第一，选择有实力的中介机构，包括律师事务所和会计师事务所等进行尽职调查。

第二，明确尽职调查的范围和完成时间。

第三，在尽职调查中，除了分析报表之外，还需要格外关注报表之外的信息，特别是可能存在的陷阱。

§4　并购定价

在进行并购定价前，首先要解决的问题是确定并购协同效应的大小。在此基础上，确定目标公司的价格。

假定两个公司 A 和 B 准备并购，A 公司在并购前（未宣告并购前）的价值为 P_A，B 公司在并购前（未宣告并购前）的价值为 P_B，并购后的价值为 P_{AB}，则并购的协同效应是：

$$协同效应 = P_{AB} - (P_A + P_B)$$

当协同效应为正时，并购产生正的协同效应，创造财富；反之，则损毁财富。当然，即使并购产生正的协同效应，创造的财富也非完全归于并购公司（A 公司）所有，原因在于并购公司（A 公司）需要向被并购公司（B 公司）支付超出其价值 P_B 的溢价。

对于现金支付方式的并购，并购成本等于支付给被并购对象 B 公司的现金总额减去未宣告并购前 B 公司的价值 P_B，也即 B 公司在被并购过程中获得的溢价。

现金支付溢价公式：

$$A 公司并购成本 = B 公司所获溢价 = 支付 B 公司现金 - P_B$$

对于股票支付方式的并购，A 公司并购 B 公司的成败需要视并购之后的公司股票价值而定，假设 B 公司股东取得 X 比例的并购后公司的股票，则 A 公司实际的并购成本或 B 公司所获溢价为 $X P_{AB} - P_B$。

股票支付溢价公式：

$$A 公司并购成本 = B 公司所获溢价 = 支付 B 公司股票价值 - P_B = XP_{AB} - P_B$$

无论是现金并购还是股票并购，并购公司的价值增值即 A 公司并购收益均可表示为：

$$A 公司并购收益 = 协同效应 - B 公司所获溢价$$

并购究竟能为股东带来什么样的回报呢？能不能创造价值？换言之，并购能否产生正的协同效应？理论上的并购动因表明并购能够产生正的协同效应，原因在于：

第一，规模经济效益。通过并购进行资产的补充和调整，达到最佳经济规模，降低企业的生产成本，提高生产效益和盈利水平。

第二，降低交易费用。企业理论表明，市场的复杂性会导致市场交易付出高昂的交易成本，通过并购改变企业边界，使某些具有高昂成本的交易变为企业的内部经营，节省成本，提高效率。

第三，提高市场份额和市场竞争力。企业通过并购减少竞争对手，提高市场占有率，可以增加对市场的控制能力和垄断能力，从而获得超额利润。

第四，财富转移效应。并购由于种种原因被价值低估的目标公司，可能为并购方的股东带来额外的利益。

第五，并购效益差的目标企业以创造价值。如果一家公司的经营管理效率低于另外一家公司，则有高效率公司并购低效率公司，可使低效率的经营管理效益得到提高，从而创造价值。

需要注意的是，对目标企业的定价不一定能够保证并购方获得正的并购收益，即A公司的并购收益>0。那么，在并购过程中，目标企业价格（支付B公司股东的价值，而不是P_B）如何确定呢？

（1）折现现金流分析方法（DCF）

折现现金流分析方法是一种最基本的价值评估方法。这一方法具有良好的理论基础，但由于未来的现金流很难准确预测（现金流预测的时间越长，准确性越差），且折现率难以估计，因此在使用时必须十分小心。

（2）可比公司法（benchmark）

可比公司是通过与同行业相似公司比较来估算目标公司的价值。在同类企业的比较中，要考虑企业所在的行业、企业规模、企业财务结构、并购的时间等方面的情况，对可比较的部分进行合理的组合，然后判断目标公司的相对价格。作为比较的基础，可以考虑每股盈利（乘以用作比较公司的市盈率）、每股净资产（乘以用作比较公司的市净率，即每股市场价格与每股净资产的比率）、每股现金流、每股销售收入等。

（3）账面价值方法

账面价值方法是指利用传统的会计方式确定净资产以决定并购价格的方法。当然，一个企业在正常运营时，账面价值和真实价值有很大差异。不过，仍然有许多人将此作为并购时的重要的定价参考指标，特别是公司处在难以正常经营的情况下。

一般来说，在为目标企业定价时，除了考虑目标企业的财务、经营之外，还应考虑以下因素：

第一，并购协同效应的大小。协同效应越大，并购方的收购愿望越强，当然在并购价格方面可作一定的让步，以保障并购的顺利实施。

第二，并购对卖方和其他竞争的价值。并购对卖方和其他竞争者的价值越高，并购方的出价越高。

第三，并购方和其他并购公司可能的策略与动机。“知彼知己，百战不殆。”充分了解对方的信息，可能在价格谈判中更好地掌握主动权。

第四，并购对反并购行动的潜在影响。反并购行动会增加并购的成本难度。并购价格越低，进行反并购的可能性就越大。

总而言之，在目标企业的定价方面，既要仔细严格地进行定量分析，也要考虑具体并购的内在环境；既要考虑并购方利益，也要重视对方的具体情况和讨价还价的能力。然后，在与目标企业协商的基础上，寻求双方都能接受的价格。

§5 评估并购风险

由于并购双方信息的严重不对称，并购隐含着各种风险。

(1) 财务风险

财务风险是指并购方对被并购方财务状况缺乏足够的了解，从而导致并购方错误地估计目标企业的价值和并购的协同效应。财务报表是并购中进行评估和确定交易价格的重要依据，其真实性对整个并购交易至关重要，但目标企业有可能为了自己的利益，利用虚假的报表美化其财务、经营状况，欺骗并购方，从而导致并购方蒙受利益损失。

(2) 资产风险

资产风险是指被并购方的资产低于其实际价值或并购后这些资产未能发挥目标作用而形成的风险。并购的本质是产权交易，并由此导致所有权和控制权的转移，所有权的问题看似简单，实际上隐藏着巨大的风险。例如，目标企业资产评估是否准确可靠、无形资产（商标、品牌、技术专利、土地使用权等）的权属是否存在争议、资产真实价值是否低于报表显示的账面价值等，都不会一目了然。同时，并购资产的不确定性也可能影响并购后企业的经营。

(3) 负债风险

在多数情况下（收购资产等除外），并购行为完成以后，并购方需要承担目标企业的债务。这里有三个问题值得注意。其一，因目标企业为其他企业提供担保等行为产生的或有负债。或有负债符合一定的条件便会产生，给企业未来的财务安排带来不确定性。其二，被并购方是否隐瞒负债。其三，目标企业负债是否过高，会不会在将来存在还本付息的压力。

(4) 法律风险

企业在并购过程中可能会发生民事纠纷，或者并购本身不符合相关的法律规定，例如政府反垄断的规定。此外，目标企业的未决诉讼等或有事项也可能引发法律风险。

（5）融资风险

融资风险是指并购方能否按时、足额地募集到资金以保证并购的顺利进行。以现金方式支付的企业并购往往需要大量资金，如何利用内部和外部的融资渠道在短期内募集到所需的资金是并购能否成功的关键。即便企业能够募集到足够资金进行并购，但是，融资方式或资本结构安排不当同样会增加企业还本付息的负担，增加融资风险。

（6）流动性风险

流动性风险是指企业并购后由于债务负担过重、缺乏短期融资渠道而导致无法短期支付的可能性。目标企业的高负债（特别是短期负债）比率也可能给承担债务的并购方带来流动性风险，影响其短期偿债能力。

（7）扩张过速的风险

扩张太快未必是好事，其弊端包括三个方面：

第一，可能带来管理的难度和风险。规模增加自然带来管理难度的增加。

第二，并购产生的企业规模增大可能导致规模不经济，体现为随着企业生产能力的扩大而形成的单位成本提高和收益递减的现象。

第三，可能分散企业的资源，造成资金周转的困难甚至资金链的断裂。

（8）多元化经营的风险

混合并购导致企业多元化经营。多元化经营虽不总是坏事，但是足够的事例表明，多元化经营的企业比专业化经营的企业难以管理，换句话说，许多时候业务专一的企业比业务分散的企业更容易创造价值。

（9）并购后资源整合的风险

并购后的资源整合包括生产技术的整合、产品的整合、流程的整合、标准的整合、品牌的整合、营销的整合、人力资源的整合、组织构架的整合和企业文化的整合等，这不是一件易事。波士顿咨询公司的一份调查报告发现，美国的企业并购中只有两例是对并购后的具体业务整合进行了事先规划，由此导致并购后大多数企业达不到预定目标，因资源整合不成功而导致并购失败的案例比比皆是。

（10）反并购风险

并购有时会遭到目标企业董事会和股东的抵抗，他们采取各种反并购手段，设置各种抵御并购的障碍，既增加了并购难度，也增加了并购成本。

§6 确定交易方案

在交易价格确定之后，交易双方还必须议定具体的交易方案，签署有关交易文件，履行相关法律手续。

§7 并购整合

并购的正确动机是创造财富，但在相当多的并购中，价值破坏经常发生则成为事实。究其原因，除了代理问题等因素外，并购整合的失败是一个非常重要的原因。

具体来说，并购整合大体上可以分为七个方面。

（1）公司的战略定位、远景安排和相关的沟通工作

友好的沟通对并购整合非常关键。明确并购后公司的长远规划和发展方向，一来可以更好地为相关的资源整合做好思想和认识上的准备，二来可以减少并购后管理者和员工的不安定心理，减少整合过程中的误解、不满和摩擦。

（2）管理制度的整合

在并购之后，各种管理制度包括工资制度、奖惩制度、质量控制制度、财务会计制度、内部控制制度等应当予以统一，以利于业务的融合。由于每个公司的工资制度不同，因此在进行管理制度的整合时，工资制度的整合是非常敏感的问题，需要仔细评估，合理安排，以免影响员工士气和内部团结。在并购之后，如果并购方将目标企业视为一个独立的个体，则某些制度（例如工资制度）可暂缓整合。

（3）经营政策和方向的整合

并购后，被并购方的经营政策和方向往往需要进行调整，例如，某些业务不符合并购后公司的整体发展战略，或某些功能和设备与并购方重叠，为此需要对这些资产和业务进行调整和剥离。此外，企业被并购后，其原来的销售体系亦常因并购方对整体利益的考虑而进行整合。

（4）文化方面的整合

文化是企业的灵魂，一个组织的文化体现在其价值体系、行为准则和理想理念之中，它可以激发员工，使之成为企业不竭的价值源泉。表7.1中是四种不同类型的组织文化，这是由 Cartwright 和 Cooper 于 1992 年提出

来的，分别是权力型、作用型、使命型和个性型。

表7.1 组织文化的类型

类型	主要特点
权力型	对挑战进行独裁和压制；突出个人决策而不是组织决策
作用型	官僚主义和等级制度；突出刻板的教条和程序；高效和标准的客户服务
使命型	突出团队义务；使命决定工作组织；灵活性和自主性；要求创造性环境
个性型	突出质量；追求成员的个性发展

为达到并购的预期目标，并购后的企业整体在文化上必须具有高度的凝聚力，文化上的差异会妨碍两家企业之间的有效整合。在对并购方案进行可行性评估时，除了考虑战略方面的问题外，还要考虑文化整合的风险。文化适应性不好或文化上的水火不容必然产生很大的分歧，使组织内成员无所适从。文化类型差异太大的某些企业的并购是不可行的。

（5）组织结构的整合

被并购方的营运是否完全融入现行的组织结构中（例如成为母公司的一个部门）或让其独立运营？是否裁拆被并购方的某些部门或将其纳入并购方的相关部门？被并购方的生产线需要哪些技术改造？被并购方的现有产品和母公司的现有产品存在何种差异？被并购方的产品能否通过并购方的现有渠道在市场上销售？这些问题必须结合被并购方的产品结构、规模、文化等因素进行综合考虑。

（6）人事整合

人事整合是并购整合中最敏感的问题，主要有以下两个方面：

第一，并购方是否派任以及如何派任并购方的主管人员。并购后，并购方对被并购方最直接、最有效的控制方法是派遣人员担任被并购方的主管。不过，派任被并购方的主管并非易事。相关人选既要对被并购方的业务相当了解，有足够的能力和知识，又要能为被并购方接受。否则，结果可能适得其反。

第二，如何稳定人才队伍和设计激励措施。并购后，如何稳住被并购方的核心人才是关乎并购成败的重大问题。留住关键人才，一要提高被并购方员工的归属感、认同感和安全感，使他们适应新的环境。二要依靠正确的激励措施，例如期权计划等。

（7）利益相关者的整合

并购一个企业不仅仅涉及两个企业之间的整合，还会不可避免地涉及企业外部关系的管理。并购方同时应当关注对企业外部关系的管理，主要包括以下三个方面：

第一，政府关系的管理。

第二，供应链的管理。一是保持供应商的稳定性和竞争力；二是对供应商进行系统的评审，由此改进供应商的结构和效率。

第三，客户关系的管理。这要求并购方制定强有力的策略，保持或重建被并购方客户的信任和关系。

第 3 节 杠杆收购与管理层收购

§1 杠杆收购的含义

杠杆收购（leveraged buy-out，LBO）是指由收购方以目标公司为担保进行债务融资，再加上自有资金，来收购目标公司，收购之后重组目标公司并逐渐偿还债务。如果目标公司是上市公司，一般在被收购后会退市。

杠杆收购起源于美国，并在 20 世纪 80 年代达到高峰。杠杆收购流行的原因有以下几点：

第一，高通货膨胀率导致价值低估。美国 20 世纪 60 年代到 80 年代的通货膨胀率，导致企业的重置成本不断上涨，而企业的市场价值并没有大幅上涨，致使企业的托宾 Q 值[①]大幅下降。据统计，美国企业的平均 Q 值在 1965 年高达 1.3，但受通货膨胀的影响，1981 年下降到 0.52。换句话说，在 1981 年的美国，从平均意义上讲，在资本市场上收购一家企业的花费大约是投资建设一家同样企业的一半。这无疑大大刺激了促进美国的包括杠杆收购在内的并购活动。

第二，通货膨胀降低了债务融资的成本。由于债券的名义利息不随通货膨胀进行调整，因此在通货膨胀的情况下，企业的实际债务成本会下降。

第三，税收效应。1981 年，美国实施《经济复兴税收法案》，该法案允许企业对新购进的旧资产增加账面价值，并可以和新资产一同采用加速折旧法。企业在收购旧资产后可以在较大基数上重新加速提取折旧，从而减轻了所得税负担，有力地促进了杠杆收购的发展。

第四，放松管制。20 世纪 80 年代，美国政府放松了金融管制，这也促进了杠杆收购。因为并购活动需要巨额资金，金融机构的贷款是并购资

---

① 托宾 Q 值是指资产市场价值与其资产重置成本的比值。

金的重要来源，金融管制的放松使得银行和其他金融机构增加了对并购的贷款支持。另外，政府对于鼓励自由竞争而采取的反托拉斯理念也发生了重要变化，不再对大规模的横向并购与纵向并购施加过于严格的限制。

第五，高收益债券等金融创新的不断涌现。金融创新是融资并购的关键性条件，特别附加各种期权的金融工具和高收益债券（垃圾债券）的创新，推动了管理层收购的发展。

§2　杠杆收购的运作流程

（1）选择目标公司

尽管不同企业出于不同考虑，会选择不同的目标公司，但在杠杆收购中，目标公司一般具有以下条件。

第一，稳定而充足的现金流。目标公司具有稳定而充足的现金流是杠杆收购成功的必要前提。只有企业产生稳定而充足的现金流，企业的现金链才不会断裂，收购方才有可能偿还因杠杆收购而筹措的债务的本息。

第二，良好的价值提升空间。杠杆收购的价值提升空间主要源于：目标企业价值被低估、能够降低代理成本、能够迅速提升企业的管理效率。因此，杠杆收购中，价值越被低估的企业、代理成本越大的企业、管理效率越低下的企业，越容易成为目标公司。

第三，较低的资产负债率。如果一个企业具有较低的资产负债比率，实施杠杆收购就可以以企业的资产进行担保融资，如果一个企业已经具有较高的资产负债率，在实施杠杆收购时就不能以企业的资产进行担保融资，从而制约了杠杆收购的融资，不适合成为杠杆收购的对象。

第四，非核心资产易于变卖。如果目标企业拥有较易出售的非核心部门或资产，那么在必要时可以通过出售这样的部门或资产，迅速地获得资金以偿还一部分债务。

第五，收购人具有良好的管理能力和信誉。贷款方对于收购者的管理能力和信誉要求往往比较苛刻，因为只有管理人员尽心尽力诚实守信，才能保证本金和利息的如期偿还。

（2）融资

杠杆收购的融资主要分为三部分：

第一，自有资金。通常情况下，收购集团自己需提供10%～20%的资金，作为新公司的股权资本，即作为新公司的优先股和普通股。

第二，优先债。在杠杆收购中，收购资金绝大部分是以公司资产为抵押向贷款机构申请有抵押的收购贷款，约占50%～60%。该贷款可以由数家商业银行组成辛迪加来提供，也可以由保险公司或专门从事杠杆收购的机构来提供。

第三，次级债。收购所需的其余资金通过发行高风险、高收益的次级债券筹集，这些次级债券通常通过私募（针对养老基金、保险公司、风险投资基金等机构投资者）或公开发行垃圾债券（junk bonds）来筹集，次级债也称作夹层融资，这部分融资约占30%～40%。

（3）收购目标公司

收购集团在筹集到收购资金后，开始购买目标公司所有发行在外的股票使其转为非上市（收购股票形式），或购买目标公司的所有资产（收购资产形式）。

在收购股票形式下，目标公司的股东只要将他们持有的目标公司的股票和其他所有者权益卖给收购集团，两个公司的合并就完成了。在收购资产的形式下，目标公司将资产卖给收购集团，目标公司的原有股东仍然持有目标公司的股票，但除了大量的现金之外，目标公司已没有任何有形资产，目标公司可以对股东发放红利，或变成投资公司，用这些现金进行投资。

（4）公司重组和经营

收购完成后，由于资本结构中债务占了相当大的比重，所以财务风险巨大，若收购者经营不善，则收购者极有可能被债务压垮，因此，加强收购后的重组和经营非常关键。

重组的核心思想是卖掉市盈率或价格/现金流比率大于收购整个目标公司所形成的市盈率或价格/现金流比率的各项资产、部门或子公司，保留那些获取现金能力大于收购价格的资产、部门或子公司。

经营的核心思想是采取各种措施迅速提高企业的销售收入、净收入，加大公司的现金流，从而保证债务的偿还速度。

（5）退出

如果公司在经过一段时间后，生产经营状况得到了明显的提高，公司价值因此升值，达到收购者的初步目的，此时股权投资就可退出了，通常有如下两条途径：上市和出售。

§3　管理层收购概述

（1）管理层收购的一般定义

管理层收购（MBO）是指收购方为目标公司管理层的杠杆收购。但是从目前中国实际情况来说，管理层收购更为合适的定义应该为以管理层为主、股权激励相联系的通过融资对目标公司部分股份进行收购并意在获取公司实际控制权的收购行为。

（2）中国管理层收购的独特含义

由于中西方 MBO 出现背景、市场环境等差异，和国外通行的 MBO 相比，中国 MBO 在收购目的、操作机制等方面均有所不同。

①中国 MBO 具有独特的形成背景。MBO 在欧美形成的背景是 20 世纪 60 年代的多元并购浪潮造成了无数业务多元化的企业集团，但到了 20 世纪 70 年代中后期，由于股票市场价值评估理念的变化，市场和投资者不再青睐业务多元化的企业集团。在这样的背景下，那些从事 LBO 的投资银行家与企业管理层联手，通过 MBO 方式对企业集团下属企业进行收购。

中国 MBO 形成背景有两种：一是民营企业摘“红帽子”。由于历史原因，许多民营企业带有集体企业的红帽子，集体企业产权不清的难题极大地束缚了企业的进一步发展。通过 MBO 方式恢复民营企业的产权真实面目，实现企业所有者的真正“回归”，从而为企业的长远发展扫除产权障碍。二是“国退民进”。一些国企管理层在企业长期发展中作出了巨大贡献，地方政府通过 MBO 方式以一定的价格优惠把国有股转让给管理层。

②中国 MBO 是相对性收购。西方管理层和中介机构在发起 MBO 时，收购股份一般达到公共公司在外发行股份的 90%（上市公司则完成下市）。

中国 MBO 中管理层完成收购后，通常只是持有目标公司股份的较少部分。

③中国 MBO 是管理层在内的主体多元化收购。国外 MBO 中，股东一般包括企业高层管理人员、一般合伙人（通常是操纵整个交易的中介机构）和有限合伙人（提供融资的大投资机构等）。

反观中国案例，管理层再发起 MBO 时，纳入收购主体的人员往往从管理层扩展到中层经理、大股东管理层、子公司管理层，甚至公司的一般员工。

④中国 MBO 具有股权激励性。由于包括上市公司在内的中国企业激励机制的普遍缺失，企业内部管理层在策划 MBO 时往往把 MBO 演绎成企业员工激励的一种形式，与之相对应的是管理层收购中，股东和企业常常配合公司奖励基金、股权折价转让、分期付款、延期付款等措施，最终把企业的 MBO 和股权激励机制融合在一起，使 MBO 带有一定的股权激励的性质。

⑤中国 MBO 使杠杆外部性收购。西方通行的 MBO 是在收购后对目标公司的财务结构进行调整，形成高财务杠杆的资本结构。根据统计，在 MBO 融资中，债务融资占整个收购融资的 80%，一般的目标公司在收购前债务和权益的比例通常为 2∶1，收购后目标公司的债务和股权比例上升到 8∶1 甚至 9∶1。

对比中国 MBO，所谓的杠杆效应却体现在收购主体上或管理层个人，而不是目标公司，即通过收购主体或管理层负债融资来收购目标公司。

（3）MBO 操作的主要阶段

①方案策划设计阶段。由于各个企业的情况千差万别，各地对国有或集体资产的管理归属等问题又有种种不同的规定，同时有效运用当地政策法规可极大地促进 MBO 的运作成功，因此成功的 MBO 首先取决于良好的方案，主要包括：组建收购主体、协调参与各方的工作进度、选择战略投资者、收购融资安排等。

②收购操作阶段。这一阶段是 MBO 实施方案确认后的实际收购操作阶段，主要工作环节为：评估、定价、谈判、签约、履行。实施的焦点主要是收购价格的确定及其他附加条款的确定。操作阶段涉及许多 MBO 的实施技巧，纯熟的资本运作将减少从方案到现实的成本。

③后 MBO 阶段。此阶段为 MBO 的后续整合阶段，最重要的工作是企业重新设计和改造。管理者必须对公司进行业务和资产重整，加强科学化管理，改善资产结构，剥离不良或与公司核心业务无关的资产偿还债务，积极开展获利能力强的业务，同时，还需降低整体财务费用和负债水平。通过后 MBO 阶段，解决 MBO 过程中形成的债务，同时也实现 MBO 操作的各种终极目标。

§4 中国管理层收购的收购主体

中国 MBO 在实践中涌现了大量案例，根据收购主体的不同，概括起来，大致有如下四种常见模式：管理层直接收购，职工持股会或工会收购，壳公司收购，信托收购。

（1）管理层直接收购模式

这种模式下，管理层以自然人身份，直接收购目标公司股份，成为目标公司股东。

（2）职工持股会或工会收购模式

这种模式的操作要点是职工持股会或工会出资收购目标公司股份，从而成为目标公司股东。

目前，这种模式不再可行。第一，民政部2000［110］号文明确，“职工持股会是企业内部组织，根据全国社团法人重新登记的有关规定，不应由民政部门登记”。因此，民政部门不再对全国的原职工持股会进行年检和重新注册登记、换发法人资格证书；第二，由于工会是政治性组织，是不以盈利为目的的组织，而职工作为企业股东单位，是一个经济性、盈利性的组织，所以，由工会进行出资设立公司，与法律不符合。

（3）壳公司收购模式

这种模式的操作要点是参与收购的管理层和其他自然人出资设立壳公司，并利用该公司来收购目标公司股权，实现管理层收购的目的。这是目前中国管理层收购普遍采用的形式，其优点是收购主体产权明晰，利于融资以及后续运作和资金偿还，不利之处是高运营成本和双重纳税的问题。

（4）信托收购模式

这种模式操作的要点是，参与MBO的管理层与信托投资公司签订资金信托合同，将收购资金委托给投资公司，用于目标公司的收购。然后信托投资公司出面收购目标公司，成为目标公司股东。至于管理层对于目标公司的控制权，可以通过管理层和信托公司的资金信托合同进行约定。

专栏7.1　康辉旅行的管理层收购

康辉旅行社有限责任公司（康辉旅行）股权改造前是北京首都旅游集团（首旅集团）100%控股的公司。2002年，康辉旅行开始股权改造，股权改造方案规定，公司总部部门副经理、公民旅游总部处经理以上以及公司控股子公司（国际社）负责人均被纳入持股人员范围，预计总人数为80人左右，超出了公司法所规定的有限责任公司的股东不超过50人的限制，公司的MBO陷入困局。

华宝信托为康辉旅行的MBO解决了这一难题。解决问题的关键是华宝信托为公司中层和业务骨干提供收购主体。

具体来说，总公司管理层和控股公司管理层共计38个自然人直接出资向首旅集团购买康辉旅行的股份。公司中层和业务骨干共计43个自然人则通过华宝信托间接持股，即这43人作为委托人分别与华宝信托签订《资金信托合同》，将其拟出资的资金作为信托财产委托给华宝信托，指定信托财产的运用方式为购买康辉旅行的股份。同时，这些人作为受益人，享有信托财产的终极所有权。华宝信托与首旅集团签订《出资转让协议》，完成受让公司股权的手续。

MBO前的股权结构：

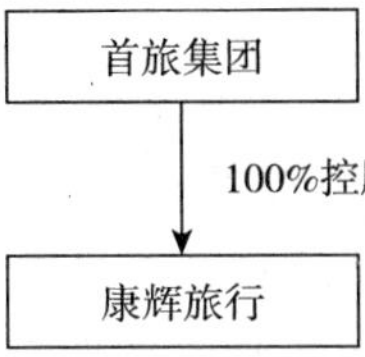

MBO后的股权结构：

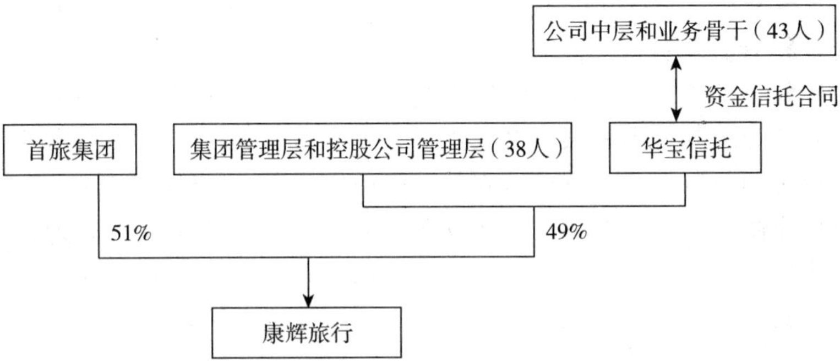

资料来源：黄嵩："MBO的信托道路：信托方式"，《信托投资研究》，2004年第1期。

§5 管理层收购的资金来源

目前，在中国进行MBO面临的一个难题是融资。

在国外的MBO操作中，管理层主要通过银行贷款、发行垃圾债券、收购基金投资等方式来进行融资，自有资金一般只占10%～30%。

但在国内，这些融资方式几乎没有操作的可能性。首先，由于受《贷款通则》的限制，商业银行不能对股本权益性投资行为提供贷款，而MBO是管理层收购目标企业股权的行为，所以不可能通过银行贷款进行MBO融资。其次，国内对债券发行实行审批制，目前并不容许通过发行债券进行MBO。第三，国内目前也没有专门针对MBO的收购基金。融资渠道的限制，使得收购资金来源成为企业进行MBO的最大难题。

针对上述融资难题，中国MBO的实践中出现了各种解决办法，概括起来，大致有如下五种常见模式：自有资金模式、银行贷款模式、信托贷款模式、合作企业借款模式、股权奖励模式。

（1）自有资金模式

这种模式下，管理层以自有资金收购目标公司股份。这种模式适合于目标企业规模较小，而管理层又有足够自有资金的情况。

（2）银行贷款模式

前面讲到，《贷款通则》禁止商业银行对股本权益性投资行为提供贷款，而 MBO 是管理层收购目标企业股权的行为，所以不可能通过银行贷款进行 MBO，那么这里说银行贷款模式是怎么回事呢？

事实上，银行贷款模式是在国有企业改制过程中的 MBO 中，管理层用银行贷款不是收购目标企业的股权，而是收购目标企业的资产，从而回避了股本权益性投资。

（3）信托贷款模式

这种模式操作的要点是，信托投资公司通过向投资者（也可包括管理层）发行资金信托计划募集资金，然后将所募集资金通过贷款的方式给管理层（或专门为收购成立的壳公司），用于收购目标公司的股份。

在具体操作中，为了减少信托投资公司风险，管理层（或壳公司）会把所受让股份质押给信托投资公司，有时还会寻找外部担保。

专栏7.2 精细集团的管理层收购

苏州精细化工集团有限公司（精细集团）是国有大型化工骨干企业，国家规划重点发展的精细化工基地之一，世界最大的糖精生产企业。根据2002年9月苏州市委、市政府发布的《关于加快市属国有（集体）企业产权制度改革的决定》（苏府［2002］81号），苏州市属国有（集体）企业都将加快企业改制，精细集团成为首批进行整体改制的企业。

精细集团改制前，有三种改制方案供集团职工代表大会表决：方案一是将企业卖给外来投资者，方案二是集团职工出资收购，方案三是管理层收购，即 MBO。职工代表大会最后选择了 MBO 的改制方案，由集团董事长徐建荣和总经理顾一平两人100%收购，前者占90%的股份，后者占10%，精细集团同时改制为苏州精细化工有限公司。

MBO 前，精细集团进行了重组，在剥离不良资产、非经营性资产以及费用以后，精细集团的净资产为近1.9亿元，尽管按照苏州市府文件精神，经营者个人出资认购可享受一定比例的折让和奖励，但折价仍高达1.25亿元，即徐建荣和顾一平分别得出资1.125亿元和0.125亿元，才能完成MBO。收购资金如何解决，成了徐建荣和顾一平头疼的问题。

苏州信托的出现无疑是及时雨。2003年5月7日到14日，苏州信托通过发行“苏州精细集团管理层收购融资项目集合资金信托计划”，募集信托资金人民币1.25亿元，以指定用途贷款方式发放给徐建荣和顾一平，用于精细集团企业改制收购，贷款期限为3年，贷款利率为6%。其中徐建荣借款1.125亿元，总经理顾一平借款0.125亿元。

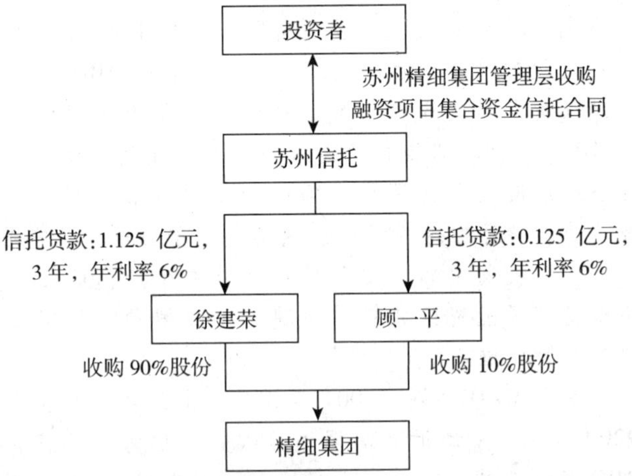

资料来源：黄嵩：“MBO的信托道路：信托方式”，《信托投资研究》，2004年第1期。

（4）合作企业借款模式

这种模式下，管理层的收购资金来自于目标公司合作企业的借款。合作企业一般都是目标公司的上下游企业，因此对目标公司和管理层的经营比较了解，对公司MBO后的情况也能够作出相对客观的判断，因此，用于MBO的借款能否收回也比较有底。因此，合作企业借款成为管理层收购资金的来源之一。

专栏7.3　恒源祥管理层收购

恒源祥是近代中国的一个老字号羊毛品牌，但是，随着新中国成立后的公司合营和计划经济对于品牌的忽视，人们日渐忘了这个曾经辉煌一时的品牌。

1991年，刘瑞旗花了900元去工商局注册了被人们遗忘的恒源祥商标。

1992 年，刘瑞旗以"恒源祥羊羊羊"简单而生动的 5 秒钟广告使得恒源祥迅速成为国内毛线产业的第一品牌。

1993 年，黄浦区百货公司重组为万象股份（600823）上市，刘瑞旗执掌的南京路这间小商店自然也经过评估重组进入了上市公司的资产，当时的评估值是 243 万元。

在上市公司中，刘瑞旗没有任何特殊的地位，但他每年上交的利润成倍地递增，到 1995 年以后，已经上升到 1000 万元以上。此时，刘瑞旗成为上海滩价值被严重低估的企业家之一。

2000 年 8 月，上海世茂投资发展有限公司以 1.44 亿的价格成为万象股份的第一大股东。以此为契机，刘瑞旗开始了 MBO 进程。

第一步，以新世界集团为中转，将恒源祥从万象股份手中收购过来。2000 年 10 月，刘瑞旗委托黄浦区国资办下属的新世界集团与万象股份、世茂公司洽谈收购恒源祥。2001 年 1 月 9 日，万象股份与新世界集团签署了协议转让恒源祥品牌和相关七家子公司的备忘录。

第二步，成立收购主体。恒源祥产品特许生产商的江浙部分乡镇企业为刘瑞旗提供了融资，并携手组建了上海恒源祥投资发展有限公司，其中刘占控股地位。

第三步，完成 MBO 计划。2001 年 3 月，上海恒源祥投资发展有限公司斥资 9200 万元，从新世界集团手里收购了恒源祥品牌和相关七家子公司，MBO 计划完成。

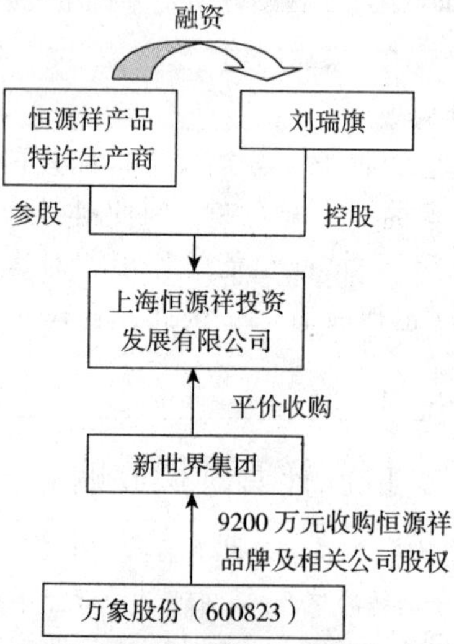

资料来源：陈志杰、吴昊：《透视 MBO》，《中国并购评论（第一册）》，清华大学出版社 2003 年版。

（5）股权奖励模式

这种模式下，管理层并不实际出资收购目标公司的股份，而是通过与目标公司股东签订协议，约定达到一定业绩就给予一定的股权奖励，从而管理层实现持股。

第4节 企业出售

§1 企业出售的含义

企业出售是指使企业规模及经营范围缩小的各种行为，是企业并购的反面。

§2 企业出售的动因

（1）经济因素

①就任何投资标准而言都不是一个好的业务组成部分。在很多情况下，不管对公司某一特定业务部门投入多少资金与管理力量，管理层也不可能实现适当的回报，这种情况下，出售可能是一个明智的选择。

②无法实现经营目标。当一家公司的分支部门无法完成季度或年度计划或其他各项经营目标时，大多数公司就会选择出售。

③税收考虑。由于税收法规的复杂性，资产出售时对此进行考虑就是必不可少的。一家公司在卖掉一个分支部门或生产线时，可以通过合理避税而受益。

④资本使用的优化选择。这里涉及经济和战略两方面的因素，这是资产出售的关键理论基础。那些熟练利用资产出售这一工具的公司，在把获得的收入投入到现有其他业务领域或新的收购业务后取得了相当大的成就。

⑤利润。利润仍然是最终的动因，缺乏利润是公司开始考虑出售的重要原因。除非是战略上的需要，否则持续没有利润并亏损的分支部门就应当被出售。

（2）心理因素

出售亏损的部门可以消除企业所有者和管理者作为失败者的心理影响。没有人想遭受损失，没有什么比想到一个人正在为一家亏损的或没有什么前途的公司工作或与之打交道而更令人沮丧了。

（3）经营因素

①劳动力考虑。当因为缺乏足够熟练的劳动力以及劳动力短缺引起工资水平的上升时，如果通过内部经营而不能改变这种情况的话，资产出售就可以作为一种替代选择。

②竞争性理由。根据竞争能力的实际情况，有时选择退出市场竞争是必要的。那些经营效率不高、缺乏竞争优势的企业所有者和管理层，他们可以从竞争激烈的市场中退出来，把自己的业务部门卖给一家更有实力的公司。

③管理层缺陷。有时因为某种原因，一家公司不能组织起一个有能力的管理队伍来管理一个分支部门，如果这种情况持续存在，并得不到改正，就应当考虑实施资产出售。

（4）战略因素

①风险投资的退出。风险投资的一个重要退出方式就是资产出售，即被其他企业兼并收购。

②公司目标的变化。大公司经常会改变其战略目标，那些不再适应新目标的业务部门就会被出售，以支持符合目标的业务的发展。

③改变公司形象。有些公司觉得有必要出售某些分支部门，以便树立新的公司形象，出售对象不一定是那些低效率或缺乏潜力的部门，而是管理层不喜欢那些领域。

④市场饱和。从战略角度看，当前为企业创造利润的业务逐渐萎缩而且用于保持市场份额的投资超过它产生的利润时，一个分支部门或一条生产线可以作为资产出售的候选对象。

§3 企业出售的流程

企业出售的流程包括如下七个步骤：聘请中介机构、预备工作、准备买主清单、与买主的接触、评价收到的报价、尽职调查和法律文书的准备。

（1）聘请中介机构

企业在作出资产出售的决定之后，它首先要做的是寻找一个胜任的中介机构。中介机构——主要是投资银行——对出售的成功与否非常重要，除非卖方本身也是一个有经验的并购专家，否则它就不可能取得像经验丰富的中介机构那样好的结果。只有中介机构才能在交易中同时运用利诱和制造紧张气氛来使竞争加剧，从而取得期望的价格目标，如果卖主想自己来运用这些花招的话，它常常表现得不是孤注一掷就是太非专业化，这使它总是以失败而告终。

以下三条是聘请中介机构的关键原则：

第一，经验。不用说，中介机构以及处理交易的特定主管应具有各类并购业务的广泛经验。

第二，类似交易的专门知识。尽管大多数中介机构最终都能完成任何类型的交易（“边干边学”），但当它们曾经有过类似交易的经验时，它们可以做得更好。由于在相似的交易中有过前端调查、定价和成交的经验，它们不必在新的交易中再一切从头做起。

第三，承诺。在大多数交易中，结果是否最佳常取决于中介机构高级主管的承诺。很多中介机构常常会叫一个高级主管与客户接洽，而接到业务并开始真正的工作后，他就消失了，转由“边干边学”的低级经理来完成。细致的卖主总是要求高级主管作出亲自处理交易的承诺，如果承诺不能兑现，卖主就会立即取消协议。

（2）预备工作

聘请中介机构、确定出售动因只是企业资产出售的第一步，此后的工作还将更加复杂，常常持续数周到数月。

在交易中，投资银行会协助资产出售工作，包括预备工作。投资银行被聘请为中介机构后，就会进行如下工作：实地考察；检查有关设施；与管理层会谈；并“找到对企业的感觉”。在完成了上述的尽职调查和类似的信息收集后，投资银行开始了以下三个出售前的预备工作：“包装”待售资产；确定资产的价格范围；起草以后将提供给买主的情况备忘录。

①“包装”待售资产。那些愿意支付溢价的公司所偏好的资产必须是“干净的”：有清晰明了的业务；可靠的历史经营记录和最少量的无关事项。投资银行为使客户能符合这些标准，常会建议采取修正措施以达到“包装”目的。

②确定资产的价格范围。投资银行家可通过尽职调查对初步定价作出调整，同时也解释了为什么企业的资产值这么多钱。

③起草情况备忘录。上市公司每年都会公布年报和财务预测，这样就提供了详细的业务和财务资料。私人企业不会公布这些文件，在私人企业的资产出售过程中，描述有关事项的情况备忘录就为潜在的买主提供了关

于卖方的初步介绍。情况备忘录的起草必须十分谨慎，既要勾勒出企业的基本业务，同时还要强调它的正面特性。

（3）准备买主清单

如果情况备忘录的准备已经接近尾声，卖方与中介机构就可以考虑列出一个买主清单，这一清单的长度和组成取决于许多不同的因素。一般来书，这个清单包含50～100家潜在买主名单。

在准备这个买主清单时，以下企业将被排除在外：不具有购买财力的企业；那些卖主的直接竞争对手，买主认为它并不是真正的买家；卖主的坏名声、只看不买的倾向和池底渔夫的形象。

（4）与买主的接触

当中介机构起草了买主清单后，它会考虑与潜在买主接触的各种措施。这些不同的措施有各自的绰号，详见表7.2。

表7.2　出售的主要接触策略

接触策略	说　明	评　论
点射（rifle shot）	投资银行与可能性很大的3～5家收购者进行会晤，这些收购者以前都与卖方有过接触。这些公司通常是市场份额/产品系列扩张者	因为缺乏足够的竞争，卖方发现很难用这种策略来获得最高的卖价，尽管这一策略最有利于保密
扫射（shotgun approach）	银行家与100～150家公司接触，哪怕他们对客户的兴趣极小	这一策略很难顺利实施。它最适合于具有可靠历史经营记录的大公司，因为它们具有广泛的吸引力
绽放式拍卖（full blown auction）	这一方式是扫射的变种。主要的变化是卖主的答复期限有一个严格的截止日，答复包括他们对有关法律初稿的意见	这一策略为交易过程加入了速度和紧张性，但很多大公司会拒绝参与这种进攻性较强的方式。但对于那些极富吸引力的卖主，这种方式确实是最为有效的
改进型拍卖（modified auction）	中介机构根据潜在买主的不同兴趣水平将他们分组，每一组包括30～40家企业，从兴趣很高的组开始，依次与之接触，直到找到3～4家真正的买主，然后，再为谈判最后的条件确定截止日	这种策略对大多数交易都比较适合，它并不随便打发买主，在任何时候，它都会限定有兴趣的买主数量，以使交易过程可控制

资源来源：杰弗里·C.胡克：《兼并与收购：实用指南》，经济科学出版社2000年版，第301页。

在确定了客户清单和接触策略后，中介机构会给每一个潜在买主的高级主管打电话。在对卖主的情况作简要说明之后，中介机构会问对方是否会对收购感兴趣。如果回答是肯定的则对方公司的经理将收到一份情况备忘录，附带的还有一份待签署的保密函。

之后，中介机构就配合买主对卖方公司进行拜访，并回答有关问题。在面对买主拜访的时候，明智的卖方会准备一些正式的材料以面对情况备忘录作出补充。卖方还会安排每位买主与各主要职能部门的高层主管进行会晤，以便于买主的分析。另外，卖方会以一种方便明晰的形式提供有关的经营性数据。在绽放式拍卖的方式下，卖方会用专门的一间屋子来陈列这些材料，并配以电话、传真以及复印机，以便于潜在买主的使用。

（5）评价收到的报价

接下来中介机构的一个重要任务就是要获得一个落入预期价格区间内的有支付能力的报价。请注意“报价”前的修饰语是“有支付能力的”，那些由无力筹集收购资金的收购者提出的报价没有任何意义。一旦投资银行家获得了一个具有支付能力的报价，它就可以以此为武器要求其他买主迅速完成报价工作。买主也会认识到他的报价有可能被卖主用作兜售手段，因此，它会初次报价设定一个有效期以不让卖主的伎俩得逞。很自然地，中介机构会搁置收到的第一个报价以等待更多的竞争性报价。在理想的情况下，卖主会同时收到2~3个报价，这样，就可以从中选出最合适的买主，从而获得理想的卖价。

收到的报价低于期望值是一种常见的情况。在这种时候，卖方可以选择：①扩大接触的范围以寻找更高的收购者；②通过进一步谈判提高现有报价；③降价出售；④取消出售的计划。大多数卖主会选择第一种方法，但在接触了100家以上的买主后仍无法实现期望价格时，它就应该考虑降价或不再出售了。在报价只比期望值低10%~20%时可采用第二种方法，因为买主总是对其报价保留10%~15%的“谈判空间”。中介机构的经验在选择正确的方法上特别有用。

（6）尽职调查和法律文书的准备

之后，就到了签署意向书（letter of intent，LOI）这一步。在意向书签署后，谈判的主动权也就由卖方转向了买方。此后，买方常会根据其尽职调查的发现而略微降低收购价格。大多数卖主会在初步谈判中将企业的全部优点列举穷尽，而买主剩下要做的就是在调查过程中将所有哪怕是很小的负面因素寻找出来。3%~5%的价格削减是很常见的。

在法律文书的起草过程中，买方会尽量防止使自己陷于尽职调查未能揭示或未能预见的问题之中。尽管未知问题永远也无法消除干净，买方还是希望在问题一旦出现时能获得保护，除非目标公司是一家上市公司，卖方常会以代管账户或保证的形式让买主放心，这能使买主在某些特定的情况下取得对卖主的追索权。

最后，为进一步保护自己的未来利益，买主也许会要求卖主答应在收购后一段时期内不再从事同一业务，这一期限通常为3~5年。

本章重要提示

企业并购的流程；杠杆收购和管理层收购；企业出售。

本章总结

1. 企业并购是指能导致企业规模及经营范围扩大的行为，主要包括兼并、合并、收购及合营企业。

2. 企业并购的流程一般包括以下七个步骤：自我评价；目标筛选；尽职调查；定价；评估并购风险；确定交易方案；整合。

3. 杠杆收购是指由收购方以目标公司为担保进行债务融资，再加上自有资金，来收购目标公司，收购之后重组目标公司并逐渐偿还债务。如果目标公司是上市公司，一般在被收购后会退市。

4. 管理层收购（MBO）是指收购方为目标公司管理层的杠杆收购。但是从目前中国实际情况来说，管理层收购更为合适的定义应该为以管理层为主、股权激励相联系的通过融资对目标公司部分股份进行收购并意在获取公司实际控制权的收购行为。

5. 企业出售是指使企业规模及经营范围缩小的各种行为，是企业并购的反面。

6. 企业出售的流程包括如下七个步骤：聘请中介机构、预备工作、准备买主清单、与买主的接触、评价收到的报价、尽职调查和法律文书的准备。

本章需要掌握的内容和概念

企业并购　兼并　合并　收购　杠杆收购　管理层收购　企业出售

思考题

1. 试述企业并购的动因。
2. 试述企业并购的流程。
3. 什么叫杠杆收购？
4. 中国管理层收购的资金来源有哪些？
5. 试述企业出售的流程。

第8章 信托市场

本章概要

本章首先阐述了信托的定义、本质特征以及和代理的区别；然后对信托的构成要素、运行机制和分类进行分析；最后对信托业务进行了介绍。

学习目标

在理论上系统地理解信托的概念，并在此基础上了解信托业务及其应用。

受人之托，代人理财。

——佚名

第 1 节　信托的概念

§1　信托的定义

源于英美法系的信托制度，正在被世界各国接受，日本、韩国、中国等大陆法系国家也都以立法的形式确立了自己的信托制度。但由于法系的差异，信托内涵的丰富性和形式的多样性，很难给信托下一个令人完全满意的定义，只能有条件地和相对地给信托下定义。

英国著名信托法学家安德海尔（Underhill）给信托所下的定义为[①]："信托是一种衡平法上的义务，据此，持有财产的人为了受益人（他自己也可以是受益人之一）的利益而管理处分该财产，而且，任何一个受益人都可以要求履行该义务。"

美国信托权威鲍格特（Bogert）认为[②]："信托是一种信任关系，一方享有财产的所有权，并负有为他人利益管理或处分该财产的衡平法义务。"

日本《信托法》给信托所下的定义为："本法所称信托，是指将财产

① 周小明：《财产权的革新：信托法论》，第 8 页，贵州人民出版社 1995 年版。

② Bogert，Gearge T.，Trust，West Publishing Co.，6th，1987，第 1 页。

权转移或为其他处分，使他人依照一定的目的管理或处分财产。”

韩国《信托法》给信托所下的定义为：“本法所称信托，是指设定信托人（以下称委托人）与接受信托人（以下称受托人）间，基于特别信任关系，委托人将特定财产转移或为其他处分给受托人，使受托人为一定人（以下称受益人）的利益或特定的目的，管理或处分该财产的法律关系。”

《中华人民共和国信托法》[①] 第二条则明确指出：“信托，是指委托人基于对受托人的信任，将其财产权委托给受托人，由受托人按委托人的意愿以自己的名义，为受益人的利益或者特定目的，进行管理或者处分的行为。”

显然，上述关于信托的各种定义，在内容上存在着一定的差异，但一般来说，信托作为一种经济行为，是指委托人为了自己或者第三者的利益，将自己的财产或有关事物委托给自己信任的人或组织代为管理、经营的经济活动。信托作为一种财产管理制度，是指以财产为中心，以信任为基础，以委托和受托为方式的财产管理制度。

§2　信托的本质特征

尽管至今为止尚未有一个令人满意的信托定义，但是对于信托的本质特征却有共同的认识，也正是在这个意义上，大家才承认存在信托这一行为，否则，信托无从说起。

概括来讲，信托有如下本质特征：

第一，信托财产的所有权主体与受益权主体的分离。即受托人享有信托财产的所有权，而受益人享有受托人经营信托财产所产生的利益。受托人享有信托财产的所有权，它可以像真正的所有人一样，管理和处分信托财产，其他人也都把受托人作为信托财产的权利主体和法律行为的当事人，与其从事各种交易行为。同时，受托人必须妥善经营信托财产，将所产生的利益在一定条件下包括本金交给受益人。我国将受益人的权利称为“受益权”，其所享有的利益称为“信托利益”。

第二，信托财产的独立性。信托一经有效成立，信托财产即从委托人、受托人和受益人的自有财产中分离出来，而成为一独立运作的财产。委托人一旦将财产交付信托，便丧失对该财产的所有权；受托人虽取得信托财产的所有权，但这仅是形式上、名义上的所有权，因为其不能享有信

① 本书中也简称《信托法》。

托利益；受益人固然享有受益权，但这主要是一种信托利益的请求权，在信托存续期间，其不得行使对信托财产的所有权。即便信托终止后，委托人也可通过信托条款将信托财产本金归属于自己或第三人。

第三，有限责任。这主要体现两方面：一是受托人以信托财产为限对受益人负有限清偿责任，也就是说，在信托事务处理过程中，只要受托人没有违背信托或已尽了职守，未能取得收益的，可以不向受益人支付；信托财产有损失的，在信托终止时，只将剩余财产交给受益人即可。但是，受托人违反信托目的或者因违背管理职责、管理信托事务不当致使信托财产受到损失的，受托人应当予以补偿、赔偿或恢复原状。二是受托人因信托事务处理而对外发生的债务只以信托财产为限负有限清偿责任，即债务人无权追溯受托人的其他财产。但受托人违背管理职责或者管理信托事务不当所负债务及所受到的损害，要以受托人的自有财产承担。

第四，信托管理的连续性。信托一经设立，信托人除事先保留撤销权外不得废止、撤销信托；受托人接受信托后，不得随意辞任；信托的存续不因受托人一方的更迭而中断。

专栏8.1 信托财产所有权归谁

信托制度在我国的建立，创造了一种全新的财产形态，使我国公民和法人之间的财产关系变得复杂起来。由于我国信托法规定，委托人在设立信托时只是将其财产权“委托给”受托人，因此信托设立后信托财产的所有权归谁所有，成了信托活动中的焦点问题。因为信托设立后，直接涉及以谁的名义持有信托财产的问题，如在银行开户、购买股票等，都需要明确所有权人。下面，就此谈一点个人看法。

我国信托法第三章专门规定了有关信托财产的内容，确立了信托财产的独立性。但是，对信托财产的所有权问题，即信托成立后信托财产到底归属于谁，法律没有予以直接明确，现实中也有多种不同意见和看法。归纳起来，主要有以下三种不同意见：一种意见认为，信托成立后，信托财产的所有权发生转移，受托人成为新的所有权人。因为信托财产的所有权移转，是信托不同于委托、捐赠等其他类似制度的本质特征之一。另外一种意见认为，信托成立后，信托财产的所有权仍属于委托人。出于这种考虑的理由是担心委托人利用信托制度规避法律法规，如逃避债务和税收等，从而保护委托人的债权人利益。第三种意见和第一种意见近似，认为信托财产的所有权发生转移，但新所有权人不是受托人。信托成立后，信托财产则从委托人、受托人和受益人中独立出来，处于一种待定状态，条件成熟后，才能明确其所有权人。

其实，对信托财产的所有权的争论，学术界一直就在进行，而且至今没有形成一个统一确切的说法，归纳起来，存在以下四种看法：一是物权说，认为信托财产的所有权属于受益人。二是双重所有权说，认为受托人是信托财产的名义所有人，委托人或者受益人是信托财产的实际所有人。三是债权说，认为只有受托人才享有信托财产的所有权，受益人享有的是债权。四是附条件的法律行为说，认为信托财产归受托人所有是有条件的。条件成熟前，所有权归受托人；条件成熟后，所有权归委托人或者受益人。

结合国际通行做法和我国的实际情况，笔者认为，为了体现信托的制度优势，严格区分信托与委托代理和捐赠等制度的区别，方便受托人以自己的名义管理处分信托财产并与第三人发生交易关系，信托财产的所有权宜作下面的安排：

信托有效设立后，信托财产即从委托人的其他自有财产中分离出来，成为一项独立运作的财产，仅服务于信托目的。对委托人来说，他丧失了对该信托财产的所有权，该信托财产不再属于其自有资产。对受托人来说，他取得了该信托财产的名义所有权，之所以说是名义所有权，因为他并不能享受这一所有权所带来的信托收益。对受益人来说，他取得了信托收益的请求权，即信托受益权。维持这种状况的条件是信托存续。信托一旦终止，上面所说的情形就会产生变化，受托人不再是信托财产的所有人，这也是受托人仅作为名义持有人的原因之一，该信托财产的所有权归于委托人、受益人或者信托文件规定的人。

这样做，现实中可能还会碰到一些问题，即难以区分受托人的自有财产和信托财产，并由此损害不知情的第三人的利益，为此，需要完善我国信托财产的登记制度和公示制度。

资料来源：蔡概还："信托财产所有权归谁"，《上海证券报》，2003年3月19日。

§3　信托与代理的区别

代理是指代理人以被代理人的名义，在授权范围内与第三者进行的法律行为，这种行为的法律后果直接由被代理人承担。

信托与代理有许多相似之处。两者都属于信任关系，受托人与代理人都处于受信任者的地位，各自对本人或受益人负信任责任；与信托一样，代理也可能涉及为他人管理财产。但是，信托与代理也存在一些重大差异，主要区别表现在：

第一，当事人不同。信托的当事人是多方的，至少有委托人、受托人和受益人三方。而代理的当事人，仅有被代理人和代理人双方。

第二，财产的所有权变化不同。在信托中，信托财产的所有权要从委托人转移给受托人，由受托人代为管理和处分，信托财产的所有权发生转移。而代理财产的所有权始终由被代理人掌握，并不发生所有权的转移。

第三，信托财产的控制不同。信托的受托人在执行信托过程中，一般不受委托人和受益人的监督，只受法律和行政上的监督。而在代理中，代理人则需接受被代理人的监督。

第四，掌握的权限不同。信托的受托人拥有为执行信托业务所必需的广泛权限，法律另有规定或委托人有所保留和限制的除外。而代理的代理人权限则比较狭小，仅以被代理人的授权为限。

第五，期限的稳定性不同。信托行为一经成立，不因委托人或者受托人的死亡、丧失民事行为能力、依法解散、被依法撤销或者被宣告破产而终止，也不因受托人的辞任而终止，对信托的存续期限一般也没有影响，因而信托期限有较大稳定性。而代理关系，被代理人可随意解除代理关系，并因代理人或被代理人任何一方的死亡、丧失民事行为能力、依法解散、被依法撤销或者被宣告破产而终。因而，代理期限的稳定性较差。

第 2 节　信托的构成要素

§1　信托财产

(1) 信托财产的范围

信托财产是委托人通过信托行为转移给受托人并由受托人按照一定的信托目的进行管理或处分的财产，也包括信托成立后，经受托人管理或处分而获得的新的财产，如利息、红利和租金等。通常我们也将前者称为信托财产，而将后者称为信托收益，信托财产和信托收益是广义的信托财产。

信托财产的具体范围，不同的国家有不同的规定，即使在同一国家，不同时期、不同法律所作的规定也不尽一致。《信托法》对信托财产的范围没有具体规定，只是在第十四条说明“受托人因承诺信托而取得的财产是信托财产。受托人因信托财产的管理运用、处分或者其他情形而取得的财产，也归入信托财产。法律、行政法规禁止流通的财产，不得作为信托财产。法律、行政法规限制流通的财产，依法经有关主管部门批准后，可以作为信托财产”。

(2) 信托财产的特性

一般来说，信托财产具有如下三个特性：

第一，转让性。信托的成立，以信托财产的转移为前提条件，因此，信托财产的首要特征就是转让性，即信托财产是委托人独立支配的可以转让的财产。转让的方式有：单纯信托财产物的位移；物的位移并且信托财产的使用权、处置权、管理权也转移到受托人手中；信托财产的所有权和使用权一并转移到受托人手中。

第二，独立性。独立性是指信托财产具有一种独立于其他财产之外的特性。主要有三种表现：信托财产与受托人的固有财产相互独立；不同委托人的信托财产或同一委托人的不同类别的信托财产相互独立；委托人的信托财产与其他财产相互独立。

第三，有限性。信托财产只能在一定的时空上有限。信托财产时间上的有限性，是指信托财产有时效性；信托财产空间上的有限性，是指其范围受到法律限制。

(3) 信托财产的管理

为了保证信托财产的独立性，信托财产必须与受托人自己的固有财产及其他信托财产分别管理。只有分别管理，才能保障各个受益人的利益。如果信托财产是货币，可以放在一起管理和处分，但必须分别计算。《信托法》第二十八条规定：“受托人不得将其固有财产与信托财产进行交易或者将不同委托人的信托财产进行相互交易，但信托文件另有规定或者经委托人或者受益人同意，并以公平的市场价格进行交易的除外。”《信托法》第二十九条规定：“受托人必须将信托财产与其固有财产分别管理、分别记账，并将不同委托人的信托财产分别管理、分别记账。”

另外，为了有效保护委托人和受益人的权益，受托人必须保存处理信托实物的完整记录，正如《信托法》第三十三条规定：“受托人必须保存处理信托事务的完整记录。受托人应当每年定期将信托财产的管理运用、处分及收支情况，报告委托人和受益人。受托人对委托人、受益人以及处理信托事务的情况和资料负有依法保密的义务。”

§2 信托目的

信托目的是指委托人通过信托行为所要达到的目的，信托目的由委托人提出并在信托契约中写明。信托目的具有确定性和不确定性，确定性是说任何信托的目的都是为了受益人的利益，不确定性是说不同种类的信托具体目的是不同的，如有的为了保全财产，有的为了使财产获得最大增值，有的则是为了社会公共利益。然而无论是什么样的信托目的，都不能违反国家法律、法规或损害社会公共利益。如要求保管毒品、非法所得财产等都不能作为信托目的加以设定。

受托人应按照委托人提出的信托目的去管理和运用信托财产，信托目的是受托人是否完成信托事务的标志。信托目的的设立还必须考虑受托人的状况，只有经过受托人的努力能够实现的目的，信托的成立才有必要。另外，信托目的也要受益人所能接受，因为信托是为受益人而设立的，如果信托的受益人不接受或不能接受，那么信托行为也就没有意义。

§3 信托当事人

信托当事人包括委托人、受托人和受益人。这三方必须具备一定的资格或条件，享有一定的权利，承担一定的义务，形成信托关系，才能使信托业务顺利进行。

(1) 委托人

委托人是指提出设定信托、要求受托人遵照一定目的管理和处分信托财产的人。一般来说，要求委托人具有完全民事行为能力。《信托法》第十九条规定：“委托人应当是具有完全民事行为能力的自然人、法人或者依法成立的其他组织。”

委托人在信托中共享有五项权利：

第一，了解情况权。即委托人有权了解其信托财产的管理运用、处分及收支情况，并有权要求受托人作出说明。

第二，查阅复制权。委托人有权查阅、抄录或者复制与其信托财产有关的信托账目以及处理信托事务的其他文件。

第三，调整信托管理方法权。因设立信托时未能预见的特别事由，致使信托财产的管理方法不利于实现信托目的或者不符合受益人的利益时，委托人有权要求受托人调整该信托财产的管理方法。

第四，要求委托人恢复信托财产的原状或者予以赔偿权。即受托人违反信托目的处分信托财产或者因违背管理职责、处理信托事务不当致使信托财产受到损失的，委托人有权申请人民法院撤销该处分行为，并有权要求受托人恢复信托财产的原状或者予以赔偿；该信托财产的受让人明知是违反信托目的而接受该财产的，应当予以返还或者予以赔偿。但申请权，自委托人知道或者应当知道撤销原因之日起一年内不行使的，归于消灭。

第五，解任受托人权。即受托人违反信托目的处分信托财产或者管理运用、处分信托财产有重大过失的，委托人有权依照信托文件的规定解任受托人，或者申请人民法院解任受托人。

（2）受托人

受托人是接受信托，按照信托目的管理或处分信托财产的人。在信托关系中，受托人在各当事人中处于十分重要的地位，他不但要对委托人负责，而且要对受益人负责，所以对受托人的资格要求更严格，不仅要取得委托人的信任，还要符合一系列法律规定。如《信托法》第二十四条要求"受托人应当是具有完全民事行为能力的自然人、法人"。当一项信托的受托人在一人以上时，称为共同受托。在共同受托的情况下，共同受托人处理信托事务对第三人所负债务，应当承担连带清偿责任。第三人对共同受托人之一所作的意思表示，对其他受托人同样有效。共同受托人之一违反信托目的处分信托财产或者因违背管理职责、处理信托事务不当致使信托财产受到损失的，其他受托人应当承担连带赔偿责任。

其中受托人采取信托机构形式从事信托活动，其组织和管理应遵守《信托投资公司管理办法》的规定，并且对信托投资公司的设立及经营提出了如下基本要求："第一，有符合《中华人民共和国公司法》和中国人民银行规定的公司章程；第二，有具备中国人民银行规定的入股资格的股东；第三，具有本办法规定的最低限额的注册资本；第四，有具备中国人民银行规定任职资格的高级管理人员和与其业务相适应的信托从业人员；第五，具有健全的组织机构、信托业务操作规则和风险控制制度；第六，有符合要求的营业场所、安全防范措施和与业务有关的其他设施；第七，中国人民银行规定的其他条件。”①

受托人在信托中共负有十一项义务：

第一，处理信托事务的义务。即受托人应当遵守信托文件的规定，为受益人的最大利益处理信托事务。受托人管理信托财产，必须恪尽职守，履行诚实、信用、谨慎、有效管理的义务。

第二，不得为自己谋取利益的义务。即受托人除依照本法规定取得报酬外，不得利用信托财产为自己谋取利益。受托人违反规定，利用信托财产为自己谋取利益的，所得利益归入信托财产。

第三，不得将信托财产转为其固有财产的义务。受托人不得将信托财产转为其固有财产。受托人将信托财产转为其固有财产的，必须恢复该信托财产的原状；造成信托财产损失的，应当承担赔偿责任。

第四，不得非法交易的义务。即受托人不得将其固有财产与信托财产进行交易或者将不同委托人的信托财产进行相互交易，但信托文件另有规定或者经委托人或者受益人同意，并以公平的市场价格进行交易的除外。受托人违反前款规定，造成信托财产损失的，应当承担赔偿责任。

第五，分别管理、分别记账的义务。即受托人必须将信托财产与其固有财产分别管理、分别记账，并将不同委托人的信托财产分别管理、分别记账。

第六，自己处理信托事务的义务。即受托人应当自己处理信托事务，但信托文件另有规定或者有不得已事由的，可以委托他人代为处理。受托人依法将信托事务委托他人代理的，应当对他人处理信托事务的行为承担责任。

第七，保存纪录的义务。即受托人必须保存处理信托事务的完整记录。

第八，报告义务。即受托人应当每年定期将信托财产的管理运用、处分及收支情况，报告委托人和受益人。

第九，保密义务。即受托人对委托人、受益人以及处理信托事务的情况和资料负有依法保密的义务

第十，支付信托利益的义务。即受托人以信托财产为限向受益人承担支付信托利益的义务。

第十一，职责终止时的报告、移交义务。即受托人依法职责终止的，

① 《信托投资公司管理办法》第十三条。

应当作出处理信托事务的报告，并向新受托人办理信托财产和信托事务的移交手续。

与义务相对应，委托人在信托中共享有三项权利：

第一，取得报酬权。即受托人有权依照信托文件的约定取得报酬。信托文件未作事先约定的，经信托当事人协商同意，可以作出补充约定；未作事先约定和补充约定的，不得收取报酬。约定的报酬经信托当事人协商同意，可以增减其数额。但是，受托人违反信托目的处分信托财产或者因违背管理职责、处理信托事务不当致使信托财产受到损失的，在未恢复信托财产的原状或者未予赔偿前，不得请求给付报酬。

第二，优先受赔偿权。即受托人因处理信托事务所支出的费用、对第三人所负债务，以信托财产承担。受托人以其固有财产先行支付的，对信托财产享有优先受偿的权利。

第三，辞任权。即一般情况下，设立信托后，经委托人和受益人同意，受托人可以辞任。

（3）受益人

受益人是在信托中享有信托受益权的人。受益人可以是自然人、法人或者依法成立的其他组织。委托人可以是受益人，也可以是同一信托的唯一受益人。受托人也可以是受益人，但不得是同一信托的唯一受益人。

一般来说，法律上对受益人的资格没有专门规定，凡是具备权利能力的人都可以担当，如未成年人或心神丧失的人、尚未出生的婴儿、非公司组织的社团等都可以作为受益人。

委托人在信托中共享有四项权利：

第一，信托受益权。这是受益人最重要的权利。

第二，放弃受益权。即受益人可以放弃信托受益权，全体受益人放弃信托受益权的，信托终止。部分受益人放弃信托受益权的，被放弃的信托受益权按下列顺序确定归属：信托文件规定的人；其他受益人；委托人或者其继承人。

第三，委托人在信托中享有的权利。即委托人在信托中享有的五项权利，受益人也同样享有。

第四，与委托人意见不一致时的申请裁定权。受益人行使上述权利，与委托人意见不一致时，可以申请人民法院做出裁定。

§4 信托行为

信托行为是指当事人在相互信任的基础上，以设定信托为目的而产生的法律行为，也就是信托当事人在约定信托时，为了使信托具有法律效力而履行的一种手续。履行这种手续的方式一般有三种：一是书面契约，这是由当事人共同表态并签字认可的，具有普遍意义的一种方式；二是个人遗嘱，这是一种由委托人单独表态而成立信托的方式，订立遗嘱是一种单独行为，遗嘱中的受托人可能并不知道，有的可能拒绝担当受托人，因此，遗嘱虽然是具有法律效力的文件，但信托不一定会按照遗嘱的单方指定成立，遗嘱信托成立的前提是遗嘱中指定的受托人同意担当受托人；三是法院裁定，即关系人并无成立信托的明确表示，而是由法院根据关系人之间已经存在的事实和法律的有关规定来强制确立一种信托关系。

第3节 信托的运行机制

§1 信托的一般流程

一般来说，信托流程包括如下几个步骤：第一步，委托人向受托人提出信托意向；第二步，信托关系人依法签订信托契约；第三步，转移信托财产；第四步，执行信托契约；第五步，终止信托关系。

§2 信托的成立

信托的成立需要以下四方面的条件：

第一，当事人之间的信任。信托是一种代人理财的财产管理制度，它的确立必须以当事人之间相互信任为基础。如果委托人和受益人对受托人不信任，则信托行为难以发生。即使发生信托行为，因存在不信任，甚至带有欺骗性，在法律上仍不能确认其为有效。

第二，合法的信托目的。信托的目的是信托行为成立的依据，设立信托，必须有合法的信托目的。

第三，确定的信托财产。如果没有信托财产，就没有财产的转移，信托就不能成立，因此，信托的成立必须有确定的信托财产，并且该信托财产必须是委托人合法所有的财产。

第四，当事人的真实意思表示。确认信托行为的成立，必须有当事人真实意思表示，现代信托中，这种意思表示在形式上一般采用书面形式。《信托法》第八条要求“设立信托，应当采取书面形式”。书面形式包括信托合同、遗嘱或者法律、行政法规规定的其他书面文件等。

有下列情形之一的，信托无效：第一，信托目的违反法律、行政法规或者损害社会公共利益；第二，信托财产不能确定；第三，委托人以非法财产或者《信托法》规定不得设立信托的财产设立信托；第四，专以诉讼或者讨债为目的设立信托；第五，受益人或者受益人范围不能确定；第六，法律、行政法规规定的其他情形。

§3 信托的变更与终止

设立信托后，有下列情形之一的，委托人可以变更受益人或者处分受益人的信托受益权：第一，受益人对委托人有重大侵权行为；第二，受益人对其他共同受益人有重大侵权行为；第三，经受益人同意；第四，信托文件规定的其他情形。有第一、三、四种情形之一的，委托人可以解除信托。

信托不因委托人或者受托人的死亡、丧失民事行为能力、依法解散、被依法撤销或者被宣告破产而终止，也不因受托人的辞任而终止。但《信托法》或者信托文件另有规定的除外。但有下列情形之一的，信托终止：第一，信托文件规定的终止事由发生；第二，信托的存续违反信托目的；第三，信托目的已经实现或者不能实现；第四，信托当事人协商同意；第五，信托被撤销；第六，信托被解除。另外，委托人是唯一受益人的，委托人或者其继承人可以解除信托。信托文件另有规定的，从其规定。

信托终止后，信托财产归属于信托文件规定的人；信托文件未规定的，按下列顺序确定归属：首先，受益人或者其继承人；其次，委托人或者其继承人。

第4节 信托的分类

§1 自由信托和法定信托

按信托关系发生划分，信托可分为自由信托与法定信托。

自由信托是指信托各方当事人依照信托法规，按自己的意愿自由协商而设立的信托。自由信托又分为契约信托和遗嘱信托。契约信托是依照委托人和受托人所订契约而设立的；遗嘱信托是依照个人遗嘱而设立的。自由信托是最为常见的信托。

法定信托是指由司法机关按照法律依其权力指派确定信托关系而建立的信托。法定信托又分为回归信托和强制信托。回归信托是指当委托人的意思表示不明确时，法院依据对委托人的意思推定而成；强制信托则是不考虑信托关系人的意愿，由司法机关依公平正义的观念，按照法律政策强制性建立的信托。

§2 民事信托和商事信托

按信托目的划分，信托可分为民事信托与商事信托。

民事信托又称为非营业信托，是指不以营业为目的的所承办的信托。民事信托业务大多办理的是与个人财产有关的各种事务，如财产遗产、执行遗嘱、代买卖等。

商事信托又称为营业信托，是指以从事商业行为为目的而承办的信托。其目的就是通过信托业务，以获得盈利。商事信托大多用于经济组织的各种经营业务，如公司债券信托、投资信托等。

§3 个人信托和法人信托

按委托人划分，信托可分为个人信托与法人信托。

个人信托是指个人作为委托人而设立的信托。个人信托又可以分为生前信托和身后信托。生前信托是指信托机构与委托人生前订立契约而成立的信托，这种信托所订的信托契约在委托人在世时即具法律效力。身后信托是指信托机构与委托人在生前订立信托契约，受托办理委托人去世后的各种事务，这种信托所订的信托契约在委托人去世后才具法律效力，并且受益人必为第三者。

法人信托是指由有法人团体作为委托人而设立的信托。

§4 公益信托和私益信托

按受益人是否特定划分，信托可分为公益信托与私益信托。

公益信托是指为了实现社会公益为目的而设定的信托。这类信托的受益人不是特指一个人或两个人，凡社会中享受这方面公益的人都是公益信托的受益人。例如，瑞典的诺贝尔基金会即属此例，它以固有的170万英镑，通过自己的受托人管理和处分，每年将一定金额的信托收益奖励在科学上有突出贡献的学者。

私益信托是指委托人为了自己和其他特定人（可以是一人，也可以是多人）的利益而设定的信托。这类信托的受益人为特定的个人和特定的某些人。

§5 自益信托和他益信托

按受益人与委托人关系划分，信托可分为自益信托与他益信托。

自益信托是指受益人为委托人本人的信托，这时，委托人与受益人为同一个人。

他益信托是指受益人不是委托人本人的信托，这时，委托人、受托人和受益人分别为三个不同的主体。

§6 可撤销信托和不可撤销信托

按委托人可否单方撤销信托，信托分为可撤销信托与不可撤销信托。

可撤销信托是指委托人在信托契约中保留了随时终止信托并取回信托财产的权力的信托。

不可撤销信托是指除依信托契约所记载的条款外，不得由委托人终止的信托。

第5节 信托业务

§1 信托业务的分类

目前，由于中国信托业界没有规范的信托业务分类及标准名称，同一种类信托业务的名称可谓五花八门，一些信托投资公司随意创造命名信托产品种类名称，造成了许多理论与实践上混乱，对信托业务的规范和发展十分不利。因此，依据科学分类标准对信托业务进行规范分类和命名，对于中国信托公司信托业务的创新开发，信托业务标准操作流程的设计，信托产品的推介，信托业的监督管理等均具有重要的意义。

美国是最先在英国传统信托制度基础上发展营业信托，并使信托业成为金融产业重要组成部分的国家。美国的信托业务，一般按委托人法律上的性质分为三类：个人信托、法人信托、个人和法人混合信托。

日本是按信托财产的性质对信托业务进行分类的，根据信托财产是否为金钱形态分为金钱的信托、非金钱的信托、金钱与非金钱相兼的信托共三大类别。日本所使用的“金钱”一词，可以理解为中国所使用的“资金”。

与美日等信托业发达的国家比较，中国信托业产生时间相当晚，中间又经历了一段缺乏法律制度基础、以银行业务为主营业务的混乱时期，直到《信托法》及其他信托业管理法规出台后，才开始真正的起步阶段。因此，中国信托业务品种可以在借鉴美日等国经验的基础上进行设计开发。由于中国具有后发国家的特性，且与日本文化上的共性较多，日本信托业的经验对中国更具有借鉴意义。

我们认为，中国信托业应以信托财产的性质或初始形态为主要分类标准，对信托业务进行第一次分类（一级分类），然后再根据信托财产运用方式或财产具体种类进行第二次分类（二级分类）。这一分类标准符合中国人民银行发布的《信托投资公司管理办法》中第二十三条的规定：信托公司可以根据市场需要，按照信托目的、信托财产的种类或者对信托财产管理方式的不同设置信托业务品种。

根据信托财产的性质或初始形态进行一级分类，可以将信托业务分成资金信托业务、实物信托业务和权利信托业务三类。

§2 资金信托业务

（1）定义

资金信托业务是指委托人基于对信托投资公司的信任，将自己合法拥有的资金委托给信托投资公司，由信托投资公司按委托人的意愿以自己的名义，为受益人的利益或者特定目的管理、运用和处分的行为。

（2）分类

根据信托资金的运用方式不同，资金信托业务可以分为贷款信托和投资信托。

①贷款信托。贷款信托是一种典型的资金信托，在贷款信托中，受托人管理、运用和处分的方式是贷款。具体来说，贷款信托是指委托人基于

对信托投资公司的信任，将自己合法拥有的资金委托给信托投资公司，由信托投资公司按委托人的意愿以自己的名义，为受益人的利益或者特定目的运用于贷款的资金信托。

②投资信托。投资信托是资金信托的另一重要形式，在投资信托中，受托人管理、运用和处分的方式是投资。具体来说，投资信托是指委托人基于对信托投资公司的信任，将自己合法拥有的资金委托给信托投资公司，由信托投资公司按委托人的意愿以自己的名义，为受益人的利益或者特定目的运用于投资的资金信托。

按照投资对象的不同可以分为直接投资信托（即信托投资公司直接向企业或项目投资）和间接投资信托。直接投资信托是指信托投资公司接受委托人的信托资金，将信托直接投资于企业或项目，而非企业的证券。间接投资信托又称为证券投资信托，是指信托投资公司接受委托人的信托资金，将信托投资于有价证券。

（3）业务流程

资金信托业务的流程主要包括如下七个步骤。

①拟定信托资金招募说明书。信托资金招募说明书是信托公司开展集合资金信托业务必备的信托业务文件，在信托合同签订之前，信托资金招募说明书为要约邀请。信托公司通过信托资金招募说明书向潜在客户推介资金信托产品，信托资金招募说明书的作用及法律属性类似于股份有限公司发行股票时公开刊登的投股说明书。信托合同达成，意味着委托人接受信托公司的要约，因此，信托资金招募说明书的法律效力与信托合同并无不同。而在信托合同签订时，对于拟进行的信托资金管理运用、处分的具体方式和安排、项目的成本收益分析及回报率预测、对各种风险及防范措施的分析、信息披露的承诺等等内容，不可能也不宜全面体现在信托合同的条款中。这些没有体现在信托合同中而体现在信托资金招募说明书中的内容，同样具有法律效力，应当视为信托合同的补充部分。

不同的信托产品，信托资金招募说明书内容有所不同，但主要组成部分基本相同，一般包括如下内容：信托目的；信托规模；信托期限；项目介绍；信托资金的运用；信托收益；受托人的信托报酬与受益人的信托收益；信托财产的管理；风险揭示、风险的防范及风险的承担；信息披露；信托的终止与清算；税务处理；信托产品的认购；信托产品推介期；信托受益权的转让；信托资金招募说明书的法律效力；信托投资公司简介；信托经理简介；信托公司对说明书内容真实性承担责任的申明。

②签订资金信托合同和信托资金管理、运用风险申明书。资金信托合同是由信托法律关系中作为信托关系当事人的委托人与受托人签订的设立、变更、终止信托和规定信托关系当事人（包括委托人、受托人、受益人）权利义务关系的书面协议。

资金信托合同应当载明以下事项：信托目的；委托人、受托人的姓名（或者名称）、住所；受益人姓名（或者名称）、住所，或者受益人的范围；信托资金的币种和金额；信托期限；信托资金的管理方式和受托人的管理、运用和处分的权限；信托资金管理、运用和处分的具体方法或者安排；信托利益的计算、向受益人交付信托利益的时间和方法；信托财产税费的承担、其他费用的核算及支付方法；受托人报酬计算方法、支付期间及方法；信托终止时信托财产的归属及分配方式；信托事务的报告；信托当事人的权利、义务；风险的揭示；信托资金损失后的承担主体及承担方式；信托当事人的违约责任及纠纷解决方式；信托当事人认为需要载明的其他事项。

信托投资公司办理资金信托业务时，应当于签定信托合同的同时，与委托人签定信托资金管理、运用风险申明书。风险申明书应当载明下列内容：信托投资公司依据信托文件的约定管理、运用信托资金导致信托资金受到损失的，其损失部分由信托财产承担；信托投资公司违背信托文件的约定管理、运用、处分信托资金导致信托资金受到损失的，其损失部分由信托投资公司负责赔偿。不足赔偿时，由信托财产承担。

③建立信托账户。信托公司除了自营账户用于自营业务的核算，还必须对不同的资金信托建立单独的信托账户，并与自营账户和其他信托账户严格分开，独立核算。

④信托资金的交付。委托人将信托资金解入信托账户。

⑤信托资金的管理、运用和处分。受托人根据信托资金招募说明书和信托合同约定，以自己的名义管理、运用和处分信托资金。

⑥信托收益分配。根据信托资金招募说明书和信托合同约定，在信托期间或在信托期满后分配信托收益。

⑦信托清算。根据信托资金招募说明书和信托合同约定清算方式撰写清算报告，解除信托关系。

§3 实物信托业务

实物信托业务是指委托人基于对信托投资公司的信任，将自己合法拥有的有形财产委托给信托投资公司，由信托投资公司按委托人的意愿以自己的名义，为受益人的利益或者特定目的管理、运用和处分的行为。实物信托业务是最早产生的一项信托业务，在有些国家，资金信托业务虽然在整个信托业务中的比重已经很高，但实物信托业务仍对经济发展起着重要作用。

根据实物财产的具体种类不同，实物信托业务可以分为动产信托与不动产信托两大类。

（1）动产信托

动产信托是指委托人将动产设备委托信托机构代为出租或出售并达到为设备供应商和设备使用者融通资金目的的信托业务。

根据对动产设备的不同处理方法（先出租后出售、出售、出租），动产信托分为三类：管理处理型动产信托、即时处分型动产信托及出租型动产信托。

管理处理型动产信托的特点是受托人先以出租方式向动产使用者提供动产设备，最终将动产所有权一次性出售给动产使用者。

即时处分型动产信托的特点是在信托设立时，受托人与动产使用人签订“动产买卖及抵押权设定合同”，将动产出卖给使用者，出售价款以分期付款的方式收回。

出租型动产设备信托的特点是，受托人接受委托人信托的同时将动产出租给使用者，受托人与使用人之间签订的是“动产出租合同”。

（2）不动产信托

不动产信托业务是不动产的所有者为了管理或增值之目的，将不动产委托给信托公司，同时作为受托人的信托公司依信托合同的约定，对接受委托的不动产进行管理、运用或处分的信托业务。不动产是指土地及地上固定物。因此，不动产信托业务经常被称为房地产信托业务。

§4 权利信托业务

权利信托业务是指委托人基于对信托投资公司的信任，将自己合法拥有的各类权利财产委托给信托投资公司，由信托投资公司按委托人的意愿以自己的名义，为受益人的利益或者特定目的管理、运用和处分的行为。根据权利财产的具体种类和管理、运用方式的差异，权利信托业务包括债权信托、有价证券信托、表决权信托、附担保公司债信托、专利信托等。

（1）债权信托

债权信托是以管理、处分债权为目的而设立的信托，其委托人为债权拥有者，受托人为信托机构，受益人为债权拥有者或委托人所指定的其他受益人。债权信托通常包括住宅贷款债权信托、人寿保险债权信托及其他类型的债权信托。

住宅贷款债权信托是指专业经营住宅贷款业务的机构或银行，将其拥有的尚未到期的住宅贷款债权委托给信托机构管理，由信托机构向借款人收取贷款本金和利息并支付给受益人的一种信托行为。

人寿保险债权信托是以人寿保险金债权为信托财产，由被保险人作为委托人，信托机构为保险金的受领人，于保险事故发生时，由信托机构受领保险金，并将之交付给委托人所指定受益人，或者按信托合同的约定，为受益人的利益予以管理和运用的信托行为。

（2）有价证券信托

有价证券信托是指股票、国债、公司债等有价证券的持有者，将其有价证券委托给信托机构管理、运用的信托行为。有价证券信托的信托财产是各类有价证券。有价证券信托可分为管理有价证券信托和运用有价证券信托两种。

管理有价证券信托是以证券管理为目的的信托业务，信托公司接受委托人的委托后，为委托人管理相关事务。

运用有价证券信托的委托人不仅委托信托机构管理其证券，而且委托信托机构运用证券以取得利益。

（3）表决权信托

表决权信托又称为商务管理信托，是由公司股东（股票持有人）为委托人，信托机构为受托人，股东权利中的表决权为信托财产，股东（股票持有人）为受益人，以委托信托公司管理并行使股东表决权为主要信托目的设立的信托。

（4）附担保公司债信托

附担保公司债信托是以公司债券发行人为委托人，以债券发行抵押物的实物资产或质押物的权利资产上的担保权为信托财产，以全体债券的投资者即债权人为受益人，为将来公司债所有债权人享有共同担保利益为目的，将发行公司债的担保权委托给信托机构管理并使用的一种信托业务。

（5）专利权信托

专利权信托属于知识产权信托中的一种，是指专利权人将其专利权委托给信托机构管理，由信托机构依信托合同的约定将专利权予以转让、出资入股，或通过其他方式实现专利项目商业化的目的。专利权信托的受益人为专利权人。

本章重要提示

信托的概念；信托业务。

本章总结

1. 信托作为一种经济行为，是指委托人为了自己或者第三者的利益，将自己的财产或有关事物委托给自己信任的人或组织代为管理、经营的经济活动。信托作为一种财产管理制度，是指以财产为中心，以信任为基础，以委托和受托为方式的财产管理制度。

2. 信托有如下本质特征：信托财产的所有权主体与受益权主体的分离；信托财产的独立性；有限责任；信托管理的连续性。

3. 信托要素包括：信托财产、信托目的、信托当事人和信托行为。

4. 一般来说，信托流程包括如下几个步骤：第一步，委托人向受托人提出信托意向；第二步，信托关系人依法签订信托契约；第三步，转移信托财产；第四步，执行信托契约；第五步，终止信托关系。

5. 按照不同的标准，信托可以进行不同的分类。按信托关系可分为自由信托和法定信托；按信托目的可分为民事信托和商事信托；按委托人可分为个人信托和法人信托；按受益人是否特定可分为公益信托和私益信托；按受益人与委托人关系可分为自益信托和他益信托；按委托人可否单方撤销信托可分为可撤销信托与不可撤销信托。

6. 根据信托财产的性质或初始形态进行一级分类，信托业务分成资金信托业务、实物信托业务和权利信托业务三类。

本章需要掌握的内容和概念

信托　信托财产　信托目的　信托当事人　信托行为　自由信托
法定信托　民事信托　商事信托　个人信托　法人信托　公益信托
私益信托　自益信托　他益信托　可撤销信托　不可撤销信托
资金信托业务　实物信托业务　权利信托业务

思考题

1. 试从信托的本质特征、要素和运作机制来理解信托。
2. 如何理解各种信托业务及其应用。

第9章
资本市场监管

本章概要

本章讨论资本市场监管的目标、资本市场监管理念与基本原则、资本市场监管体制与模式。

学习目标

对资本市场监管有系统而全面的认识。

何时干预、为何干预、如何干预、干预多少：取决于各国国情与文化传统的差异。

——韦灵克

第 1 节　监管目标

资本市场监管，是指政府、政府授权的机构或依法设立的其他组织，从保护投资者，确保市场的公平、高效和透明，降低系统风险的目的出发，根据国家的宪法和有关法律，制定相应的金融法律、法规、条例和政策，并依据它们对资本市场体系和各种活动进行的监督、管理、控制和指导的活动。

本节介绍资本市场监管的目标。

§1　资本市场监管的终极目标

从一般经济学的意义上来说，人们进行经济活动所追求的目标无非是两个，即公平与效率。资本市场就是人们在经济活动中追求公平和效率的产物，因此，公平和效率就成为资本市场运作的两大终极目标。但是市场并不是十全十美的，而监管的存在就是为了弥补市场的不足，从而更好地促进公平和效率的实现，因此，公平和效率也就成为资本市场监管的终极目标。

（1）资本市场监管的效率目标

由于下述三个理由的存在，说明资本市场并不能满足完全竞争的要求，所以有必要进行监管，从而弥补资本市场的不足，促进资本市场的效率。

第一，如果没有监管，市场就没法保证每一个市场主体（参与者）都拥有完全的、真实的信息，从而无法实现市场的有效。因为有些信息并不会被自动披露，而那些披露的信息也不都是真实的，因此，有必要存在有关信息披露方面的监管。

第二，有些市场主体要比其他市场主体更有力量通过自己的行动来影响价格。第二个理由跟第一个并不是完全无关的，因为很多市场之所以比其他市场主体更有力量影响价格，很大的一个原因就是他们拥有的信息相对更多。对于信息披露的监管有助于消除这种影响价格力量的不等。

第三，进入和退出市场并不是无成本的。事实上，资本市场具有系统崩溃的内在倾向，一家企业的倒闭会影响其他企业而导致一系列的连锁效应。这样，一家企业的失败将使其他市场主体产生成本。为了尽量避免这种情况的发生，就有必要进行监管，对企业资本规模、风险管理机制等作出强制性的规定。

一般来说，人们认为无监管的市场最有效的理由是监管往往是不精确和不灵活的。另外，监管还需要执行成本。然而，监管确实能够提高市场运作的效率。例如对于一级市场的监管，有助于解决由于证券缺乏一致性所引起的信息问题，证券间的区别之所以重要是因为它决定着证券的收益和风险，如果不披露充分的信息来区分这些区别，证券的发行者就有动力把低质量的证券“包装”（或“伪装”）成高质量的证券，我国证券市场出现的“红光事件”、“大庆联谊事件”和“东方锅炉事件”就很好地说明了这一点。如果这个问题不解决，那么证券市场就有可能出现“劣券驱逐良券”的危险，那些高质量的证券就会被低质量的证券驱逐出证券市场。如果投资者不能区分哪些证券是高质量、哪些是低质量的话，他们就会只愿意支付低于较低的价格来购买高质量证券，以弥补这个选择的风险。可是谁愿意以低于高质量证券的价格来出售高质量证券呢？因此，就会使得那些高质量证券的发行者不愿意在市场上发行他的证券。其结果就是证券市场上最后只剩下质量最差的证券，而市场对它根本就不会有需求。

（2）资本市场监管的公平目标

上面主要是从监管弥补市场效率方面不足的角度进行了分析，正是因为资本市场并不能满足完全竞争的要求，所以有必要进行监管从而弥补市场的不足。但监管的存在更大程度上是为了保证市场的公平，它要比促进市场的效率来得更为重要。如果资本市场不能做到公平，就很少有人愿意进入这个市场，其结果就是导致了整个市场的规模狭小和流动性的缺乏，那么也就无法实现市场的效率。

公平可以分为起点公平、规则公平和终点公平三个方面。所谓起点公平，一般是要求人们在经济过程开始之时，所拥有的禀赋（包括信息、能力等）相同，没有优劣的差别。

规则公平则是要求经济活动的规则对于任何人、任何集团都应该一致而不是区别对待，但是西方经济学和马克思主义经济学对于规则的认定是不同的。西方经济学中的古典经济学和新古典经济学强调的是市场规则，即只要起点公平，那么通过市场对资源的配置就足以达到终点公平。而凯恩斯主义和新凯恩斯主义认为有必要对市场进行必要的监管，以弥补市场的缺陷。马克思主义经济学则认为按劳分配和按需分配体现了规则的公平。

对于终点公平（结果公平），西方经济学和马克思主义经济学也都有自己的主张。西方经济学中的效用主义认为，为了促进社会公平程度，必须提高社会福利水平，即社会成员的效用之和，因而如果社会中某一部分人的所得能补偿另外那部分的人的所失还有余，则这种改进就是好的，是有利于终点公平的。马克思主义经济学在相当程度上追求终点公平，而如前所述，这必须通过起点公平以及规则公平才能达到。

资本市场的公平主要是规则公平，它所强调的是对于资本市场中的每一个参与主体都应该实施相同的、不偏不倚的规则，并保证他们在这一规则制约下的充分的经济权利，了解这一点，对于我们明确资本市场的监管目标是及其重要的。虽然我们有时候也要兼顾终点公平，但这主要还是通过税收等手段来进行，证券监管的最重要目标是对规则公平的追求，认识到这一点非常重要，在我国尤其如此，否则，对分配结果过多地干预不仅损害了规则地公平，也损害了经济效率，建立资本市场的努力就可能白白浪费。

§2 资本市场的具体监管目标

具体来说，资本市场监管的三个核心目标是：保护投资者；确保市场的公平、高效和透明；降低系统风险。

这三个目标是紧密相关的，在某些方面会有重叠。如许多有助于确保市场公平、高效和透明的要求也能起到保护投资者、降低系统风险的作用。同样，许多降低系统风险的措施也有利于保护投资者。更进一步，很多做法，如全面的监管和遵守程序、有效的实施等，对于实现上述三个目标都是必须的。

（1）保护投资者

投资者应当受到保护以免被误导、操纵或被欺诈，包括内幕交易（insider trading）、插队交易（front running）和滥用客户资产等。

对在投资者决策中具有重要意义的信息进行充分披露是保护投资者的最重要的方法。投资者因而能更好地评价潜在的风险和投资收益，从而能够保护好自己的利益。作为信息披露要求的重要组成部分，应当建立会计和审计准则，并且应当采取国际公认的高标准。

只有正式注册或得到授权的人士才可以为公众提供投资服务，比如市场中介机构或交易所的经营者。对这些得到批准和授权的人的初始资本和营运资本要求应力求创造这样一种环境，即在此环境中证券公司能够满足行业需求，而且在有必要关闭业务时不会使其客户受损。

对中介机构的监管应该通过制定市场参与者的最低标准来达到保护投资者的目的。证券行业行为准则中应写明中介机构的服务标准，中介商应该遵照该标准为所有投资者提供公平和公正的服务。对此应当有一个检查、监督和贯彻遵守的综合体系。

资本市场的投资者特别容易被中介机构或其他人的违法行为侵害，但个人投资者采取行动的能力是有限的。而且，证券交易与欺诈阴谋的复杂性要求严格有力的执法行为。当有违法事件发生时，必须严格执行有关证券法律以保护投资者利益。

投资者受到不良行为侵害时应当可以寻求一个中立机构（如法院或其他争议仲裁机构）解决或运用其他补救和补偿手段。

有效地监管和执法还有赖于国内国际各方面监管机构之间的密切合作。

（2）确保市场的公平、高效和透明

监管机构对于交易所、交易系统的经营者及交易制度的审批有助于确保市场的公平。

市场公平与保护投资者，特别是与禁止不当交易紧密相关。市场结构不应导致一些市场使用者优于另外一些的不公现象。对市场的监管应发现、阻止并处罚市场操纵或其他的不公平交易行为。

监管活动应当确保投资者公平地利用市场设施、市场和价格信息。同时也应当促进公平的指令处理和可靠的价格形成过程。

在一个有效的市场中，有关信息的发布是及时和广泛的，并且反映在价格形成过程中。监管活动应当提高市场效率。

透明度可以定义为交易信息（包括交易前与交易后的信息）能够及时地被公众获知的程度。交易前信息是指公司买卖报价的公布，由此投资者可以较为确切地知道他们能否或在什么价位上可以成交；交易后信息是关于每笔已实现交易的成交价格和数量。监管活动应当确保市场最高的透明度。

（3）降低系统风险

虽然监管本身不能阻止市场中介机构的破产，但监管活动应致力于减少破产风险（包括设置资本金和内部控制方面的要求）。一旦破产真的发生，监管活动就应力求减低它的影响，特别是应努力隔离这种风险。因此，市场中介机构必须遵守资本充足规定和其他谨慎性要求。如果必要，一家中介机构应当能停止经营但不造成其客户和同行的损失或其他的系统风险。

承担风险对一个活跃的市场来说必不可少，监管活动不应不必要地遏制合理地风险承担。相反，监管当局应当促进和加强对风险的有效管理，资本充足和其他谨慎性要求应足以保证合理的风险承担，能消化一部分损失并检查出过度的风险。另外一个适当监管、运用有效风险管理工具的高效准确的清算、结算过程也是极为重要的。

处理违约行为必须有一个有效的、法律上安全的制度安排，这已经超越了证券法范畴而牵涉到一国司法制度中的破产条款。

发生在其他某个或某几个司法管辖区域的事件可能会导致本国市场的不稳定，因此面对市场动荡，各监管机构应当通过加强合作何信息共享努力谋求本国和全球市场的稳定。

第2节 监管理念与基本原则

§1 监管理念

由于不同国家资本市场发展的历史各不相同，市场参与者的素质不同以及对监管理解的不同，目前世界上有两种不同的监管理念：公开主义与准则主义。

（1）公开主义

资本主义公开主义所倡导的是纯信息披露制度，政府监管的唯一目标就是保证信息的完全披露，一切工作都是围绕信息披露制度展开，除此之外政府不再对资本市场进行干预。在信息充分披露的基础上，由市场参与者自行决策、自行行为和自担后果。

这种纯信息披露制度可能引发以下几个方面的问题：

第一，在资本市场上，即使信息完全公开，有的市场参与者仍有可能无机会或不可能获得该信息，同时有许多市场参与者不具备有关信息的分析能力。这部分市场参与者在市场中将处于不利的地位。

第二，在资本市场上有些人偏好于纯粹的赌博，有些人由于知识和智力的原因而不愿过问资本市场上的正式财务报告，宁愿听信市场上的各种谣言。这些投资者需要政府告诫和约束其非理性的投机行为，培养其风险意识。这对于新兴市场上极具普遍性的尚未成熟的市场参与者来说十分必要。

第三，监管信息披露监管有规范的要求，但由于大多数市场参与者不是专业人士，不熟悉政府有关方面的法规，难以判断所披露的信息是否合乎法律规定。

（2）准则主义

准则主义认为即使信息完全公开，有的市场参与者仍有可能无机会或不可能获得该信息，同时有许多市场参与者不具备有关信息的分析能力，因此，必须由监管者出面制定若干准则，并予以实质性审查。完全的准则主义也面临一些问题：

第一，监管部门的核准需要时间，这在一定程度上降低了资本市场的运作效率。

第二，由于政府实行实质性审查制度，市场参与者会认为政府在某种程度上提供了担保，从而助长了盲目式的非理性投机和对政府的依赖，增加了资本市场的风险。

§2 监管的基本原则

各国资本市场的监管原则基本是相同的，即公开、公平、公正的“三公”原则。“三公”原则是资本市场监管的核心和灵魂所在。

公开原则的基本内涵是资本市场信息的公开化，使市场具有充分的透明度。资本市场是一个非对称信息市场，以证券市场为例，在该市场中，证券发行人对自身经营信息的了解具有天然优势，而投资者尤其是中小投资者在取得市场信息方面处于不利地位。非对称信息的直接后果是市场的逆向选择，即市场中的优质证券被劣质证券排斥，中小投资者因在市场中处于不利地位而退出市场，市场交易量减少，市场的效率降低，资源配置功能受到损害。政府的监管就是依据有关法律法规强制证券发行人进行公开信息披露，保证市场信息的对称性和完全性。

公平原则的基本内涵是资本市场的所有参与者具有平等的法律地位和平等的机会，各自的合法权益能得到公平的维护，不存在任何歧视或特殊待遇，在一个公平的市场竞争环境下参与竞争。政府监管的目的就是维护一个公平有效的竞争环境。公平原则的内容包括地位公平、税负公平、权利公平、利益公平和机会均等。从经济学的角度看，市场经济条件下的公平是商品等价有偿交换的客观要求，在资本市场上表现为公平的市场规则、均等的市场机会、平等的主体地位及待遇和以价值规律为基础的证券交易形式。

公正原则的基本内涵是政府监管部门在公开、公平原则的基础上，对所有市场参与者以公正待遇。公正主要体现在立法公正、执法公正和仲裁公正上。公正原则是有效监管的生命，是监管者以法律框架实现市场所有者之间的平衡与秩序的关键，并构成对监管者、立法者和司法者权利的赋予与制约。

公开、公平、公正三者相互依存、相互制约。公开是公平、公正的前提和基础，公平是公开和公正的必然结果，公正是公开和公平的基本保证。公开是证券法律的精髓所在，是资本市场监管与资本市场效率的微观结合点，其原则的核心是信息披露制度。

第3节　监管体制与监管模式

§1　资本市场监管体制

从世界范围来看，各国的资本市场监管体制大体可以分为：政府主导型监管体制、自律型监管体制以及综合型监管体制。之所以采取不同的监管模式，是因为各国之间的历史文化传统、经济制度、市场发育完善程度等都是不尽相同的，而这种不同的选择也势必影响资本市场的发展。资本市场监管体制并不是一成不变的，随着国家经济模式、政治模式等条件的改变，资本市场监管体制也应该随之发展、完善，这样才能够促进证券市场的更好发展。

（1）政府主导型监管模式

政府主导型监管模式是由政府通过制定专门的管理法律，并设立全国性的监管机构来实现对全国资本市场的统一监管。实行这一类管理模式的国家有美国、日本、加拿大、韩国、中国等。

政府主导型监管模式有三个显著特点：一是有系统的资本市场专门法律；二是有权力高度集中统一的全国性专设的资本市场监管机构；三是对市场违规行为依照有关法律进行处罚。

美国的证券监管模式是政府主导型监管模式的典型代表。美国对证券市场的管理有一套完整的法律体系，包括《1933年证券法》，《1934年证券交易法》、《1940年投资公司法》、《1940年投资者咨询法》、《1970年证券投资保护法》等。同时，各州还订立了本州的证券管理法规，比如通常人们所熟悉的蓝天法。

在管理模式上，美国成立了证券交易管理委员会（SEC）作为全国统一管理证券活动的最高管理机构。同时，成立"联邦交易所"和"全国证券交易协会"，分别对证券交易所和场外证券业进行管理，形成了以集中统一管理为主，辅以市场自律的较为完整的证券管理模式。

政府主导型监管模式有如下两个优点：一是具有专门的法律，使证券市场有法可依，所有活动（包括监管本身）均纳入法治的轨道；二是有一个超脱于市场参与者的监管机构，能公正、客观地发挥监管作用，保护投资者权益。政府主导型监管模式地缺点是，由于证券市场监管涉及面广、技术性强，仅靠监管机构难以有效达成监管目标。此外，由于监管机构与市场保持距离，有时可能会出现监管机构对市场的意外事件反应较慢，处理危机不及时，从而降低监管的效率。

（2）自律型监管模式

自律监管模式是指国家除了某些必要的立法之外，较少干预证券市场，对证券市场的监管主要由证券交易所、投资银行等自律组织进行自我监管。实行自律型监管模式的国家和地区有英国、荷兰、爱尔兰、新加坡、香港特别行政区等。

自律型监管模式有两个显著特点：一是通常没有专门规范证券市场的法律，而是通过一些间接的法律来进行必要的法律调整；二是没有专门的政府性监管机构，而是由证券交易所、自律组织、证券机构实行自我管理。

以英国为例，在1986年金融服务法出台以前，证券市场的法规有《1958年防欺诈（投资）法》、《1973年公平交易法》、《1984年证券交易所上市条例》等。英国没有相关的政府部门对证券市场进行监管，但下列政府部门与证券监管关系比较密切：如英格兰银行负责商业银行证券部的监管、证券投资委员会（SIB）负责证券公司的注册和监管。英国的证券自律管理系统主要由“证券交易所协会”、“股权转让与合并专业小组”和“证券业理事会”组成，其中，“证券交易所协会”是英国证券市场的最高管理机构，主要依据该协会制定的《证券交易所管理条例和规则》来运作。自律管理的主要内容有：①市场参与者规定。证券交易所对其成员——经纪商和自营商实行广泛的监督，包括会计监督、财务监督、审计和定期检查。②上市规定。证券交易所规定了批准证券上市和在证券交易所买卖的条件，主要示“批准要求”和“上市协议”两个规定。③持续的信息公开规定。按“上市协议”规定，在证券交易所上市的证券应广泛遵守持续公示规定。

自律型监管模式的优点有三：一是既可提供投资保护，又可发挥市场的创新和竞争意识；二是证券机构参与制定管理规则，不仅使这些规则较国家制定的证券法更有灵活性和效率，而且使监管更符合实际；三是自律组织对现场发生的违规行为能够做出迅速而有效的反应。这种模式的缺点是监管重点常放在保证市场运转和保护会员利益上，对投资者的保障往往不充分。此外，监管者的非超脱性也难以保证监管的公正，监管者的权威性不强致使监管手段较弱。

（3）综合型监管模式

综合型监管模式是政府主导型监管模式和自律监管模式相结合的模式，这种模式既有专门性立法和政府监管机构，又设有自律性组织进行自我管理。采用综合型模式的国家有德国、意大利、泰国等。

以德国为例，对证券市场的管理实行联邦政府制定和颁布证券法规、各州政府负责实施监管与以交易所委员会、证券审批委员会和公职经纪人协会等自律管理相结合的证券管理模式。该模式比较强调行政立法监管，也相当注意证券业者的自律管理。德国对证券业的监管，主要通过地方政府组织实施。但州政府尽可能不采取直接的控制和干预，很大程度上依靠证券市场参与者的自我约束和自律管理。德国有一个比较完整的监管模式，但侧重于强调自律和自愿的方式。

目前，世界上大多数实行政府主导型或自律型监管模式的国家都逐渐向综合型监管模式过渡，如美国也开始注重发挥证券交易所、自律组织和证券机构内部的作用，英国则在通过《1986年金融服务法》，标志着首次以立法形式对证券业进行直接管理，并于1997年设立了单一金融监管机构——金融管理局（financial services authority，FSA），提出了“立足业者、依靠法律”的口号。只是由于国情的不同，在实行综合型监管模式时，有的倾向于集中监管，有的侧重于自律监管，同时发挥集中监管和自律监管各自的优势。

§2 资本市场监管模式

资本市场的监管模式可以分为分离模式和混合模式两种。中国以及20世纪90年代以前的美国和日本是分离模式的代表，而德国以及20世纪90年代后的美日两国是混合模式的代表。

分离模式，就是严格限制投资银行、商业银行的业务，投资银行不能吸取贷款，而商业银行也不能从事有价证券的买卖、中介、承销等业务，两者之间存在着严格的业务界限。其优点主要在于能有效地降低整个金融体制运行中的风险，业务分离弱化了金融机构之间的竞争，客观上降低了金融机构因竞争被淘汰的概率，从而有利于金融体系的稳定。金融行业的专业化分工可以提高在各自独立领域内的效率。

而混合模式对两者的业务没有任何的限制，一个金融机构可以同时经营银行业务和证券业务，至于具体选择经营什么业务，则由各个金融机构根据自身优势、发展目标和各种主客观条件自行决定，市场监管机构一般不予干预。其优点在于全能银行可以充分利用其有限资源，实现金融业的规模效益，降低成本，提高盈利，一种业务的收益下降，可以用另一种业务的收益来弥补，这样就保障了利润的稳定性。银行业之间的竞争加强了，而竞争在经济学意义上会有利于优胜劣汰，提高效益，促进社会总效用的上升。

分离模式有益于金融市场的安全和稳定，混合模式却更注重提高市场的效率，大多数情况下两者不可兼得。分离模式在长期的运作过程中，越来越限制了银行的业务活动，从而制约了本国银行的发展壮大。由于各国保护主义的兴起，为了加强本国金融机构的国际竞争力，20世纪90年代在世界范围内出现了混合化（或全能化）的趋势。比如美国在1999年通过的《金融服务现代化法案》的核心内容就是废止1933年通过的《格拉斯—斯蒂格尔法案》以及其他一些相关的法律中有关限制商业银行、证券公司和保险公司三者混合经营的条款，允许银行、保险、证券在经营范围上互相渗透并参与彼此的市场竞争，在法律上重新确立了金融混业监管和混业经营的模式，彻底打破了过去几十年美国金融业分割经营的局面。可以预见到，集商业银行、证券业务和保险业务于一身的金融超级市场会诞生，企业和消费者将来在一家公司内就可以办妥所有的金融交易。

本章重要提示

资本市场监管的相关理论与实践。

本章总结

1. 资本市场监管，是指政府、政府授权的机构或依法设立的其他组织，从保护投资者，确保市场的公平、高效和透明，降低系统风险的目的出发，根据国家的宪法和有关法律，制定相应的金融法律、法规、条例和政策，并依据它们对资本市场体系和各种活动进行的监督、管理、控制和指导。

2. 资本市场监管的终极目标是：公平和效率。资本市场监管的三个具体目标是：保护投资者；确保市场的公平、高效和透明；降低系统风险。

3. 公开主义与准则主义是目前世界上两种不同的监管理念。资本主义公开主义所倡导的是纯信息披露制度，政府监管的唯一目标就是保证信息的完全披露，一切工作都是围绕信息披露制度展开，除此之外政府不再对资本市场进行干预。准则主义认为即使信息完全公开，有的市场参与者仍有可能无机会或不可能获得该信息，同时有许多市场参与者不具备有关信息的分析能力，因此，必须由监管者出面制定若干准则，并予以实质性审查。

4. 资本市场的监管原则是公开、公平、公正的“三公”原则。公开原则的基本内涵是资本市场信息的公开化，使市场具有充分的透明度。公平原则的基本内涵是资本市场的所有参与者具有平等的法律地位和平等的机会，各自的合法权益能得到公平的维护，不存在任何歧视或特殊待遇，在一个公平的市场竞争环境下参与竞争。公正原则的基本内涵是政府监管部门在公开、公平原则的基础上，对所有市场参与者以公正待遇。

5. 资本市场监管体制大体可以分为三类：政府主导型监管体制、自律型监管体制以及综合型监管体制。政府主导型监管模式是由政府通过制定专门的管理法律，并设立全国性的监管机构来实现对全国资本市场的统一监管。自律监管模式是指国家除了某些必要的立法之外，较少干预证券市场，对证券市场的监管主要由证券交易所、投资银行等自律组织进行自我监管。综合型监管模式是政府主导型监管模式和自律监管模式相结合的模式，这种模式既有专门性立法和政府监管机构，又设有自律性组织进行自我管理。

6. 资本市场的监管模式可以分为分离模式和混合模式两种。分离模式，就是严格限制投资银行、商业银行的业务，投资银行不能吸取贷款，而商业银行也不能从事有价证券的买卖、中介、承销等业务，两者之间存在着严格的业务界限。而混合模式对两者的业务没有任何的限制，一个金融机构可以同时经营银行业务和证券业务，至于具体选择经营什么业务，则由各个金融机构根据自身优势、发展目标和各种主客观条件，自行决定，市场监管机构一般不予干预。

本章需要掌握的内容和概念

资本市场监管　公开主义　准则主义　“三公”原则
政府主导型监管体制　自律型监管体制　综合型监管体制
分离模式　混合模式

思考题

1. 你如何理解资本市场监管的目标？
2. 试比较公开主义与准则主义这两种监管理念。
3. 资本市场监管体制有哪几种，并比较各自的优劣。
4. 试比较分离模式和混合模式这两种资本市场的监管模式。

第10章
资本市场理论

本章概要

本章对资本市场的主要理论进行了扼要介绍，包括：资产及其价值；有效市场假说；MM 定理；资产组合理论；资本资产定价模型；套利定价理论；期权定价理论；行为金融理论。

学习目标

理解本章所介绍的资本市场理论的基本思想，从而进一步体会资本市场的运作。

> 理论的任务就是解释发生了什么，也就是，什么在变化着？只有当理论能够说明变化的原因和方向以及它所导致的结果时，这个理论才能解释这种变化。从这方面考虑，理论使我们从只是因为事件发生而顺从的接受中释放出来，让我们能够构建一个合理的系统结构来解释这些事件，而且如果需要的话，可以采取行动来影响它们。
>
> ——纳赛尔·萨博

第1节　资产及其价值

无论是资本市场参与者，还是资本市场理论研究者，几乎每天都要考虑正在市场上以及可能进入市场交易的资产的价值问题。可以说，资产的价值问题，是整个资本市场运作的基础和赖以出发的前提。所以，我们关于资本市场理论的探讨，从资产及其价值开始。

§1　资产的涵义①

（1）资产的定义

关于资产（asset）的定义，国际会计标准委员会认为："一项资产所体现的未来的经济利益是直接或间接带给企业现金或现金等价物的潜能。

① 参见黄嵩、何小锋："关于资产运营的一般模式构建"，《学术研究》，2002年第2期。

这种潜能可以是企业经营能力中的部分生产能力，也可以采取可转换为现金或现金等价物的形式，或减少现金流出的能力，诸如以良好的加工程序降低生产成本。”这个定义是从企业的角度来考察的资产，认为只要具备直接或间接带给企业现金或现金等价物的潜在能力，便应该称为企业的资产。

一个更一般化的定义是美国财务会计准则委员会给出的，认为“资产是某一特定主体由于过去的交易或事项而获得或控制的可预期的未来经济利益。”这里，资产被看作是可以预期得到的经济利益，这种经济利益是靠过去的交易或事项获得的，资产的主体不单局限于企业，而扩展到整个经济中的任何可能的“特定主体”。与此类似的一个定义是经济学家费雪(Fisher)给出的，他认为所有可导致收入增加的东西都是资产。

上述对资产定义都是从企业或个人的角度来给出的，由于我们是从资本市场的角度来考察资产运营的一般模式，所以有必要从资本市场的角度来定义资产。我们给出的定义是：资产是能够给其所有者带来可预期的未来经济收益的物质。

从这个定义出发，资产至少具有如下内涵。第一，资产具有收益性。这是资产的最本质涵义，也是资产对于所有者的最根本意义所在。第二，资产具有风险性。资产的收益是在未来提供的，而未来具有许多不确定性，因此资产具有风险性。第三，资产具有产权明确性。资产必须有其明确的所有者，其产权界区必须是清晰的。第四，资产具有非消费性。拥有资产的目的是为了获得未来的经济收益，而不是消费所得的享受收益（效用），尽管所有投资的目的最终都是为了消费。第五，资产具有多种形式。

确定是否是资产只有唯一的标准：能够给其所有者带来可预期的未来经济收益，而在现实经济中，符合这一标准的物质采取了多种形式。

（2）资产的特性

资产的特性大致可以归纳为流动性、可逆性、可分性、价值的可预见性以及收益性。

资产的流动性涉及实现资产价值的便利程度和速度。虽然资产在某一特定时刻具有一定的全额价值，但这种价值的实际实现程度则通常取决于出售该资产的决定是在多久以前做出的。具有完全流动性的资产，无论其出售决定做出得有多迟，该资产都能实现其全额价值。对于不完全流动性资产，其全额价值的实现取决于是否有充足的时间寻找买主，在较短的时间内，这类资产也可以被出售，但出售决定做出得越晚，实现的价值就越少，也就是说出售资产获得的价值和寻找买主的时间成正比。

一项资产的可逆性是指该资产带给其所有者的价值占购买者同期购买该资产所支付成本的百分比。对于一项完全可逆的资产来说，该百分比为100%，表明卖主可以把买主购买该资产的成本全部转换为现金。严格意义上的完全可逆性难以想象。任何资产的交换都必然伴随某些成本支出：对费用、佣金以及买卖双方所花费的时间和精力等，即便是完全流动的资产也存在交换成本。

资产的可分性涉及资产交易的最小单位，一项资产可进行交易的最小单位不仅对于确定资产交易的成本至关重要，而且往往是资产交易得以进行的先决条件。

价值的可预见性则指一种确定性，如果一项资产在未来任何一天的现金价值都可以完全预测，则意味着该资产具有完全可预见性。一般而言，对资产价值的预期会因为投资者和资产种类的不同而有所不同。

一项资产在一段时间内的收益是指在此间持有该资产所带来的全部收入减去花费的成本，收益的形式可能多种多样，可以是实物、货币、证券等，但也必须从资产价值的角度来统一衡量。

§2 资产价值的衡量

我们前面提到，资产是能够给其所有者带来可预期的未来经济收益的能力，而资产的价值则是由其未来的经济收益所决定的，未来的经济收益则是由未来现金流量来表示。由此，现值原理成为资产价值衡量的最基本方法。

所谓现值原理，即任何资产的价值等于其预期未来全部现金流的现值总和。用公式表示是

$$V = \sum_{i=1}^{n} \frac{CF_t}{(1+r)^t} \tag{10.1}$$

式中 V——资产的价值；

n——资产的寿命；

CF_t——资产在 t 时刻产生的现金流；

r——反映预期现金流风险的折现值。

现金流因资产的不同而各异。对股票而言，现金流是红利；对于债券而言，现金流是利息和本金；对于一个企业或实际项目而言，现金流是税后净现金流。折现率取决于所预测的现金流的风险程度，资产风险越高，折现率就越高；反之，资产风险越低，折现率就越低。

第 2 节 有效市场假设

有效市场假设（efficient - market hypothesis，EMH）是对市场反应问题进行研究的学说。所谓“有效市场”，是指资产的现有市场价格能够充分反应所有有关和可用信息的市场。在现实中，某种信息对股票价格的作用可能快于其他信息。为了分析股票价格对不同信息的反应速度，一般将信息划分为不同的种类。最常见的分类是把信息分为以下三类：基于过去价格的信息（information on past prices）、公开信息（publicly available information）和所有信息（all information）。1970 年，为了便于进行分析和理论上的验证，法玛（Fama）将有效市场划分为程度不等的三类，即弱式有效市场（weak - form）、次强式有效市场（semistrong - form）和强式有效市场（strong - form）。多年来，人们就实际运行中的资本市场到底属于哪类市场进行了多方面的验证和分析。

§1 弱式有效市场

如果某一资本市场上的证券价格充分地包含和反映其历史价格的信息，那么该资本市场就达到了“弱式有效”。由于历史的股票价格信息是最容易获取的假设，因此弱式效率是资本市场所能表现出的最低形式的效率。如果我们能够从股票价格的历史信息中发现某种可以获得超常利润的趋势，那么每个人也能够做到，结果超常利润将在争夺中消失。

§2 次强式有效市场

如果某一资本市场上的证券价格充分地反映了所有公开可用的信息，包括如公司公布的财务报表和历史上的价格信息，那么该资本市场就称为次强式有效市场。例如一家公司公布其盈利上升，某一投资者可能考虑在听到这一信息公布后就投资这一股票，但无论如何，如果市场是次强式有效市场，价格将在这一信息公布后立即上升，因此，投资者最后仍然付出较高的价格，获利的机会随之消失。

§3 强式有效市场

如果某一资本市场上的证券价格充分反映了所有的信息，包括公开的和内幕的信息，那么该资本市场就称为强式有效市场。强式有效市场假设理论指出，任何与股票价值有关的信息，即使是只有一个投资者知道的信息，实际上都已经充分地反映在股票价格之中。一个强式有效市场理论的忠实信徒认为，即使是一个知道某家开采金矿的公司探明一个大型金矿的内幕者，利用这一信息也无法在一个强式有效的资本市场上获利。他们坚信，一旦这个内幕者企图利用这一信息进行交易的时候，市场将立即确认所发生的事情，金矿开采公司的股票价格在这位内幕者购买该公司的股票之前就将冲高上涨。从另一个角度看，坚信强式有效市场理论的人也可以认为，没有任何秘密的事情，公司一旦探明金矿，消息将立即传开。

§4 小结

我们知道，历史价格信息集是公开可用信息集的一个子集，而公开可用信息集又是所有相关信息集的一个子集，这三类信息之间的相互关系如图 10.1 所示。正因为如此，强式有效市场包含次强式有效市场，次强式有效市场包含弱式有效市场。

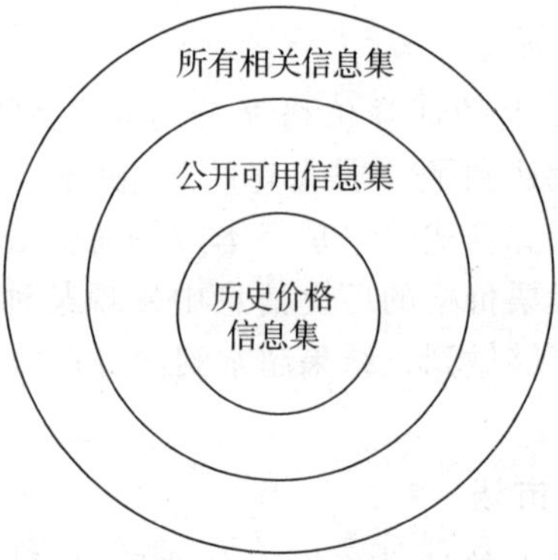

图 10.1 三类信息之间的相互关系

预期市场达到弱式有效的原因之一是发现股票价格变动规律是十分便宜和容易的，任何懂得计算机编程和一些统计学知识的人都可以研究和发现这些规律。这就支持了这样一种观点——如果存在这样一些规律，而且大家都将去研究和挖掘，那么这一研究和挖掘过程将导致这些规律迅速消失。

与弱式有效市场比较，次强式有效市场使用更加复杂的信息和推理，投资者必须掌握经济学和统计学的技术知识，并且对各种行业和公司的特征有深入了解，此外，掌握和使用这些技术需要才华、能力和时间。用经济学家的话来说，这种努力需要付出昂贵的费用，而且有能力获得成功是非常少有的。

与次强式有效市场相比较，强式有效市场还有很远的路要走，很难相信市场已经达到如此高的效率，以至某些获得真实且有价值的内幕信息的人都不能通过利用这些信息成功地获利。同时，也很难发现有关市场达到强式有效的证据。目前我们所拥有的证据基本上都否定强式有效市场的假设。表10.1是有效市场假设的一个小结。

表10.1　有效市场假设小结

弱式有效市场	价格充分反映历史的价格信息	技术分析和图表专家失去作用
次强式有效市场	价格充分地反映所有公开可用的信息	大多数财务分析失去作用
强式有效市场	价格反映所有的可知信息	没有任何人能够获得超常收益

第3节　MM定理

MM定理的全称为Modigliani - Miller定理，由其提出者莫迪利安尼（Modigliani）和米勒（Miller）的名字命名，MM定理是现代资本结构理论的核心和基础。

§1　MM定理Ⅰ

MM定理Ⅰ表述如下：任何企业的市场价值与其资本结构无关，而是取决于按照与其风险程度相适应的预期收益率进行资本化的预期收益水平。

证明如下。假定两个企业处于同一风险等级，都具有相同的预期收益X，其中A企业完全依靠普通股股票进行融资，其市场价值为V_1，而B企业部分地依靠负债（D_2）融资，利率为r，其市场价值为V_2。设某个投资者持有占B企业总股本（S_2）α比例地普通股股票，其收益为Y_2，则有：

$$Y_2 = \alpha(X - rD_1) \tag{10.2}$$

现在该投资者考虑卖掉所持有的B企业普通股股票，再借入αD_2的金额，以便买入A企业的普通股，那么，在偿还借贷利息$r\alpha D_2$后，该投资者可以获得的收益（Y_1）为：

$$Y_1 = \frac{\alpha(S_2 + D_2)}{S_1}X - r\alpha D_2 = \alpha \frac{V_2}{V_1}X - r\alpha D_1 \tag{10.3}$$

比较以上两式，可以发现，因为当 $V_2 > V_1$ 时，所以 $\alpha \frac{V_2}{V_1}X > \alpha X$，只要 $V_2 > V_1$，则必然有 $Y_1 > Y_2$。这表明，投资者通过增加个人借贷来追加买入A企业普通股股票以获取企业市场价值之间的利益差异。这种套利行为最终会提高A企业普通股股票的价格，纠正 $V_2 > V_1$，促使其恢复到 $V_2 = V_1$ 的均衡状态。在均衡状态下，对于任何同一风险等级的 j 企业，都有：

$$V_j = (S_j + D_j) = \frac{X_j}{P_k} \tag{10.4}$$

P_k 为 k 风险等级的预期收益率。

§2 MM定理Ⅱ

MM定理Ⅱ表述如下：股票每股预期收益率应等于与处在同一风险程度的纯粹权益流量相适应的资本化率，再加上与其财务风险相联系的溢价。其中财务风险是以负债权益比率与纯粹权益流量资本化率和利率之间差价的乘积来衡量。

证明如下。假定 P_{ij} 为属于 k 风险等级的任何一个企业股票的预期收益率，其他符号定义如上。

$$P_{ij} = \frac{X_j - rD_j}{S_j} \tag{10.5}$$

根据MM定理Ⅰ：

$$X_j = (S_j + D_j)P_k = S_jP_k + D_jP_k \tag{10.6}$$

把式（10.6）代入式（10.5），可以得：

$$P_{ij} = \frac{S_jP_k + D_jP_k - rD_j}{S_j} = P_k + \frac{(P_k - r)D_j}{S_j} \tag{10.7}$$

§3 MM定理Ⅲ

MM定理Ⅲ表述如下：任何情况下，企业投资决策的选择点只能是纯粹权益流量资本化率，它完全不受用于为投资提供融资的证券类型的影响。

证明如下。虽然企业可选择的主要融资工具有三种：债券、留存收益和普通股，但上述任何一种工具或其组合，却都必须满足 $P^* \geq P_k$，P^* 为投资收益率，P_k 同上，为 k 风险等级的预期收益率。现假设企业以通过发行债券为投资项目融资，投资项目开始前，企业的市场价值为 V_0，根据 MM 定理Ⅰ，

$$V_0 = \frac{X_0}{P_k} \tag{10.8}$$

企业普通股股票的市场价值为：

$$S_0 = V_0 - D_0 \tag{10.9}$$

以债券融资（D）进行投资后，企业市场价值变为 V_1，

$$V_1 = \frac{X_0 + P^* D}{P_k} = V_0 + \frac{P^* D}{P_k} \tag{10.10}$$

企业普通股股票的市场价值变为 S_1，

$$S_1 = V_1 - (D_0 + D) = V_0 + \frac{P^* D}{P_k} - D_0 - D = S_0 + \frac{P^* D}{P_k} - D \tag{10.11}$$

显然，$S_1 \geqslant \leqslant S_0$ 取决于 $P^* \geqslant \leqslant P_k$。

与其他两项定理相比较，MM 定理Ⅲ较多涉及投资决策方面的内容，较少在资本结构文献中被论及。

§4 小结

在三项 MM 定理中，定理Ⅰ最为关键，是整个 MM 理论的中心，最为集中地体现 MM 理论的精髓，定理Ⅱ是定理Ⅰ在资本成本理论领域的派生，定理Ⅲ则是定理Ⅰ和定理Ⅱ在投资决策上的应用。

第 4 节 资产组合理论

美国著名经济学家马柯维茨（Markowitz）于 1952 年提出了确定最小方差资产组合的思想和方法，从而开创了资产组合理论（portfolio theory），并奠定了资产定价理论的基石。马柯维茨在创立资产组合理论的同时，也用数量化方法提出了确定最佳资产组合的基本模型，在以后的岁月中，经济学家们一直在利用数量化方法不断丰富和完善金融学理论，并使之成为金融学的主流方向。

§1 基本假定

（1）投资者事先知道投资收益率的概率分布。

（2）投资风险用投资收益率的方差或标准差表示。

（3）影响投资决策的主要因素是期望收益率和风险两项。

（4）投资者都遵守占优原则：在同一风险水平下，选择收益率较高的证券组合；在同一收益率水平下，选择风险较低的证券。

§2 资产组合的风险与收益

（1）资产组合

资产组合就是由几种资产构成的组合。投资者可以按照各种比例（或者称为比重或权重）将其财富分散投资于各种资产上，假设投资者选择投在 n 种资产上的比重为 W_1、W_2、…、W_n，则有如下现值条件：

$$W_1 + W_2 + \cdots + W_n = \sum_{i=1}^{n} W_i = 1 \qquad (10.12)$$

$$s.t.\ W_i \geqslant 0, i = 1,2,\cdots,n$$

式中 n——证券组合所包括的资产种类的数量；

i——某种特定的资产；

W_i——分配给第 i 种资产的比重。

（2）资产组合的收益

当你投资于一个资产组合时，将来你在这些资产上所获得的收益率取决于如下两个因素：各种资产的类别；各种资产的投资比例。证券组合的期望收益率记作 $E(R_p)$，其大小等于证券组合中各种证券的平均收益率与各自的投资比重的乘积之和，即：

$$E(R_P) = \sum_{i=1}^{n} W_i E(R_i) \qquad (10.13)$$

式中 n——证券组合所包括的资产种类的数量；

$E(R_i)$——第 i 种资产的期望收益率；

W_i——分配给第 i 种资产的比重。

（3）资产组合的风险

根据假设（2），资产收益率的方差（或标准差）是衡量资产风险的指标，资产组合的方差可以通过如下公式计算：

$$\delta_p^2 = \sum_{i=1}^{n} \sum_{j=1}^{n} W_i W_j \delta_{i,j} \qquad (10.14)$$

其中：$\delta_{i,j}=E\{[R_i-E(R_i)][R_j-E(R_j)]\}$

公式（10.14）表明，资产组合的方差不是别的，它只是资产组合中各单个资产的方差及协方差的组合，且协方差越小，通过分散化使得资产组合波动性的幅度也就越大。

资产组合方差的计算公式也可以写成：

$$\delta_p^2=\sum_{i=1}^{n}W_i^2\delta_i^2+2\sum_{i=1}^{n}\sum_{\substack{j=1\\ j>i}}^{n}W_iW_j\delta_i\delta_j\rho_{i,j} \tag{10.15}$$

虽然公式（10.15）相当复杂，但是它却能清楚地表明，资产组合方差的大小依赖于单个资产的方差、各资产间的相关系数以及投资比重的选择。

因此，标准差可以用如下公式表示：

$$\delta_P=\sqrt{\sum_{i=1}^{n}\sum_{j=1}^{n}W_iW_j\delta_{i,j}} \tag{10.16}$$

$$\delta_P=\sqrt{\sum_{i=1}^{n}W_i^2\delta_i^2+2\sum_{i=1}^{n}\sum_{j=1}^{n}W_iW_j\delta_i\delta_j\rho_{i,j}} \tag{10.17}$$

（4）标准的均值—方差资产组合模型

根据上面资产的风险与收益定义，在假设（4）下，均值—方差资产组合模型具有如下两种形式：

$$\begin{aligned}&\max E(R_p)\\&s.t.\ \delta^2\leqslant\delta_0\\&\sum_{i=1}^{n}W_i=1,W_i\geqslant 0,i=1,2,\cdots,n\end{aligned} \tag{10.18}$$

其中：σ_0 = 投资者所能接受的最大风险

以及

$$\begin{aligned}&\min\delta^2\\&s.t.\ E(R_p)\geqslant R_0\\&\sum_{i=1}^{n}W_i=1,W_i\geqslant 0,i=1,2,\cdots,n\end{aligned} \tag{10.19}$$

其中：R_0 = 投资者所能接受的最小收益率

上面两种形式中，公式（10.18）的含义是在一定的风险下，投资者追求收益最大；公式（10.19）的含义是在给定收益率的前提下，投资者追求风险最小。

§3 无差异曲线

根据投资者对资产的风险和收益的偏好不同，可以将投资者划分为三类：风险规避者、风险偏好者和风险中立者。

在资产组合理论中，我们假定投资者是风险规避者，因此，其无差异曲线（indifference curve）如图 10.2 所示。

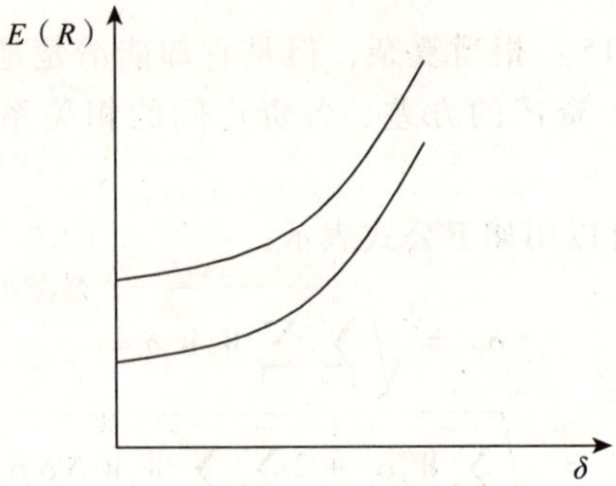

图 10.2　无差异曲线

沿着无差异曲线移动，投资者或者承担较多的风险并获得较高的收益，或者承担较少的风险同时获得较低的收益，这也正体现了风险规避者的特点。

无差异曲线的基本特征是：

第一，位于无差异曲线上的所有组合（E（R），σ）都向投资者提供了相同的期望效用。

第二，当无差异曲线向左上移动时，投资者的期望效用增加。

第三，无差异曲线代表单个投资者对期望收益和风险之间的均衡点的个人评估，也就是说，无差异趋势是主观确定的，曲线的形状因投资者的不同而不同。

§4 资产组合的有效前沿

根据资产不同比重 W_i 的选择，资产组合将出现不同的 δ—E（R）组合[①]。W_i 的各种不同情况所对应的 δ—E（R）组合可以归纳在图 10.3 中

① 由公式 10.14 和 10.15 可知，不同的 W_i 决定了不同的 δ 和 E（R）。

的阴影部分中。

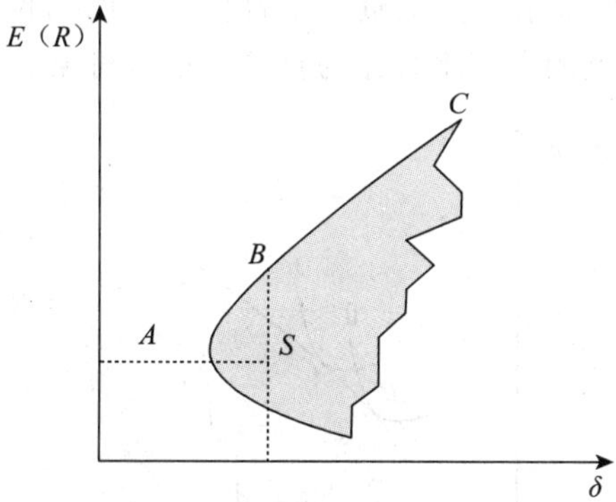

图 10.3　资产组合的 δ—E（R）示意图

但是，对于投资者来说，阴影部分的组合并不是都值得进行的，如图 10.3 中的 S 点与 A 点相比，二者的期望收益相同，但 S 点的风险程度要高于 A 点；S 点与 B 点相比，二者的风险程度相同，但 S 点的期望收益小于 B 点。如果投资者可以承受 S 点的风险则他会选取 B 点所代表的资产组合，因为这样可以在同样风险条件下获得更高的期望收益；如果投资者认为 S 点的投资收益较为理想，他将选取 A 点的资产组合，因为这样可以在同等收益水平下求得较低的风险。因此，不论投资者做何种选择，他都不会选取 S 点的资产组合作为投资对象。

由此可见，在众多资产组合中，只有一部分资产组合可以成为投资者的投资对象，这一部分资产组合就称为资产组合的有效前沿。资产组合的有效前沿由那些在同样风险条件下具有最高的期望收益，或在同样期望收益条件下，具有最低风险程度的资产组合构成。在图 10.3 中，有效前沿为曲线 ABC。

§5　投资者对资产组合的投资选择

（1）只有风险资产时的投资选择

如前所示，在全部由风险资产构成的资产组合中，只有位于有效前沿上的资产才有可能成为投资者的投资对象。具体来讲，不同的投资者将根据自己对风险与收益的替代关系的判断（由风险与收益无差异曲线表示）来选择合适的投资对象。如图 10.4 所示，无差异曲线Ⅰ、Ⅱ分别与资产组合的效率前沿相切于 A、B 两点，表明在这两点上的资产组合所代表的风险与收益替代关系与投资者Ⅰ、Ⅱ所要求的风险与收益替代关系相同，故投资者Ⅰ将选择有效前沿 A 点的资产组合作为自己的投资对象，投资者Ⅱ将选择有效前沿 B 点的资产组合作为自己的投资对象。

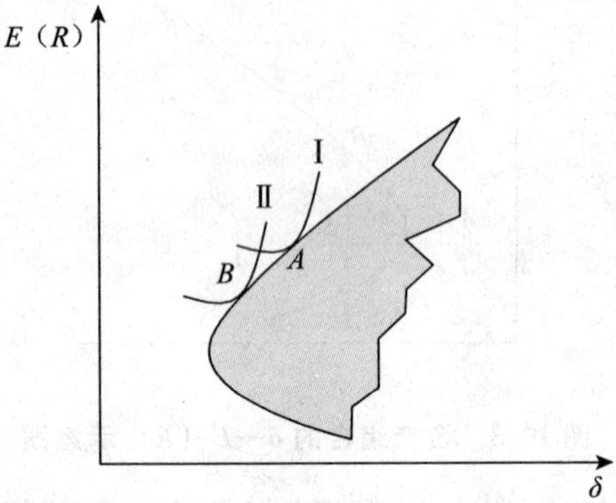

图 10.4　只有风险资产时的投资选择

（2）资本市场线与投资选择

如果在资本市场上除风险资产外，还存在着无风险资产（通常以短期国债投资作为无风险资产的近似），则无风险资产与有风险资产将构成一种不同于单纯由风险资产构成的资产组合。图 10.5 显示了这一资产组合的构造过程。

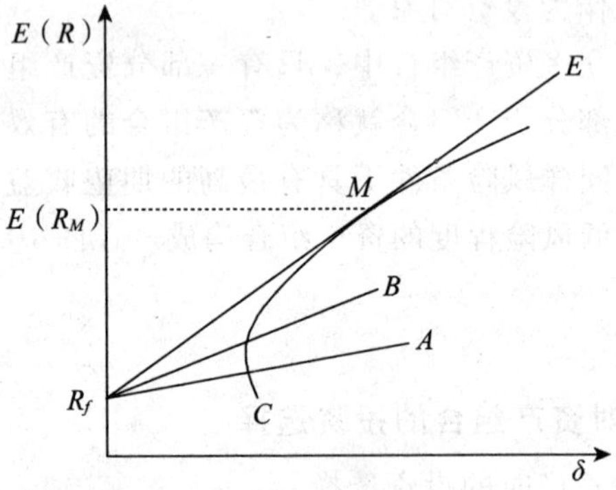

图 10.5　资产组合的 δ—E（R）示意图

图 10.5 中，R_f 点代表无风险资产 F，其期望收益为 R_f，标准差为 $\delta_f = 0$。曲线 CME 代表由风险资产构成的资产组合的有效前沿。利用无风险资产 F 可以与风险资产组合 A、B、M 组成不同的资产组合集合，分别由直线 R_fA、R_fB 和 R_fM 表示，其中直线 R_fM 是过 R_f 点与有风险资产组合的有

效前沿的切线。在这几个资产组合中，R_fA 和 R_fB 显然是无效率的，因为在同样的风险程度下，资产组合 R_fM 可以提供更高的期望收益。不难看出，资产组合 R_fM 是由无风险资产与有风险资产共同构成的资产组合的有效前沿，这一有效前沿又称为资本市场线，它可以用下述公式表示：

$$E(R_P) = R_f + \frac{E(R_M) - R_f}{\delta_M}\delta_p \tag{10.20}$$

式中　$E(R_p)$ ——资产组合的期望收益；

$E(R_M)$ ——市场资产组合的期望收益；

δ_p——资产组合的标准差；

δ_M——市场资产组合的标准差。

有了资本市场线之后，投资者将在这一资产组合中根据自己的风险承受能力选择投资对象，如图 10.6 所示。

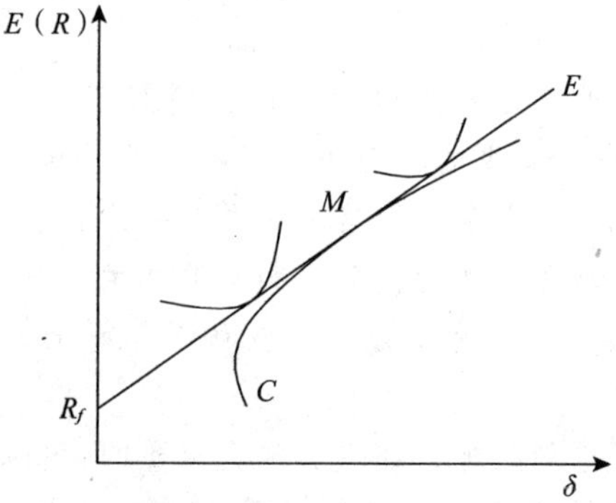

图 10.6　资产组合的 δ—E (R) 示意图

由图 10.6 可以看出，不论投资者的风险偏好如何它们所能得到的风险与收益替代关系都是相同的，均等于资本市场线的斜率。

(3) 分离定理

资本市场线中的市场资产组合 M 是由市场中每一风险资产的风险与收益关系及它们之间的相关关系决定的，与投资者个人的风险偏好和风险承受能力无关。于是，投资者在资本市场上的投资行为可分两步进行：第一步，不考虑投资者的风险偏好和风险承受能力，只根据风险资产的特点确定市场资产组合；第二步，在确定市场资产组合之后，根据自身的风险承受能力调整资产组合中无风险资产与市场组合的比例，使之适合自己的风险偏好与风险承受能力的要求。这就是著名的分离定理。

专栏10.1　成名的十四页

现代金融理论与投资理论发展史上，最著名的洞见，出现在一篇题为《投资组合选择》（Portfolio Selection）的短文当中。此文发表于1952年3月出版的《金融学期刊》（Journal of Finance），这是当时金融学领域中唯一的学术期刊。这篇文章的作者是芝加哥大学一位名不见经传的研究生，他的名字叫马柯维茨（Harry Markowitz）。

当时，包括马柯维茨在内的所有人都没有意识到这篇论文会成为金融理论上的一个重要里程碑。尽管38年之后，马柯维茨的成就为他赢得了诺贝尔经济学奖的荣耀。但是在这篇论文发表后沉寂近十年之久，在1960年以前，这篇文章在学术文献上被引用的次数不超过20次。而当时，马柯维茨已针对该主题完成博士论文，并改写成正式的著作。

这篇文章简单的标题与简洁的内容，隐藏了其在知识上的深度与卓越的创见。在全部14页的内容中，只有4页是没有图表或方程式的纯文字内容，而7个图表散置于其余的页面中，似乎像是无知少年的信手涂鸦，或像是一堆弓箭场的箭靶。和其他学术文献不同的是，《投资组合选择》只列出三篇参考文献。马柯维茨承认自己很少参考其他人的著作。

这篇论文除了原创之外，还有其他更重要的价值。在20世纪50年代初期，有关投资领域的流行书籍与论文，多数内容几乎都在讨论如何运用不同的方法买到最好的投资对象，或是如何判别股市何时会崩盘等。其中也有适度的篇幅讨论让人感到亲切的题材，包括如何处理风险问题，不过内容只是警告老人及孩童不该进入股市，股市只适合正在发展中的生意人等等。

马柯维茨的论文乍看之下令人却步，但其真正的内涵却令人感到亲切，主要是为两个古老的投资原则提供正式的确认。第一条是：不入虎穴，焉得虎子；第二条是：不要把所有的鸡蛋放在同一个篮子里。

马柯维茨以数学的方式，精确定义前述一般人所熟悉的法则，同时采用数学方法解释投资人处理抵换问题的谜题，他的分析精确地显现投资者如何把承担最小风险和达到最高预期收益的愿望相结合。

资料来源：彼得·博恩斯坦：《投资革命：源自象牙塔的华尔街理论》，上海远东出版社，2001年。

第 5 节 资本资产定价模型

资本资产定价模型（capital asset pricing model，CAPM）最早由夏普(Sharpe)、林特勒（Lintner）和莫森（Mossin）等人根据马柯维茨的资产组合理论分别独立提出的。资本资产定价模型要解决的问题是：在资本市场中，单个资产的均衡价格是如何在收益与风险的权衡中形成，或者说，在市场均衡状态下，单个资产的收益是如何依风险而确定的。

§1 模型的基本假定

资本资产定价模型的假定一共有如下 10 条：

（1）所有投资者都属于马柯维茨分散者，即投资者仅依据投资收益率的均值和方差作投资决策。

（2）投资者遵守占优原则：在同一风险水平下，选择收益率较高的资产组合；在同一收益率水平下，选择风险较低的资产。

（3）所有投资者的投资期限均相同。

（4）每种资产都是无限可分的，即投资者可以以任意净额投资于各种资产。

（5）存在无风险资产，投资者可以按相同的无风险利率借入或贷出任意数量的无风险资产。

（6）允许无限制地卖空。

（7）税收和交易费用均忽略不计。

（8）没有通货膨胀和利率的变化。

（9）所有投资者对于各种资产的收益率、标准差、协方差等具有相同的预期。①

（10）单个投资者不能通过买卖行为影响资产价格，即市场是完全竞争的。

§2 模型的基本内容

（1）证券市场线

在第二节中我们介绍的资本市场线，反映的是有效组合的预期收益率与标准差之间的关系，任何单个风险证券由于不是有效证券组合一定位于资本市场线的下方，因此资本市场线并不能告诉我们单个证券的预期收益

① 这一假设是以有效市场假设（EMH）为前提的。

与标准差之间应存在怎样的关系，证券市场线（security market line，SML）就是用来解决这个问题的。

从风险与收益配比的角度出发，在考察某一证券风险程度时，重要的并不是该证券自身的风险，而是其与市场组合的协方差。自身风险高的证券，并不意味着其预期收益率也相应较高，而自身风险较低的证券，其收益率也不一定就较低。单个证券的预期收益率水平应取决于其与市场组合的协方差。

根据协方差的性质，证券 i 与市场组合的协方差 δ_{iM} 等于证券 i 与市场组合中每种证券协方差的加权平均数：

$$\delta_{iM} = \sum_{j=1}^{n} X_{jM}\delta_{ij} \tag{10.21}$$

由于资产组合的预期收益率和标准差分别是各种证券预期收益率和各种证券与市场组合协方差的加权平均数，其权数均等于各种证券在市场组合中的比例，因此如果某种证券的预期收益率相对于其 δ_{iM} 值太低的话，投资者只要把这种证券从其投资组合中剔除就可以提高其投资组合的预期收益率，从而导致市场失衡。因此，具有较大 δ_{iM} 值的证券必须按比例提供较大的预期收益率以吸引投资者，在均衡状态下，单个证券风险与收益的关系可以写为：

$$E(R_i) = R_f + \frac{E(R_M) - R_f}{\delta_M^2}\delta_{iM} \tag{10.22}$$

这就是著名的证券市场线，它反映了单个证券与市场组合的协方差和其预期收益率之间的均衡关系。[①] 图 10.7 是证券市场的示意图，又称为证券市场的协方差版本。

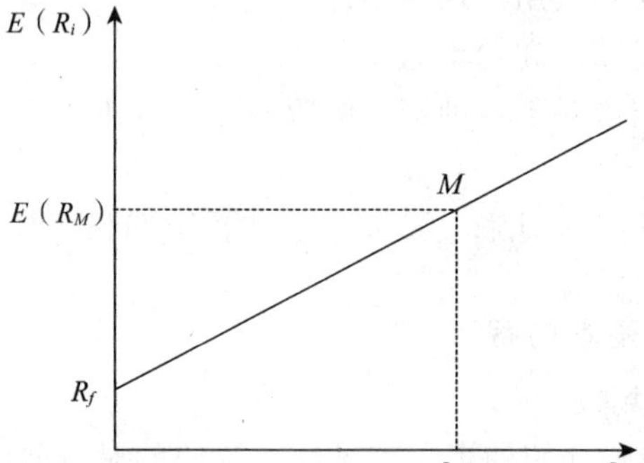

图 10.7　证券市场线的协方差版本

① 有关证券市场线的详细推导过程，可参见威廉·F. 夏普等《投资学》，中国人民大学出版社 1998 年版。

(2) β 系数

我们知道，市场风险可以分为系统性风险（systematic risk）和非系统性风险（unsystematic risk），非系统性风险可以通过有效的证券组合得到减少或消除，而系统风险则不能通过证券组合加以减少，β 系数就是用来衡量某个证券或某证券组合的系统性风险的指标。

如果我们把证券市场处于均衡状态时的所有证券按其市值比重组成一个“市场组合”，这个市场组合的非系统性风险将等于零。这样我们就可以用某种证券的收益率和市场组合收益率之间的 β 系数来衡量这种证券的系统性风险。某种证券的 β 系数 β_i 指的是该证券的收益率和市场组合的收益率的协方差，再除以市场组合收益率的方差 δ_{M^2}，即

$$\beta_i = \frac{\delta_{iM}}{\delta_M^2} \tag{10.23}$$

上式中，$\delta_{iM} = \rho_{iM}\delta_I\delta_M$，$\rho_{iM}$ 为证券 i 与市场组合 M 的相关系数。

由于系统性风险无法通过多样化投资来抵消，因此一个证券组合的 β 系数 β_p 等于该组合中各种证券的 β 系数的加权平均数，权重为各种证券的市值占整个组合总市值的比重 X，即

$$\beta_p = \sum_{i=1}^{n} X_i\beta_i \tag{10.24}$$

如果一种证券或证券组合的 β 系数等于 1，说明其系统性风险与市场的系统性风险完全一样；如果其 β 系数大于 1，说明其系统性风险大于市场的系统性风险；如果其 β 系数小于 1，说明其系统性风险小于市场的系统性风险；如果 β 系数等于 0，则不存在系统性风险。

(3) 资本资产定价模型（CAPM）

在引入了 β 系数之后，我们对证券市场线再作进一步分析，并进而导出资本资产定价模型（CAPM）。

我们把 β 值的计算公式（10.23）代入证券市场线的表达式（10.22），可得到

$$E(R_i) = R_f + \beta_i[E(R_M) - R_f] \tag{10.25}$$

引入了 β 系数后的证券市场表达式（10.25）也就是资本资产定价模型（CAPM）的表达式。图 10.8 是证券市场线的 β 版本。

根据公式（10.25）我们可以计算出每一证券或证券组合的预期收益率，在实际中 β 值是通过对历史数据进行分析得出的。

CAPM 所揭示的投资收益与风险的函数关系，是通过投资者持有证券数量的调整并引起证券价格的变化而达到的。根据每一证券的收益和风险特

征，给定一个证券组合，如果投资者愿意持有的某一证券的数量不等于已有的数量，投资者就会通过买进或卖出证券进行调整，并因此对这种证券的价格产生上涨或下跌的压力。在得到一组新的价格后，投资者将重新估计对各种证券的需求并进行调整，这一过程持续的结果，使证券市场达到均衡。

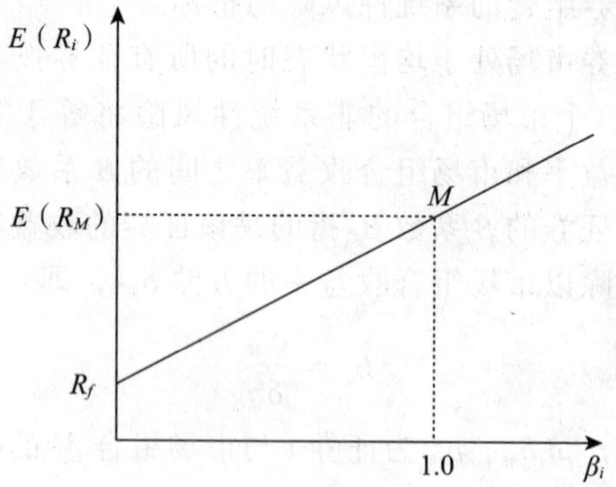

图 10.8　证券市场线的 β 版本

第 6 节　套利定价理论

CAPM 描述了均衡状况下不同资产期望收益不同的原因，即资产的不同收益率是因为它们具有不同的 β 系数。但是，CAPM 是建立在严格的假设前提条件基础上的，这些前提条件在实际应用中很难得到满足，因此，在 CAPM 提出以后，不少学者提出了多种经过改进和发展的定价模型，套利定价理论（arbitrage pricing theory，APT）就是其中最重要的一个，它是由罗斯（Ross）于 1976 年最早提出的。

APT 要研究的是，如果每个投资者对同种证券的收益具有相同的预期，各种证券的均衡价格是如何形成的。研究者拓展问题的思路是：首先，分析市场是否处于均衡状态；其次，如果市场是非均衡的，分析投资者会如何行动；再次，分析投资者的行动会如何影响到市场并最终使市场达到均衡；最后，分析在市场均衡状态下，证券的预期收益由什么决定。

§1　基本假设

(1) 资本市场是完全竞争的、无摩擦的以及无限可分的。

(2) 所有投资者对同种资产的收益具有相同的预期。

（3）在资本市场中，存在充分多的资产。

（4）资本市场中不存在任何无风险套利机会。

（5）投资者都相信证券 i 的收益受 k 个共同因素影响，证券 i 的收益与这些因素的关系可以用下面这个 k 因素模型表示出来：

$$R_i = E(R_i) + \beta_{i1}F_1 + \beta_{i2}F_2 + \cdots + \beta_{ik}F_k + \varepsilon_i \qquad (10.26)$$

式中 R_i——任意一种证券 i 的收益；

$E(R_i)$——证券 i 的预期收益，包含了到目前为止所有可知信息；

β_{ik}——证券 i 相对于 k 因素的敏感度；

ε_i——误差项，即非系统因素对证券收益的影响；

F_j（$j=1, 2, \cdots, k$）——对所有资产都起作用的共同因素，也称系统因素。

由于已知的信息都已包含在 $E(R_i)$ 中了，所以，这里的 F 因素都是不可测的，在将来的发生纯属意外。有意外发生，就会改变 R_i 和 $E(R_i)$ 之间的关系；没有意外发生，从 $\beta_{i1}F_1$ 到 $\beta_{ik}F_j$ 就都将是零。由于 F_j 是随机变量，所以其期望值为零，不过，APT 并不在意一共会有多少因素和这些因素是什么的问题。

§2 套利行为与套利组合

APT 认为，如果市场未达到均衡状态的话，市场上就会存在无风险的套利机会。由于理性投资者具有厌恶和追求最大化收益的行为特征，因此，投资者一旦发现有套利机会就会设法利用它们，随着套利者的买进和卖出，资产的供求状况将随之改变，套利空间逐渐减少直至消失，有价证券的均衡价格将得以实现。而且，套利机会不仅存在于单一资产上，还存在于相似的资产或组合中，也就是说，投资者还可以通过对一些相似的资产或组合部分买入、部分卖出来进行套利。

因此，投资者会竭力发掘构造一个套利组合的可能性，以便在不增加风险的情况下，增加组合的预期收益率。那么如何才能构造一个套利组合呢？一般来说，套利组合必须同时具备如下三个特征：

第一，它是一个不需要投资者任何额外资金的组合。如果 x_i 表示投资者对资产 i 持有量的变化（即套利组合中证券 i 的权数），套利组合的这一特征就可表示为：

$$x_1 + x_2 + x_3 + \cdots + x_n = 0 \qquad (10.27)$$

第二，套利组合对任何因素都没有敏感性，因为套利组合没有因素风险。这一特征可表示为：

$$\beta_{pj} = 0 \tag{10.28}$$

在存在多个影响因素的情况下，可具体表示为一个方程组

$$\begin{cases} x_1\beta_{11} + x_2\beta_{21} + \cdots + x_n\beta_{n1} = 0 \\ x_1\beta_{12} + x_2\beta_{22} + \cdots + x_n\beta_{n2} = 0 \\ \cdots\cdots\cdots\cdots \\ x_1\beta_{1k} + x_2\beta_{2k} + \cdots + x_n\beta_{nk} = 0 \end{cases} \tag{10.29}$$

为了找到满足上面两点特征的解，就要求证券的个数要多于因素的个数，即 $n > k$。严格来说，除了风险因素等于零之外，一个套利组合的非因素风险也应该等于零。但是，套利组合的非因素风险实际上往往会大于零，只是其数量非常小，APT 认为可以忽略不计。

第三，套利组合的预期收益率必须是正值。即

$$x_1E(R_1) + x_2E(R_2) + \cdots + x_nE(R_n) > 0 \tag{10.30}$$

当一个组合的投资权重可以同时满足以上三个条件时，该组合就是一个套利组合，这样一个套利组合对任何一个渴望高收益且不关心非因素风险的投资者都是具有吸引力的，因为，它不需要任何额外资金，没有任何因素风险，却可以带来正的预期收益率。

§3 APT 的基本内容

APT 基本内容的推导基于如下两个基本观点：第一，在一个有效市场中，当市场处于均衡状态时，不存在无风险的套利机会；第二，对于一个高度多元化的资产组合来说，只有几个共同因素需要补偿。

由此，证券 i 与这些共同因素的关系为：

$$E(R_i) = \lambda_0 + \beta_{i1}\lambda_1 + \beta_{i2}\lambda_2 + \cdots + \beta_{ik}\lambda_k \tag{10.31}$$

这便是套利定价公式。其中 λ_k 为投资者承担一个单位 k 因素风险的补偿额，风险的大小由 β_{ik} 表示，当资产对所有 k 因素都不敏感时，这个资产或资产组合就是零 β 资产或资产组合。

套利定价公式（4.31）还可以有另外一种表达方式。由于无风险资产对任何因素均无敏感性，所以 λ_0 等于无风险利率，每一个 δ_j 的值代表一个资产组合的预期回报率，该组合只对因素 j 有单位敏感性而对其他因素无敏感性。由此可得套利定价公式的另一表达式：

$$E(R_i) = R_f + (\delta_1 - R_f)\beta_{i1} + (\delta_2 - R_f)\beta_{i2} + \cdots + (\delta_k - R_f)\beta_{ik} \tag{10.32}$$

第 7 节 期权定价理论

自从期权交易出现以来，尤其是标准期权交易出现以来，学者们就一直致力于期权定价问题的探讨。在这方面作出里程碑式贡献的是布莱克—舒尔斯模型（Black-Scholes Model），它于 1973 年由芝加哥大学教授费雪·布莱克（Fischer Black）与斯坦福大学教授梅隆—舒尔斯（Myron Scholes）提出，布莱克—舒尔斯模型为期权定价奠定了一个总体性的框架，当在各式各样的实际情况中运用时，模型需要进行进一步的修正。期权定价的另一个模型：二项式期权定价模型（binomial option pricing model，BOPM），可以使我们对期权价值的决定因素有更深入的了解。

§1 二项式期权定价模型（BOPM）

二项式期权定价模型（BOPM）是一种简便易行的期权定价方法，其理论要点主要取自考克斯（Cox）、罗斯（Ross）和鲁宾斯坦（Rubinstein）等学者的研究成果。BOPM 基于一种简单的资产价格运动过程，该过程认为在任意时间，资产的价格都可能向两种可能的方向变动。

（1）二项式模型的描述

我们知道，在存在风险的情况下，未来的现金流是不确定的，即有多种可能性。二项式模型是在每一期将出现两种可能性的假设下构筑的现金流量或某种价格波动的模型，如图 10.9 所示，其中 F 是标的资产的价格，“u”、“d”分别表示变量数值的上升和下降。

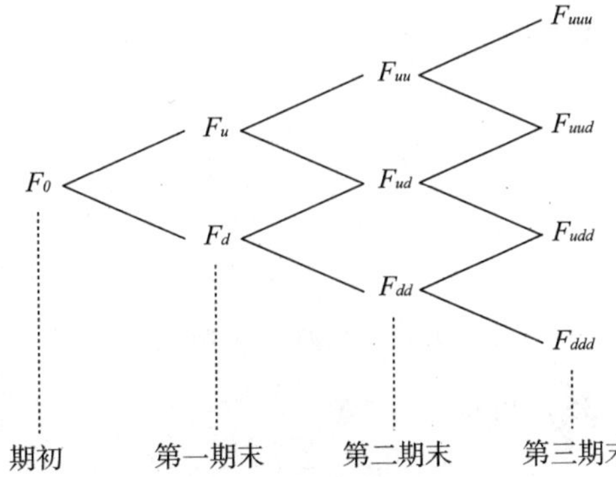

图 10.9 二项式模型

（2）一期二项式模型

以 F 代表标的资产的当前价格，f 代表期权的价值，Δ 代表购买的标的资产数，S_u 代表标的资产价格上升后的价格，S_d 代表标的资产价格下降后的价格，T 代表一期的时间。二项式如图 10.10 所示。

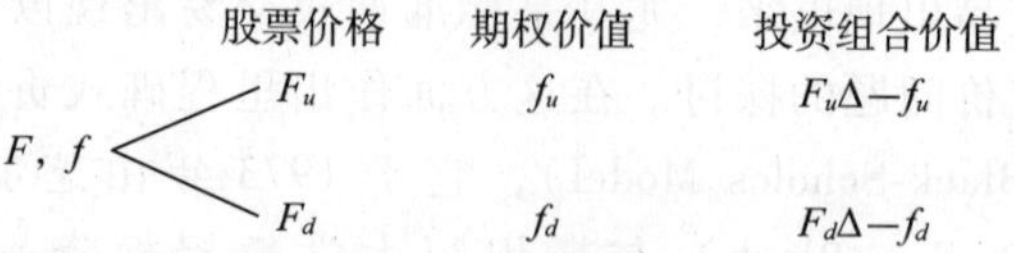

图 10.10　一期二项式模型

根据套利原理，在市场机制有效的情况下，要获得相同的回报必须要冒同样大的风险，如果不冒风险，只能按无风险利率获得回报。上述投资组合既然是无风险的，在不存在套利机会的情况下，其回报率一定等于无风险利率，即：

$$F_u\Delta - f_u = F_d\Delta - f_d = (F\Delta - f)e^{rT} \tag{10.33}$$

由公式（10.33）的前一个等式可得

$$\Delta = \frac{f_u - f_d}{F_u - F_d} \tag{10.34}$$

代入式（10.33）并整理得

$$f = e^{-rT}[pf_u + (1-p)f_d] \tag{10.35}$$

其中，$p = \frac{e^{rT} - d}{u - d}$，$u = \frac{F_u}{F}$，$d = \frac{F_d}{F}$。

注意，这里要求：$0 < p < 1$，即 $d < e^{rT} < u$。

公式（10.35）就是所谓的一期二项式模型，借助于这一模型，就可以计算得出只有一期的期权价格。

（3）二期二项式模型

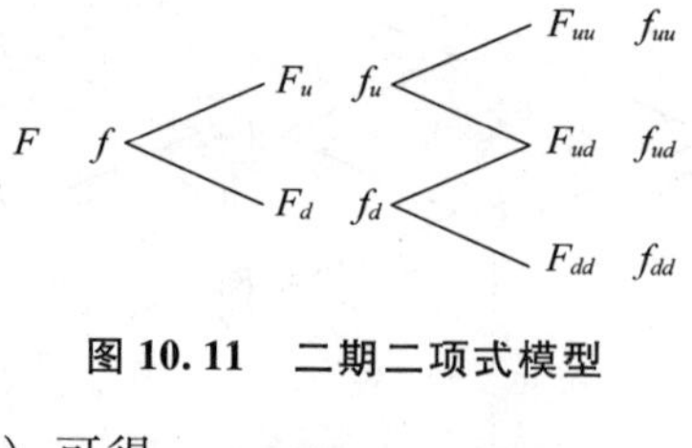

图 10.11　二期二项式模型

根据公式（10.35）可得：

$$f_u = e^{-rT}[pf_{uu} + (1-p)f_{ud}] \tag{10.36}$$

$$f_d = e^{-rT}[pf_{ud} + (1-p)f_{dd}] \tag{10.37}$$

$$f = e^{-rT}[pf_u + (1-p)f_d] = = e^{-2rT}[p^2 f_{uu} + 2p(1-p)f_{ud} + (1-p)^2 f_{dd}] \tag{10.38}$$

（4）n 期二项式模型

一期模型和二期模型的推导已经暗示出任意多期模型建立的可能性。

在风险中性的假设下，期权的价值等于其到期期望内在价值按无风险利率折现的现值。按无风险利率折现是一件容易理解和处理的事情，乘上恰当的折现率即可。难点在于到期期望内在价值的表示。

我们知道，到期期望内在价值等于到期各种可能的内在价值与相应概率乘积的和，于是，现在的问题就变成如何表示各种可能的内在价值及其相应概率。假定一种资产每隔一定的短期价格便会上升为原来的 u 倍，或下降为原来的 d 倍。以该资产为标的资产的欧式买权执行价格为 X，其到期期限将跨越 n 个这样的短期。

首先，一期模型中，期权到期内在价值有 2 个；两期模型中，期权到期可能的内在价值有 3 个；而在 n 期模型中，可能的内在价值将有 $n+1$ 个。

其次，在跨越的 n 期中，股票价格不是上升，就是下降，没有其他情况。因此，如果只有 1 次上升，则必然有 $n-1$ 次下降。以 j 表示上升的次数，则下降的次数为 $n-j$。以 F 代表股票当前价格，则任意一个到期可能价格可以表示为

$$F_T = Fu^j d^{n-j} \tag{10.39}$$

从而，任一买权到期可能的内在价值可以表示为

$$\max(Fu^j d^{n-j} - X, 0) \tag{10.40}$$

再次，以 p 表示一次上升的概率，则 $1-p$ 表示一次下降的概率，所以，上升 j 次下降 $n-j$ 的概率为

$$p^j(1-p)^{n-j} \tag{10.41}$$

又，除了 n 次全部为上升和 n 次全部为下降的情况，其他情况发生的路径不止一条。其路径的条数等于 n 次中选取 j 次上升的排列数，即：

$$\frac{n!}{j!(n-j)!} \tag{10.42}$$

所以，上述买权到期价值出现的概率，即上升 j 次下降 $n-j$ 次的总概率为

$$\frac{n!}{j!(n-j)!}p^j(1-p)^{n-j} \tag{10.43}$$

综上所述，买权到期期望价值为：

$$\sum_{j=0}^{n}\left[\frac{n!}{j!(n-j)!}p^{j}(1-p)^{n-j}\max(Fu^{j}d^{n-j}-X,0)\right] \quad (10.44)$$

至此，写出买权估价的 n 期模型已是轻而易举：

$$C_0 = e^{-nrT}\sum_{j=0}^{n}\left[\frac{n!}{j!(n-j)!}p^{j}(1-p)^{n-j}\max(Fu^{j}d^{n-j}-X,0)\right] \quad (10.45)$$

同理，可以推导出卖权估价的 n 期模型：

$$P_0 = e^{-nrT}\sum_{j=0}^{n}\left[\frac{n!}{j!(n-j)!}p^{j}(1-p)^{n-j}\max(X-Fu^{j}d^{n-j},0)\right] \quad (10.46)$$

由此，我们推导出了二项式期权定价模型的公式。

§2 布莱克—舒尔斯模型（Black-Scholes Model）

二项式模型为期权价值的决定提供了一种直观的方法，但它需要大量的数据，即每一个时点上预期的价格。布莱克—舒尔斯模型并不是另一种不同的定价模型，它只是二项式模型的一个特例，但它极大地减少了所需要的信息量。

（1）与二项式模型的关系

二项式模型是一个资产价格运动的离散时间模型，它认为资产价格变动的时间间隔为 T。随着时间间隔的缩短，即 T 趋于0，有限分布可能变为两种形式之一。如果随着 T 趋于0，资产价格变动幅度逐步缩小，则有限分布成为正态分布，且价格运动是一个连续过程；如果随着 T 趋于0，资产价格变动幅度仍然较大，则有限分布成为泊松分布，即是一个允许价格发生跳跃的分布。

布莱克—舒尔斯模型应用于有限分布为正态分布的情况，它假定标的资产的价格运动是连续的，不发生跳跃性的变化。

（2）模型的假定

布莱克—舒尔斯模型有如下假设：

①对卖空不存在障碍和限制。

②交易成本与税收为零。

③期权是欧式的。

④不支付股票红利。

⑤股票价格是连续的。

⑥市场连续运作。

⑦短期利率已知且固定。

⑧股票价格是对数正态分布的。

这些假设是使布莱克—舒尔斯模型成立的充分条件。然而，当这些条件不成立时，对模型作些改动常常有效。

(3) 模型的内容

布莱克—舒尔斯模型是用来对不付红利的欧式期权进行定价的，因此，无论提前执行的概率还是红利的支付都不影响这种模型下期权的价值。

布莱克—舒尔斯模型中，看涨期权的价值可以表达为下列变量的函数：

F——标的资产的当前价格；

X——看涨期权的执行价格；

T——至到期日的时间（单位年）；

r——连续无风险收益率（每年）；

δ^2——资产的连续收益之方差（每年）。

模型可以表示为①：

$$C = FN(d_1) - Xe^{-rT}N(d_2) \tag{10.47}$$

其中：

$$d_1 = \frac{\ln\left(\frac{F}{X}\right) + \left(r + \frac{\delta^2}{2}\right)T}{\delta\sqrt{T}}$$

$$d_2 = d_1 - \delta\sqrt{T}$$

公式（10.47）中还有一个统计概念 $N(d)$，它表示标准正态分布随机变量将小于或等于 d 的概率。

用布莱克—舒尔斯模型计算期权价格，按照如下三个步骤进行：

①第一步：利用所需的数据求解 d_1 和 d_2。

②利用标准正态分布函数的参变量，求出正态分布积分函数 $N(d_1)$ 和 $N(d_2)$ 的值。

③利用公式（10.47）计算看涨期权的价值。

无疑，说布莱克—舒尔斯模型是金融学理论中最重要的贡献之一，是毫不夸张的，它使任何人在给定若干参数下能计算期权的价值。该公式的

---

① 对于公式的详细推导，读者可以参考 Hull，J. C.，1993，Option，Futures，and other Derivative Securities，Prentice - Hall，Inc.。

吸引力在于有四个参数是可测定的：资产现行价格 S、执行价格 E，无风险收益率 r 和距到期日的时间。只有一个参数必须估计：收益的方差 δ^2。

为了看看这个公式是多么具有吸引力，请留意一下哪些参数是不必要的。首先，投资者的风险厌恶程度不影响期权价格。其次，它不以标的资产的期望收益为依据，对股票的预期收益有不同评估的投资者都能接受它的看涨期权价格。

§3 期权平价关系

上面我们只考虑了看涨期权价格的计算公式，实际上，利用期权平价关系（put - call parity），只要计算出一种期权（如看涨期权）的价格，就可以推出另一种期权（如看跌期权）的价格，当然，要求这两种期权具有同样的有效期和执行价格。期权平价关系的公式如下：

$$C - P = F - Xe^{-rT} \tag{10.48}$$

式中 C——看涨期权的价格；

P——看跌期权的价格。

公式（10.48）可以从套利关系相当容易地得出，考虑构造如下的资产组合：出售一个看涨期权，购买一个看跌期权，执行价格为 X，同时以当前价格 F 购买标的资产。

这个资产组合头寸的收益是无风险的，并且在到期日时始终获利 X，为了证明这个结论，假设到期日时的股票价格为 F^*：

头寸	$F^*>X$ 时的收益	$F^*<X$ 时的收益
出售看涨期权	$-(F^*-X)$	0
购买看跌期权	0	$X-F^*$
购买标的资产	F^*	F^*
合计	X	X

由于该投资组合可以获得无风险收益 X，因此，其当前价值应等于 X 以无风险收益率折现的现值（Xe^{-rT}），即

$$F + P - C = Xe^{-rT} \tag{10.49}$$

整理可得公式（10.50）

$$C - P = F - Xe^{-rT} \tag{10.50}$$

这个关系可通过看涨期权对看跌期权进行定价，即

$$P = C - F + Xe^{-rT} \tag{10.51}$$

第 8 节　行为金融理论

§1　理论的提出

行为金融理论是在对现代金融理论的挑战和质疑的背景下形成的。行为金融理论的支持者认为，效率市场假说是建立在经典的现代金融理论基础上的，而这些经典的现代金融理论的某些基本假设与投资者在证券市场上的实际投资决策行为是不相符合的，主要表现在：

第一，经典的现代金融理论认为人们的决策是建立在理性预期、风险回避、效用函数最大化以及不断更新自己的决策知识等假设之上的。但是大量的心理学研究表明人们的实际投资决策却并非如此。比如，人们总是过分相信自己的判断，人们更多的是根据其对问题（如投资）的支付状况的主观判断进行决策的，等等。尤其值得指出的是，研究表明这种对理性决策的偏离是系统性的，并不能因为统计平均而消除。所以人们的总体决策也就会偏离经典现代金融理论的假设。

第二，经典现代金融理论和效率市场假说是建立在有效的市场竞争基础之上的。经典现代金融理论认为，在市场竞争过程中，理性的投资者总是能抓住每一个由非理性投资者创造的套利机会，使得非理性的行为人在市场竞争中不断丧失财富，并最终被市场所淘汰。因此，能够在市场竞争中幸存下来的只有理性的投资者，证券市场的投资行为是由理性的投资者主宰的。而由于证券市场上投资者人数众多，交易成本很低，所以这一假设是成立的。对上述假设持怀疑态度的研究者认为，假设证券市场上的投资者由两部分人组成，一部分是完全理性的投资者，一部分是“不那么理性的”投资者，则证券市场由完全理性的投资者主宰需要满足下列条件：①在时刻 T 证券的真实价值将为投资者所了解；②在包含 T 时刻在内的足够长的时间期间内可以无成本的卖空；③投资者的投资期间将包含时刻 T；④没有“太多”的“不那么理性的”投资者；⑤只有理性投资者才卖空。但在实际中上述条件并不能得到满足：人们并不知道何时能够知道证券的真实价值；长时间无成本卖空也是不现实的；投资者的投资期间是否会持续到 T 时刻（如果从投资某证券到了解该证券的真实价值的时刻 T 之间有很长的时间间隔的话）也是不确定的；而证券市场上更不一定只有理性投资者才从事卖空活动。其次，这些研究人员还认为，轻易地假设随着时间的推移，非理性投资者将在与理性投资者的交易过程中成为失败者也是危险的。相关研究表明，在某些情况下，非理性投资者实际上可以获得比理性投资者更高的收益。另外，由于淘汰过程本身是较为缓慢的，因此，即使非理性的投资者得到的期望收益确实较低，但它们仍然可以影响证券（资产）的价格。而且，如果把“理性”看作一个选择过程的话，则不论人们如何做出决策，投资者能够生存下来本身就证明了他们的决策是“理性”的。

事实上，现代金融理论要解决两个问题：第一，通过最优决策模型解释什么是最优决策；第二，通过实际决策模型讨论投资者的实际决策过程。在解决第一个问题方面现代金融理论所取得的成就是无可置疑的，而且，如果人们的实际决策过程就是最优决策过程，则现代金融理论也同时提供了一个关于投资者实际决策过程的很好的描述性模型。但是，如果人们的实际决策过程并不是（或在很多情况下并不是）如最优决策模型所描述的那样，则用最优决策模型作为描述性决策模型将不能正确地描述和讨论投资者的实际决策过程，从而不能对证券市场的实际动作状况给予合理的解释。行为金融理论的支持者认为，人们的实际决策过程并不很好地遵从于最优决策模型，因此，不但需要讨论人们应该如何决策（最优决策），而且需要建立一套能够正确反映投资者实际决策行为和市场动作状况的描述性模型来讨论投资者实际上是如何决策的，这就是行为金融要解决的问题。

§2 理论基础

（1）期望理论

期望理论是行为金融学的重要理论基础。Kahneman 和 Tversky 通过实验对比发现，大多数投资者并非是标准金融投资者而是行为投资者，他们的行为不总是理性的，也并不总是风险回避的。期望理论认为投资者对收益的效用函数是凹函数，而对损失的效用函数是凸函数，表现为投资者在投资账面值损失时更加厌恶风险，而在投资账面值盈利时，随着收益的增加，其满足程度速度减缓。

期望理论成为行为金融研究中的代表学说，利用期望理论解释了不少金融市场中的异常现象：如阿莱悖论、股价溢价之谜（equity premium puzzle）以及期权微笑（option smile）等，然而由于 Kahneman 和 Tversky 在期望理论中并没有给出如何确定价值函数的关键——参考点以及价值函数的具体形式，在理论上存在很大缺陷，从而极大阻碍了期望理论的进一步发展。

（2）行为组合理论和行为资产定价模型

一些行为金融理论研究者认为将行为金融理论与现代金融理论完全对立起来并不恰当。将二者结合起来，对现代金融理论进行完善，正成为这些研究者的研究方向。在这方面，行为组合理论（behavioral portfolio theory，BPT）和行为资产定价模型（behavioral asset pricing model，BAPM）引起了金融界的注意。BPT是在资产组合理论（portfolio theory）的基础上发展起来的，正如我们前面所介绍的，资产组合理论认为投资者应该把注意力集中在整个组合，最优的组合配置处在均值方差有效前沿上。BPT认为现实中的投资者无法做到这一点，他们实际构建的资产组合是基于对不同资产的风险程度的认识以及投资目的所形成的一种金字塔式的行为资产组合，位于金字塔各层的资产都与特定的目标和风险态度相联系，而各层之间的相关性被忽略了。BAPM是对资本资产定价模型（CAPM）的扩展。与CAPM不同，BAPM中的投资者被分为两类：信息交易者和噪声交易者。信息交易者是严格按CAPM行事的理性交易者，不会出现系统偏差；噪声交易者则不按CAPM行事，会犯各种认知偏差错误。两类交易者互相影响共同决定资产价格。事实上，在BAPM中，资本市场组合的问题仍然存在，因为均值方差有效组合会随时间而改变。

§3 投资行为模型

（1）BSV模型（Barberis，Shleifer和Vishny模型）

BSV模型认为，人们进行投资决策时存在两种错误范式：其一是选择性偏差（representative bias），即投资者过分重视近期数据的变化模式，而对产生这些数据的总体特征重视不够，这种偏差导致股价对收益变化的反映不足（under - reaction）。另一种是保守性偏差（conservation），投资者不能及时根据变化了的情况修正自己的预测模型，导致股价过度反应（over - reaction）。BSV模型是从这两种偏差出发，解释投资者决策模型如何导致证券的市场价格变化偏离效率市场假说的。

（2）DHS模型（Daniel，Hirsheifer和Subramanyam模型）

DHS模型将投资者分为有信息和无信息两类。无信息的投资者不存在判断偏差，有信息的投资者存在着过度自信和有偏的自我归因（self - contribution）。过度自信导致投资者夸大自己对股票价值判断的准确性；有偏的自我归因则使他们低估关于股票价值的公开信号。随着公共信息最终战胜行为偏差，对个人信息的过度反应和对公共信息的反应不足，就会导致股票回报的短期连续性和长期反转。所以 Fama 认为 DHS 模型和 BSV 模型虽然建立在不同的行为前提基础上，但二者的结论是相似的。

（3）HS 模型（Hong 和 Stein 模型）

HS 模型又称统一理论模型（unified theory model）。HS 模型区别于 BSV 和 DHS 模型之处在于：它把研究重点放在不同作用者的作用机制上，而不是作用者的认知偏差方面。该模型把作用者分为“观察消息者”和“动量交易者”两类。观察消息者根据获得的关于未来价值的信息进行预测，其局限是完全不依赖于当前或过去的价格；“动量交易者”则完全依赖于过去的价格变化，其局限是他们的预测必须是过去价格历史的简单函数，在上述假设下，该模型将反应不足和过度反应统一归结为关于基本价值信息的逐渐扩散，而不包括其他的对投资者情感刺激和流动性交易的需要。模型认为最初由于“观察消息者”对私人信息反应不足的倾向，使得“动量交易者”力图通过套期策略来利用这一点，而这样做的结果恰好走向了另一个极端——过度反应。

（4）羊群效应模型（herd behavioral model）

该模型认为投资者羊群行为是符合最大效用准则的，是“群体压力”等情绪下贯彻的非理性行为，有序列型和非序列型两种模型。序列型模型中，投资者通过典型的贝叶斯过程从市场噪声以及其他个体的决策中依次获取决策信息，这类决策的最大特征是其决策的序列性。但是现实中要区分投资者顺序是不现实的。因而这一假设在实际金融市场中缺乏支持。非序列型则论证无论仿效倾向强或弱，都不会得到现代金融理论中关于股票的零点对称、单一模态的厚尾特征。

§4 小结

行为金融理论已经开始成为金融研究中一个十分引人注目的领域，它对于原有理性框架中的现代金融理论进行了深刻的反思，从人的角度来解释市场行为，充分考虑市场参与者的心理因素的作用，为人们理解金融市场提供了一个新的视角。行为金融理论是第一个较为系统地对效率市场假说和现代金融理论提出挑战并能够有效地解释市场异常行为的理论。

行为金融理论以心理学对人类的研究成果为依据，以人们的实际决策心理为出发点讨论投资者的投资决策对市场价格的影响。它注重投资者决策心理的多样性，突破了现代金融理论只注重最优决策模型，简单地认为理性投资决策模型就是决定证券市场价格变化的实际投资决策模型的假设，使人们对金融市场投资者行为的研究由“应该怎么做决策”转变到“实际是怎样做决策”，研究更接近实际。因而，尽管现代金融理论依然是对市场价格的最好描述，但行为金融的研究无疑是很有意义的。

本章总结

1. 资产是能够给其所有者带来可预期的未来经济收益的能力。资产的特性大致可以归纳为流动性、可逆性、可分性、价值的可预见性以及收益性。

2. 资产价值衡量的最基本方法是净现值原理，即任何资产的价值等于其预期未来全部现金流的现值总和。用公式表示是 $V=\sum_{i=1}^{n}\frac{CF_t}{(1+r)^t}$。

3. 有效市场是指资产的现有市场价格能够充分反应所有有关和可用信息的市场。有效市场可以分为弱式有效市场、次强式有效市场和强式有效市场三类。

4. 资产组合理论的核心内容是均值—方差资产组合模型，该模型用期望收益和方差（或标准差）来分别表示资产及其组合的收益和风险。均值—方差资产组合模型具有如下两种形式：

$$\max\ E(R_P)$$
$$s.t.\ \delta^2\leqslant\delta_0$$
$$\sum_{i=1}^{n}W_i=1,\ W_i\geqslant 0,\ i=1,\ 2,\ \cdots,\ n$$

以及

$$\min\ \delta^2$$
$$s.t.\ E\ (R_P)\ \geqslant R_0$$
$$\sum_{i=1}^{n}W_i=1,\ W_i\geqslant 0,\ i=1,\ 2,\ \cdots,\ n$$

5. 在众多资产组合中，只有一部分资产组合可以成为投资者的投资对象，这一部分资产组合就称为资产组合的有效前沿。资产组合的有效前沿由那些在同样风险条件下具有最高的期望收益，或在同样期望收益条件下，具有最低风险程度的资产组合构成。

6. 如果在资本市场上除风险资产外，还存在着无风险资产，则无风险资产与有风险资产将构成一种不同于单纯由风险资产构成的资产组合的有效前沿，这一有效前沿又称为资本市场线，它可以用下述公式表示：$E(R_p)=R_f+\frac{E(R_M)-R_f}{\delta_M}\delta_p$。

7. 资产定价模型（CAPM）为：

$E(R_i)=R_f+\beta_i[E(R_M)-R_f]$。

8. 套利定价模型有两种表达方式

$E(R_i)=\lambda_0+\beta_{i1}\lambda_1+\beta_{i2}\lambda_2+\cdots+\beta_{ik}\lambda_k$

以及

$E(R_i)=R_f+(\delta_1-R_f)\beta_{i1}+(\delta_2-R_f)\beta_{i2}+\cdots+(\delta_k-R_f)\beta_{ik}$。

9. 期权定价法主要有两种：二项式期权定价模型和布莱克—舒尔斯模型。二项式期权定价模型可以表示为：

$$P_0=e^{-nrT}\sum_{j=0}^{n}\left[\frac{n!}{j!(n-j)!}p^j(1-p)^{n-j}\max(X-Fu^jd^{n-j},0)\right]$$

布莱克—舒尔斯模型可以表示为：

$$C=FN(d_1)-Xe^{-rT}N(d_2)$$

其中：

$$d_1=\frac{\ln\left(\frac{F}{X}\right)+\left(r+\frac{\delta^2}{2}\right)T}{\delta\sqrt{T}}$$

$$d_2=d_1-\delta\sqrt{T}$$

10. 利用期权平价关系，只要计算出一种期权（如看涨期权）的价格，就可以推出另一种期权（如看跌期权）的价格，当然，要求这两种期权具有同样的有效期和执行价格。期权平价关系的公式：$C-P=F-Xe^{-rT}$。

11. 行为金融理论是在对现代金融理论的挑战和质疑的背景下形成的。行为金融理论的支持者认为，人们的实际决策过程并不很好地遵从于最优决策模型，因此，不但需要讨论人们应该如何决策（最优决策），而且需要建立一套能够正确反映投资者实际决策行为和市场动作状况的描述性模型来讨论投资者实际上是如何决策的，这就是行为金融要解决的问题。

12. 行为金融的理论基础包括：期望理论、行为组合理论和行为资产定价模型；主要模型有：BSV 模型、DHS 模型、HS 模型、羊群效应模型。

本章需要掌握的内容和概念

资产　净现值原理　弱式有效市场　次强式有效市场
强式有效市场　MM 定理　均值－方差资产组合模型
资产组合的有效前沿　资本市场线　证券市场线
资本资产定价模型　套利定价模型　二项式期权定价模型
布莱克－舒尔斯模型　期望理论　行为组合理论
行为资产定价模型　BSV 模型　DHS 模型　HS 模型
羊群效应模型

思考题

1. 如何理解有效市场假设？
2. 试述资产组合理论的基本思想。
3. 试述资本资产定价模型（CAPM）的基本思想。
4. 试述套利定价理论（APT）的基本思想。
5. 你认为期权定价理论可以用于哪些资产的定价？
6. 试述行为金融理论的基本思想和主要模型。

参考文献

中文部分

[1] 北京大学光华管理学院课题组．中国上市公司的反收购措施及其规制．《上证研究（二〇〇三年第二辑）》．上海：复旦大学出版社，2003
[2] 彼得·博恩斯坦．投资革命：源自象牙塔的华尔街理论．上海：上海远东出版社，2001
[3] 蔡概还．信托财产所有权归谁．上海证券报，2003－03－19
[4] 财政部注册会计师考试委员会办公室．财务成本管理．大连：东北财经大学出版社，2000
[5] 曹凤岐等．证券投资学．北京：北京大学出版社，2000
[6] 陈立．影响未来的中国基金产业．北京：中国财政经济出版社，2001
[7] 陈明键等．并购革命．北京：北京理工大学出版社，2002
[8] 陈志杰，吴昊．透视 MBO.《中国并购评论（第一册）》．北京：清华大学出版社，2003
[9] 成之德等．资产证券化理论与实务全书．北京：中国言实出版社，2000
[10] 符福渊．从“垃圾”中淘金的大亨．环球时报，1999－07－30
[11] 何德旭．中国资本市场理论：描述与分析．载李扬、王松奇．中国金融理论前沿．北京：社会科学文献出版社，2000
[12] 何小锋等．资产证券化：中国的模式．北京：北京大学出版社，2002
[13] 何小锋，黄嵩．不动产证券化：新奥运的新融资方式．中国证券报，2002－03－21
[14] 何小锋，黄嵩．投资银行学．北京：北京大学出版社，2002
[15] 何晓晴．通海高科悬案真相．财经界，2002（8）
[16] 黄嵩．MBO 的信托道路：信托方式．信托投资研究，2004（1）
[17] 黄嵩、何小锋．关于资产运营的一般模式构建．学术研究，2002（2）
[18] J·弗雷德·威斯通等．兼并、重组与公司控制．北京：经济科学出版社，1998
[19] 季敏波．中国产业投资基金研究．上海：上海财经大学出版社，2000
[20] 姜建清，李勇．商业银行资产证券化：从货币市场走向资本市场．北京：中国金融出版社，2004
[21] 井出保夫．证券．北京：科学出版社，2004
[22] 刘曼红．风险投资：创新与金融．北京：中国人民大学出版社，1998
[23] 刘志阳．国外行为金融理论述评．经济学动态，2002（3）
[24] 深圳证券信息有限公司．市场化的脚步：股票发行核准制．南宁：广西人民出版社，2001
[25] 斯坦利·福斯特·里德，亚历山德拉·里德·拉杰科斯．并购的艺术：兼并、收购、买断指南．北京：中国财政经济出版社，2001
[26] 斯蒂格利茨．经济学．北京：中国人民大学出版社，1997
[27] 屠光绍．上市体制：比较与演变．上海：上海人民出版社，2000

[28] 屠光绍．交易体制：原理与变革．上海：上海人民出版社，2000
[29] 屠光绍．市场监管：架构与前景．上海：上海人民出版社，2000
[30] 王明夫．投资银行并购业务．北京：企业管理出版社，1999
[31] 王松奇．金融学．北京：中国金融出版社，2000
[32] 王益等．资本市场．北京：经济科学出版社，2000
[33] 新帕尔格雷夫经济学大辞典．北京：经济科学出版社，1996
[34] 亚历山德拉·里德·拉杰科斯．并购的艺术：整合．北京：中国财政经济出版社，2001
[35] 亚历山德拉·里德·拉杰科斯，查尔斯·M·埃尔森．并购的艺术：尽职调查．北京：中国财政经济出版社，2001
[36] 亚历山德拉·里德·拉杰科斯，J·弗雷德·威斯顿．并购的艺术：融资与再融资．北京：中国财政经济出版社，2001
[37] 尤光臣等．证券发行上市理论与实务．北京：中国金融出版社，2001
[38] 俞自由等．风险投资理论与实践．上海：上海财经大学出版社，2001
[39] 詹姆斯·范霍恩等．现代企业财务管理（第10版）．北京：经济科学出版社，1998
[40]《证券投资基金》编写组．证券投资基金．上海：上海财经大学出版社，2002
[41] 周俊生．金钱的运动：中国股市十年风雨路．上海：复旦大学出版社，2000
[42] 周小明．财产权的革新：信托法论．贵阳：贵州人民出版社，1995
[43] 周正庆．证券知识读本．北京：中国金融出版社，1998
[44] 朱宝宪．从深宝安收购延中实业到裕兴、高清举牌方正科技．载《中国并购评论（第一册）》，北京：清华大学出版社，2003
[45] 朱宝宪．南钢要约收购案例分析．载《中国并购评论（第四册）》，北京：清华大学出版社，2004

英文部分

[1] Bliss, C. J., 1975, Capital and the Distribution of Income, North - Holl and Publishing Company
[2] Bogert, Gearge T., 1987, Trust, West Publishing Co.
[3] Brian Scott - Quinn, 1995, Investment Banking: Theory and Practice, Euromoney Books
[4] Ernest Block, 1992, Inside Investment Banking, Homewood Press
[5] Hull, J. C., 1993, Option, Futures, and other Derivative Securities, Prentice - Hall, Inc.
[6] Jeffrey C. Hooke, 1997, M&A: A Practical Guide to Doing the Deal, John Wiley & Sons, Inc
[7] Rober Lawrence Kuhn, 1990, Mergers, Acquisition and Leveraged Buyouts, Richard D. Irwin Press
[8] Robert Lawrence Kuhn, 1990, Investment Banking Library Ⅰ—Ⅵ, Richard D. Irwin Press
[9] Robert Lawrence Kuhn, 1990, Investment Banking, the Art and Science of High - Stakes Dealmaking, Harper & Row
[10] Zipf, Robert, 1995, How Municipal Bonds Works, Simon & Schuster, Inc.
[11] Zipf, Robert, 1997, How the Bond Market Works, Simon & Schuster, Inc.

三版后记

本书自2003年1月出版以来，承蒙读者厚爱，多次重印。2006年我们出版了第二版，这是第三版。

资本市场是一个创新不断、发展迅猛的领域，对于中国这样一个快速发展的国家尤其如此。因此，我们的著作应根据理论和实践的发展不断进行修订。

我们一直没有间断资本市场方面的理论研究和实践操作，发表和出版了大量论文和专著，也成功操作了多个资本运作项目。这次修订，充分地反映了这些成果。

我们在第二版的基础上，对第二、三、四、七章进行了大范围的修订，其余章节进行了局部修订。

可以肯定，第三版很快又会“落后”，而我们也希望“落后”得越快越好，因为这意味着中国的资本市场发展得越快。我们也十分愿意不断进行修订。

作　者

2011年1月